2026

9급 공무원 시험대비
박문각 공무원
기출문제

기출로 **합**격까지!

문법+독해 기출 완전 정복

문법 문제 출제 유형별 풀이

독해 개념 복습 및 실전 대비

장대영 편저

장DAY 영어 기출문제집

동영상 강의 www.pmg.co.kr

박문각

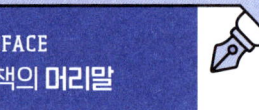

공무원 영어에서 기출문제의 중요성은 상대적으로 다른 과목에 비해서 중요도가 떨어지는 것은 사실입니다.

그러나 파트별로 기출 문제를 이용하는 전략만 잘 짠다면 좋은 효과를 거둘 수 있습니다.

〈문법〉
문법 파트는 문법 포인트 찾기 훈련이라는 점에서는 어떤 문법 문제보다 기출 문법 문제가 훈련용으로 좋습니다. 그래서 이 책을 구성하게 되었습니다.

장DAY영어 기출문법 교재는 단원별로 구성하지 않았습니다. 단원별로 구성되는 경우 답을 발견하는 것이 아니라, 답을 찾아가는 잘못된 공부방식이 진행될 수도 있습니다.
예를 들어, '능동vs수동' 단원의 기출문제를 풀다보면, 동사나 준동사 자리에서 '능동vs수동'을 관찰해서 답을 찾아가는 훈련이 되어, 실전력이 많이 떨어지게 됩니다.

그래서 이 책은 유형별 즉, 밑줄 type / 고르기 type으로 구성하였습니다.
현재 영작형과 통문장형은 출제되지 않는 유형이므로 제외시켰습니다.
이 교재와 강의를 통해서 각 유형별 접근법을 훈련하기를 바랍니다.

〈독해〉
독해 파트는 회독의 중요성은 그리 크지 않습니다.
하지만 독해 개념 시간에 배운 내용들이 실제 시험이었던 기출문제에 어떻게 적용되는지를 훈련하기에는 아주 좋은 contents입니다.
따라서 Graphic 독해 개념 교재와 수업에서 공부한 내용을 기출 독해 문제를 통해서 적용 연습을 할 수 있도록 Graphic 독해와 같은 구성으로 그에 맞는 기출 문제들을 배치하였습니다.

이 교재와 강의를 통해서
1. 실제 기출 독해 문제를 풀어보면서
2. 개념 시간에 배운 독해 내용을 다시 복습하는
것을 목표로 교재를 구성하고 강의를 진행하였습니다.

아무쪼록, 이 교재와 수업이 여러분의 합격이라는 목표에 조금이라도 도움이 되었으면 하는 간절함을 담아 짧은 글을 마무리하겠습니다.

2025. 8.

편저자 장대영 드림

STRUCTURE
이 책의 구성과 특징

1
Grammar Point (정답 포인트, 오답 포인트)

밑줄 type의 경우, 정답이 되는 선지의 문법 포인트뿐만 아니라 오답 선지의 문법 포인트도 상세히 설명하였습니다.

01

[해석] 그 도시는 노인 맞춤형 프로그램을 제공하는 여가 시설인 스마트 노인 센터를 열었다. 그것은 실버 에어로빅, 웃음 치료 등 가상 활동을 특색으로 삼으며, 보건소와 협력하여 건강 기준을 모니터링하고, 실내 정원 가꾸기 활동을 포함한다.

[정답 Point]
④ [G-Point] [병렬 — A, B, and C] 뒤에 있는 동사나 준동사의 병렬을 묻는 문제이다. 맥락을 포함한 글의 구조상 including이 들어간 문장의 동사 features, monitors와 병렬을 이루고 있으므로 밑줄 친 including이 동사 includes로 바뀌어야 한다.

[오답 Point]
① [G-Point] 관계대명사 that절에 이미 offers라는 동사가 있으므로, 동사에 ed를 붙인 customized는 과거형 동사가 아닌 뒤에 있는 명사 programs를 수식하는 과거분사이다. '고객에 맞춰진'이라는 수동의 수식이 자연스러우므로 능동의 형태 customizing이 아닌 수동

2
독해 개념 설명

단순히 기출문제와 해석 답이 제공되는 형식이 아니라, 독해 관련 필요한 개념을 따로 정리해 두었습니다. 수업에서 기출문제풀이를 할 때, Graphic 독해에서 다룬 이 개념 설명을 이용합니다.

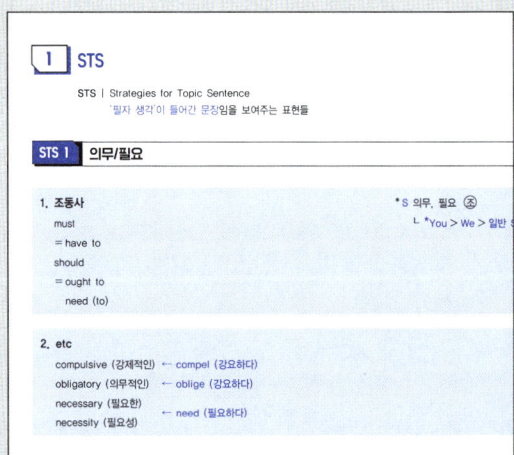

3 장대영어 Flow

독해 문제에서 문제풀이 과정의 핵심적 요소를 제시합니다.

4 끊어 읽기

전체 해석과 함께 문장 끊어 읽기를 함께 제공하였습니다.

Part 1 문법

Chapter 1 밑줄 TYPE … 10

Chapter 2 빈칸 TYPE … 62

Part 2 독해

Chapter 1 STS … 96

1 의무 / 필요 … 96

2 '중요한'의 의미를 가진 형용사 … 97

3 결론 / 요약 … 97

4 역접장치 … 98

5 not과 but의 A, B 접속사 … 99

6 명령문 … 100

7 양보절과 주절 … 100

8 강조표현 … 101

9 1인칭의 활용 … 103

10 필자의 판단 주입 어휘와 표현의 이용 … 103

11 The + 비교급, the+ 비교급 … 105

| Chapter 2 | MDTS | 146 |

1 연구-실험의 인용	146
2 권위자	147
3 의문문의 활용	148
4 통념비판의 원리	149
5 문제점 발생 - 해결책 제시	151
6 시간상의 대조	152
7 예시	153
8 Story 일화	154
9 설명문	154
10 열거	155
11 나열식 구조	156
12 인과관계	156

| Chapter 3 | CLUES | 226 |

| 1 연결사 | 226 |
| 2 지시사 | 229 |

| Chapter 4 | Types | 244 |

1 주제 / 제목 / 요지 / 주장	244
2 빈칸	246
3 순서배열	251
4 문장 삽입	252
5 문장 제거	253

| Chapter 5 | 실용문 | 328 |

| 1 복합지문 | 328 |
| 2 내용 일치, 불일치 | 329 |

장DAY
영어 기출문제집

Part 01

문법

Chapter 01 밑줄 TYPE

Chapter 02 빈칸 TYPE

Chapter 01 밑줄 TYPE

01 ──── 2025 국가직 9급

밑줄 친 부분 중 어법상 옳지 않은 것을 고르시오.

> The city opened the Smart Senior Citizens' Center, a leisure facility that offers ① <u>customized</u> programs for the elderly. It ② <u>features</u> virtual activities such as silver aerobics and ③ <u>laughter</u> therapy, monitors health metrics in collaboration with public health centers, and ④ <u>including</u> indoor gardening activities.

02 ──── 2025 국가직 9급

밑줄 친 부분 중 어법상 옳지 않은 것을 고르시오.

> Fire served humans in many ways besides ① <u>cooking</u>. With it they could begin ② <u>rearranging</u> environments to suit themselves, clearing land to stimulate the growth of wild foods and ③ <u>opening</u> landscapes to encourage the proliferation of food animals that could be later driven by fire to a place ④ <u>choosing</u> to harvest them.

01

[해석] 그 도시는 노인 맞춤형 프로그램을 제공하는 여가 시설인 스마트 노인 센터를 열었다. 그것은 실버 에어로빅, 웃음 치료 등 가상 활동을 특색으로 삼으며, 보건소와 협력하여 건강 기준을 모니터링하고, 실내 정원 가꾸기 활동을 포함한다.

정답 Point

④ [G-Point] [병렬 − A, B, and C] and 뒤에 있는 동사나 준동사의 병렬을 묻는 문제이다. 맥락을 포함한 글의 구조상 including이 들어간 문장의 동사 features, monitors와 병렬을 이루고 있으므로 밑줄 친 including이 동사 includes로 바뀌어야 한다.

오답 Point

① [G-Point] 관계대명사 that절에 이미 offers라는 동사가 있으므로, 동사에 ed를 붙인 customized는 과거형 동사가 아닌 뒤에 있는 명사 programs를 수식하는 과거분사이다. '고객에 맞춰진'이라는 수동의 수식이 자연스러우므로 능동의 형태 customizing이 아닌 수동의 과거분사 customized가 올바르게 쓰였다.

② [G-Point] 앞에 있는 주어 It이 단수이고 뒤에 virtual activities라는 목적어가 있으므로 능동인 동시에 단수의 형태인 동사 features가 올바르게 쓰였다.

③ [G-Point] 명사 laughter가 뒤에 있는 명사 therapy와 함께 쓰여 laughter therapy가 '웃음 치료'라는 의미의 복합명사의 개념으로 올바르게 쓰였다.

02

[해석] 불은 요리 이외에도 다양한 방식으로 인간들에게 도움을 주었다. 그것으로 그들은 자신들에게 맞게 환경을 재조정하고, 야생 식량의 성장을 자극하기 위해 땅을 개간하며, 나중에 포획할 수 있도록 선택된 장소로 불로 몰아갈 수 있는 식용 동물들의 번식을 장려하기 위해 지형을 개척하기 시작할 수 있었다.

정답 Point

④ [G-Point] [능동 vs 수동 − 명사 수식] 밑줄 친 choosing은 앞에 있는 명사 a place를 수식하는 자리이다. 그런데 수식을 받는 명사 a place(장소)는 '선택을 하는 것'이 아니라 '선택을 받는 것'이 자연스러우므로, 능동의 형태인 현재분사 choosing이 수동의 형태인 과거분사 chosen으로 바뀌어야 한다.

오답 Point

① [G-Point] '~이외에도'의 의미를 가진 besides는 전치사이다. 따라서 전치사 besides 뒤에 전치사의 목적어 형태로 동명사형 cooking이 올바르게 쓰였다.

② [G-Point] begin (시작하다)는 목적어 자리에 동명사와 to 부정사를 둘 다 쓸 수 있는 동사이다. 그리고 밑줄 그어진 동명사 rearranging 뒤에 목적어 environments가 있으므로 능동의 형태로 올바르게 쓰였다.

③ [G-Point] 등위접속사 and를 중심으로 앞에 있는 clearing과 병렬관계에 있는 opening이 올바르게 쓰였다.

정답 01 ④ 02 ④

03

밑줄 친 부분 중 어법상 옳지 않은 것을 고르시오.

We tend ① to imagine Robin Hood and outlaws in general as fugitives because they defied the king's officials and operated ② outside the law in the great forests of the kingdom. What we forget is that there ③ were an established process behind the creation of outlaws. On the whole, men did not choose to become outlaws; they ④ were made outlaws.

04

밑줄 친 부분 중 어법상 옳지 않은 것을 고르시오.

The olive tree was ① such a driving force in the economies of the Ancient Greek city-states ② that it was believed ③ to have been a gift of gods — namely from Athena, the goddess of wisdom, ④ whom Athens took its name.

03

[해석] 우리는 Robin Hood와 무법자들이 왕의 관리들에게 반항하고 왕국의 거대한 숲속, 법에서 벗어난 곳에서 활동했기 때문에, 일반적으로 그들을 도망자라고 생각하는 경향이 있다. 우리가 잊고 있는 점은 무법자의 탄생 뒤에는 확립된 과정이 있었다는 것이다. 대체로, 사람들은 무법자가 되기를 선택한 것이 아니라, 무법자로 만들어진 것이다.

정답 Point

③ **[G-Point]** [수일치 – 주어와 동사의 수일치] there로 시작하는 문장은 주어와 동사가 도치된 'There + V + S'의 형태를 가진다. 밑줄 친 were가 들어간 문장의 주어는 an established process로 단수이다. 따라서 복수 동사인 were가 단수 동사인 was로 바뀌어야 한다.

오답 Point

① **[G-Point]** to 부정사는 동사 tend와 같이 쓰여 (tend to V) '~하는 경향이 있다'라는 의미로 해석된다. 따라서 tend 뒤에 있는 to 부정사의 형태인 to imagine은 올바르게 쓰였다. to imagine 뒤에 목적어도 있으므로 능동 부정사 to imagine이 잘 쓰였다.

② **[G-Point]** 전치사 outside 뒤에 목적어 자리에 명사 the law가 온 올바른 형태의 전치사구이다.

④ **[G-Point]** '그들이 무법자로 만들어졌다'의 수동의 해석이 자연스러우므로 수동태인 were made가 올바르게 쓰였다. 능동형태의 5형식이 수동태로 된 형태로 were made 뒤에 있는 outlaws는 능동 문장에서 목적격 보어 자리에 있던 명사이다.

04

[해석] 올리브 나무는 고대 그리스 도시 국가들의 경제에 있어 매우 강력한 원동력이어서 신의 선물, 즉 아테네가 이름을 가져온 지혜의 여신인 Athena로부터의 선물이었던 것으로 믿어졌다.

정답 Point

④ **[G-Point]** [완전 절 vs 불완전 절 – 관계대명사 whom] 밑줄 친 whom은 관계대명사이기 때문에 뒤에 불완전 절이 와야 한다. 그런데 뒤에 'Athens (주어) + took (동사) + its name (목적어)'로 완전 절이 오고 있다. 따라서 whom이 글의 맥락을 고려하여 뒤에 완전 절을 유도하는 형태인 '전치사 + 관계대명사'로 from whom으로 바뀌는 것이 적절하다.

오답 Point

① **[G-Point]** '너무 ~해서 ... 하다'의 해석을 유도하는 'such ~ that'구조에서 such와 'such + a(n) + 형용사 + 명사'라는 어순이 올바르게 쓰인 부분이다.

② **[G-Point]** '너무 ~해서 ... 하다'의 해석을 유도하는 'such ~ that'구조에서 접속사 that이 올바르게 쓰였다.

③ **[G-Point]** it(올리브 나무)이 신의 선물인 시점이 그러하다고 여겨진 시점보다 더 이전이므로 완료부정사 to have been이 올바르게 쓰였다.

정답 03 ③ 04 ④

05 — 2023 지방직 9급

밑줄 친 부분 중 어법상 옳지 않은 것은?

One reason for upsets in sports — ① <u>in which</u> the team ② <u>predicted</u> to win and supposedly superior to their opponents surprisingly loses the contest — is ③ <u>what</u> the superior team may not have perceived their opponents as ④ <u>threatening</u> to their continued success.

06 — 2023 국가직 9급

밑줄 친 부분 중 어법상 옳지 않은 것은?

While advances in transplant technology have made ① <u>it</u> possible to extend the life of individuals with end-stage organ disease, it is argued ② <u>that</u> the biomedical view of organ transplantation as a bounded event, which ends once a heart or kidney is successfully replaced, ③ <u>conceal</u> the complex and dynamic process that more ④ <u>accurately</u> represents the experience of receiving an organ.

05

[해석] 스포츠에서 이길 것이라고 예측되어지고 추측건대 상대편보다 더 뛰어난 팀이 놀랍게도 시합에서 지는 역전이 발생하는 한 가지 이유는 그 뛰어난 팀이 상대편이 그들의 지속되는 성공에 위협적이라고 인식되지 않았기 때문이다.

정답 Point

③ 【G-Point】 [관계대명사 what] 관계대명사 what 앞에는 수식을 받는 선행사가 없어야 하며, 뒤에 불완전 절이 와야 한다. 이 문장에서는 수식을 받는 선행사가 없지만, 뒤에 완전 절이 오고 있으므로 what이 완전 절을 유도하는 명사절 접속사 that으로 바뀌어야 한다.
cf) the superior team (주어) + may not have perceived (동사) + their opponents (목적어)

오답 Point

① 【G-Point】 선행사를 upsets로 하고 있는 '전치사 + 관계대명사'의 형태를 하고 있는 'in which' 뒤에 완전 절이 오고 있으므로, 올바르게 쓰였다.

② 【G-Point】 동사는 loses가 있으므로, 밑줄 친 predicted는 동사가 아니라, 앞에 있는 the team을 수식하는 과거분사로 쓰였다. 그리고 문맥상 the team이 예측하는 것이 아니라, 예측되어진다는 의미의 수동관계이므로 올바르게 쓰였다.

④ 【G-Point】 perceive A (목적어) as B (목적격 보어)의 형태에서 목적어인 their opponents가 의미상 능동적으로 '위협하는' 것이므로 능동의 형태인 현재분사 threatening이 올바르게 쓰였다.

06

[해석] 이식 기술의 발전이 장기 질환 말기인 개인들의 수명을 연장할 수 있다 할지라도, 장기이식을 심장이나 신장이 성공적으로 교체되면 끝나는 제한된 사건으로 보는 생물 의학적 관점이 장기를 받는 경험을 더 정확하게 나타내주는 복잡하고 역동적인 과정을 숨긴다고 주장되어지고 있다.

정답 Point

③ 【G-Point】 [동사 - 수일치] 밑줄 친 동사 conceal의 주어는 멀리 떨어져 있는 단수 명사 the biomedical view이다. 따라서 conceal이 단수 동사의 형태인 conceals로 바뀌어야 한다. , which ends once a heart or kidney is successfully replaced,는 삽입절이다.

오답 Point

① 【G-Point】 진목적어 'to extend ~'를 대체하는 가목적어 it이 올바르게 쓰였다.
cf) make + 가목적어 it + 목적격 보어 (형용사) + 진목적어 (to V / that절)

② 【G-Point】 진목적어 that절을 유도하는 명사절 접속사 that이고, 뒤에 완전 절이 오고 있으므로 올바르게 쓰였다.

④ 【G-Point】 동사 represents를 수식하는 부사 accurately가 올바르게 쓰였다.

정답 05 ③ 06 ③

07 ─────────────── 2022 국가직 9급

밑줄 친 부분 중 어법상 옳지 않은 것은?

> To find a good starting point, one must return to the year 1800 during ① which the first modern electric battery was developed. Italian Alessandro Volta found that a combination of silver, copper, and zinc ② were ideal for producing an electrical current. The enhanced design, ③ called a Voltaic pile, was made by stacking some discs made from these metals between discs made of cardboard soaked in sea water. There was ④ such talk about Volta's work that he was requested to conduct a demonstration before the Emperor Napoleon himself.

08 ─────────────── 2021 국가직 9급

밑줄 친 부분 중 어법상 옳지 않은 것은?

> Urban agriculture (UA) has long been dismissed as a fringe activity that has no place in cities; however, its potential is beginning to ① be realized. In fact, UA is about food self-reliance: it involves ② creating work and is a reaction to food insecurity, particularly for the poor. Contrary to ③ which many believe, UA is found in every city, where it is sometimes hidden, sometimes obvious. If one looks carefully, few spaces in a major city are unused. Valuable vacant land rarely sits idle and is often taken over — either formally, or informally — and made ④ productive.

07

[해석] 좋은 출발점을 발견하기 위해 우리는 최초의 현대식 전기 배터리가 개발된 1800년으로 돌아가야 한다. 이탈리아의 Alessandro Volta는 은, 구리 그리고 아연의 결합이 전류를 생산해내는 데 이상적이라는 것을 발견했다. Voltaic pile이라 불리는 그 향상된 디자인은 바닷물에 적셔진 카드보드지로 만든 디스크 사이에 이러한 금속으로 만들어진 몇몇 디스크를 쌓아올려 만들어졌다. Volta의 작업에 대한 이야기가 있어서 그는 Napoleon황제 앞에서 직접 시연을 수행하라는 요청을 받았다.

정답 Point

② [G-Point] [were - 수일치] were에 호응하는 주어는 a combination으로 단수 명사이다. 따라서 were가 단수 동사인 was로 바뀌어야 한다.

오답 Point

① [G-Point] 관계대명사 which 앞에 전치사 during이 있음을 주목한다. '전치사 + 관계대명사' 뒤에는 완전한 절이 위치한다. during which 뒤에 develop의 수동태인 was developed와 주어인 the first modern electric battery가 있는 완전한 절이다. 따라서 during 뒤에 있는 which는 올바르게 쓰였다.

③ [G-Point] '~라고 부르다'의 의미를 갖는 call의 수동형태인 called가 올바르게 쓰였다. 능동의 형태인 calling 뒤에는 목적어와 목적격 보어가 와야 하고, 수동의 형태인 called 뒤에는 목적격 보어만 있으면 된다. called 뒤에 있는 a Voltaic pile이라는 목적격 보어가 있으므로 올바르게 쓰였다.

④ [G-Point] 'such ... that ~' 구조를 이루고 있다. such와 that 사이에는 '명사'가 위치해야 한다. 이 문장에서 such와 that 사이에 talk라는 명사가 올바르게 쓰였다.

08

[해석] 도시농업(UA)은 오랫동안 도시와 적합하지 않은 주변 활동으로 무시되어 왔다. 그러나 그것의 잠재력을 깨닫기 시작하고 있다. 사실, UA는 식량의 자급자족에 관한 것이다. 그런데 그것은 일자리를 만들어내는 것을 포함하며, 특히 가난한 사람들을 위한 식량 불안정에 대한 반응이다. 많은 사람들이 믿는 것과는 반대로, UA는 모든 도시에서 발견되는데 거기에서 가끔씩은 눈에 띄지 않고 가끔씩은 분명하다. 만약 주의 깊게 살펴보면, 대도시에는 사용되지 않는 공간은 거의 없다. 가치 있는 빈 땅은 거의 방치되지 않으며 자주 공식적으로나 비공식적으로 양도되어 생산적이기도 하다.

정답 Point

③ [G-Point] [관계대명사 which] 관계대명사 which 앞에는 사물인 명사가 선행사로 있어야 하고, 뒤에 불완전한 절이 와야 한다. 이 문장에서 뒤에 있는 many believe가 불완전한 절을 유도하고 있지만, 앞에 선행사가 없으므로 which가 관계대명사 what으로 바뀌어야 한다.

오답 Point

① [G-Point] be realized 뒤에 목적어가 없으므로 수동 부정사인 to be realized가 올바른 형태이다.

② [G-Point] creating 앞에 있는 동사 involves는 목적어 자리에 동명사를 취하는 동사이고 creating 뒤에 목적어인 work가 있으므로 능동 동명사의 형태인 creating이 올바르게 쓰였다.

④ [G-Point] productive 앞에 있는 수동태 (is) made의 능동형태는 We make valuable vacant land productive로 5형식 문장이다. 목적어인 valuable vacant land가 문장 앞으로 나간 수동태로 바뀌면 Valuable vacant land is made productive로 원래 능동태의 목적격 보어 자리에 있던 형용사 productive가 그대로 남아 있는 올바른 형태이다.

정답 07 ② 08 ③

09 — 2020 지방직 9급

밑줄 친 부분 중 어법상 옳지 않은 것은?

Elizabeth Taylor had an eye for beautiful jewels and over the years amassed some amazing pieces, once ① <u>declaring</u> "a girl can always have more diamonds." In 2011, her finest jewels were sold by Christie's at an evening auction ② <u>that</u> brought in $115.9 million. Among her most prized possessions sold during the evening sale ③ <u>were</u> a 1961 bejeweled timepiece by Bulgari. Designed as a serpent to coil around the wrist, with its head and tail ④ <u>covered</u> with diamonds and having two hypnotic emerald eyes, a discreet mechanism opens its fierce jaws to reveal a tiny quartz watch.

10 — 2012 사회복지직 9급

밑줄 친 부분 중 어법상 옳지 않은 것은?

Seattle, ① <u>the biggest</u> city in the Pacific Northwest has a low violent crime rate and, like Portland, ② <u>offering</u> excellent health care and transportation services for seniors. The city ③ <u>ranks</u> near the top in life expectancy and shows a low incidence of heart disease. ④ <u>Its</u> only obvious drawbacks are the high cost of living and a lack of sunny days.

09

해석 Elizabeth Taylor는 "여자라면 언제나 더 많은 다이아몬드를 가질 수 있다"고 선언한 이후 아름다운 보석들에 대한 안목을 가지고 있었고, 몇 년 동안 놀라운 보석들을 모았다. 2011년, 그녀의 가장 좋은 보석들은 1억 1,590만 달러를 가져다준 저녁 경매에서 Christie에 의해 팔렸다. 저녁 세일 기간 동안 팔린 그녀의 가장 소중한 물건들 중 하나는 Bulagri가 1961년에 보석으로 만든 시계였다. 손목을 휘감도록 뱀(모양)으로 설계되어 머리와 꼬리가 다이아몬드로 덮여 있고 최면에 걸릴 듯한 에메랄드로 만든 두 개의 눈을 가진, 신중하게 작동하는 메커니즘이 사나운 턱을 열어 작은 쿼츠 시계를 드러낸다.

정답 Point
③ [G-Point] [be동사 – 수일치] were 앞에 위치한 Among her most prized possessions sold during the evening sale은 모두 전치사구에 해당한다. 즉, 도치문장이다. 따라서 were 뒤에 있는 a 1961 bejeweled timepiece가 주어로 단수 형태이다. 따라서 복수 동사 were가 단수 동사 was로 바뀌어야 한다.

오답 Point
① [G-Point] declaring과 once 사이에 '주어 + be동사'가 생략된 형태로 봐도 되고, 접속사 once가 있는 분사구문이라 봐도 좋다. 그리고 뒤에 "a girl can always have more diamonds."라는 목적어가 있으므로 능동의 형태 declaring은 올바른 형태이다.
② [G-Point] that 앞에 an evening auction이라는 선행사가 있고 that 뒤에 불완전한 절이 오고 있으므로 관계대명사 which를 대신하는 관계대명사 that이 올바르게 쓰였다.
④ [G-Point] 'with + 명사 + 분사'로 구성된 '부대상황'에서 '능동 vs 수동'을 묻는 문제이다. covered 뒤에 목적어가 없으므로 과거분사의 형태로 올바르게 쓰였다.

10

해석 태평양 북서부의 가장 큰 도시인 Seattle은 폭력 범죄율이 낮고, Portland처럼 노인들을 위한 뛰어난 의료 및 교통 서비스를 제공한다. 그 도시는 기대수명이 1위에 가깝고, 낮은 심장질병 발생률을 보여준다. 그 도시의 분명한 단점은 높은 생활비와 화창한 날의 부족이다.

정답 Point
② [G-Point] [V의 개수] 접속사 and가 있으므로 동사가 하나 더 필요하다. 따라서 밑줄 친 offering이 동사 offers로 바뀌어야 한다.

오답 Point
① [G-Point] 명사 city를 수식하는 형용사의 최상급 the biggest가 올바르게 쓰였다.
③ [G-Point] 밑줄 친 동사 ranks 앞에 있는 주어 The city가 단수이고 and 뒤에 있는 동사 shows와 병렬을 이루고 있으므로 올바르게 쓰였다.
④ [G-Point] the city를 받는 단수인 소유격 대명사 Its가 올바르게 쓰였다.

정답 09 ③ 10 ②

11

밑줄 친 부분 중 어법상 옳지 않은 것은?

Domesticated animals are the earliest and most effective 'machines' ① available to humans. They take the strain off the human back and arms. ② Utilizing with other techniques, animals can raise human living standards very considerably, both as supplementary foodstuffs (protein in meat and milk) and as machines ③ to carry burdens, lift water, and grind grain. Since they are so obviously ④ of great benefit, we might expect to find that over the centuries humans would increase the number and quality of the animals they kept. Surprisingly, this has not usually been the case.

12

밑줄 친 부분 중 어법상 옳지 않은 것은?

Each year, more than 270,000 pedestrians ① lose their lives on the world's roads. Many leave their homes as they would on any given day never ② to return. Globally, pedestrians constitute 22% of all road traffic fatalities, and in some countries this proportion is ③ as high as two thirds of all road traffic deaths. Millions of pedestrians are non-fatally ④ injuring — some of whom are left with permanent disabilities. These incidents cause much suffering and grief as well as economic hardship.

11

[해석] 가축은 가장 초기의 그리고 가장 효율적인 인간에게 유용한 '기계류'이다. 가축들은 인간의 등과 팔에서 긴장을 덜어준다. 다른 기술들과 함께 이용되는 동물들은, (육류와 유제품에 포함된 단백질과 같은) 보조식품으로서, 그리고 짐을 지고, 물을 길어 올리며, 곡식을 갈 수 있는 기계로서 인간의 삶의 기준을 매우 향상시켜줄 수 있다. 가축들이 매우 분명히 큰 이익이 되기 때문에, 우리는 수 세기 동안 인간들이 그들이 키우는 동물들의 숫자와 질을 증가시킬 것이라는 것을 발견할 것이라 예측할지도 모른다. 놀랍게도, 이것은 보통 지금까지 실제로는 그렇지 않다.

[정답 Point]
② [G-Point] [능동 vs 수동 – 분사구문] 분사구문 utilizing의 의미상의 주어는 주절의 animals이다. 이 animals가 기술을 이용하는 것이 아니므로 '다른 기술과 함께 이용된다'는 수동의 의미를 갖는 과거분사 utilized로 고쳐야 한다.

[오답 Point]
① [G-Point] 형용사가 추가적인 어구와 함께 오면 명사를 뒤에서 수식할 수 있다. available이 명사 machines를 뒤에서 수식하고 있는 바른 문장이다.
③ [G-Point] to carry는 앞의 명사 machines를 수식하는 형용사적 용법의 to부정사로 바르게 쓰였다.
④ [G-Point] '전치사 + 추상명사'는 형용사로 쓰일 수 있다. 전치사 of와 추상명사 benefit이 결합하여 beneficial로 쓰였으며, 2형식 동사 are의 보어로 바르게 쓰였다.

12

[해석] 매년 27만 명 이상의 보행자들이 전 세계의 도로에서 목숨을 잃는다. 많은 사람들이 어떤 날에든 다시는 돌아오지 않는 것처럼 집을 떠난다. 전 세계적으로 보행자는 전체 도로교통사망자의 22%를 구성하고 있으며, 일부 국가에서는 이 비율이 전체 도로교통사망자의 3분의 2에 해당한다. 수백만 명의 보행자들이 치명적이지 않은 정도로 부상을 입었다. – 그들 중 일부는 영구 장애를 앓고 있다. 이러한 사건들은 경제적 어려움뿐만 아니라 많은 고통과 슬픔을 초래한다.

[정답 Point]
④ [G-Point] [능동 vs 수동 – be ing vs be p.p] injure는 타동사로 '부상을 입히다'는 뜻이다. 문맥상 부상을 당하는 것이므로 앞에 있는 be동사 (are)와 합쳐 수동태가 되어야 하므로 과거분사인 injured가 되어야 한다.

[오답 Point]
① [G-Point] 복수 주어인 more than 270,000 pedestrians에 맞게 복수형 동사인 lose가 올바르게 쓰였다.
② [G-Point] never to는 '결코 ~ 하지 않게 되다'라는 결과를 의미하는 to부정사의 부사 역할 표현이다.
③ [G-Point] as ~ as의 원급 비교로 이 사이에는 형용사나 부사의 원형이 들어가야 한다. 원급인 high의 쓰임이 바르게 되었다. 또한 be동사의 보어이므로 형용사인 high가 바르게 쓰였다. (high – 형용사, 부사 같은 형태)

[정답] 11 ② 12 ④

13 2018 국가직 9급

밑줄 친 부분 중 어법상 옳지 않은 것은?

Focus means ① getting stuff done. A lot of people have great ideas but don't act on them. For me, the definition of an entrepreneur, for instance, is someone who can combine innovation and ingenuity with the ability to execute that new idea. Some people think that the central dichotomy in life is whether you're positive or negative about the issues ② that interest or concern you. There's a lot of attention ③ paying to this question of whether it's better to have an optimistic or pessimistic lens. I think the better question to ask is whether you are going to do something about it or just ④ let life pass you by.

14 2018 서울시 상반기 9급

밑줄 친 부분 중 어법상 옳지 않은 것은?

Lewis Alfred Ellison, a small-business owner and ① a construction foreman, died in 1916 after an operation to cure internal wounds ② suffering after shards from a 100-lb ice block ③ penetrated his abdomen when it was dropped while ④ being loaded into a hopper.

13

[해석] 집중은 일을 완성시키는 것을 의미한다. 많은 사람들이 위대한 생각을 가지지만 그것들에 따라 행동하지는 않는다. 예를 들어 나에게 기업가의 정의는 그 새로운 아이디어를 실행하는 능력을 가지고 혁신과 창의성을 결합시키는 사람이다. 몇몇 사람들은 인생에서 중요한 이분법은 당신에게 흥미를 끌거나 근심을 주는 문제들에 대해 당신이 긍정적이냐 또는 부정적이냐 하는 것이라고 생각한다. 낙관적인 관점을 가지는 것이 더 나은가 아니면 비관적 관점을 가지는 것이 더 나은가에 대한 이 질문에 주어진 많은 관심이 있다. 나는 던져야 할 더 나은 질문은 그것에 관한 어떤 것을 하려고 하느냐 아니면 인생이 그저 당신을 지나쳐 가게 할 것이냐 라고 생각한다.

정답 Point
③ [G-Point] [능동 vs 수동 – 명사 수식] pay는 "지불하다, 주다"는 뜻의 타동사로 이 문장에서 분사로 앞의 명사인 attention을 수식하고 있다. 의미상 '질문에 주어진 관심'이라는 수동의 해석이고, 타동사 pay의 목적어가 없는 것으로 볼 때 수동의 의미인 과거분사 paid가 되어야 한다.

오답 Point
① [G-Point] mean은 '~을 의미하다'를 뜻하는 타동사로 사용될 때 동명사를 목적어로 취한다. 동사 get은 사역동사로서 목적격보어로 to부정사 또는 과거분사를 취한다. 즉 목적격보어의 의미가 능동이면 to 부정사를, 수동이면 과거분사를 취한다. 이 문장에서 목적어 stuff에 대한 목적격보어 do의 의미가 '일이 완성된다'는 수동이므로 과거분사인 done이 올바르게 쓰였다.
② [G-Point] that절의 동사 interest나 concern의 주어가 선행사로 쓰인 issues로 복수이므로 복수형 동사로 바르게 쓰였다.
④ [G-Point] 등위접속사 or는 병렬구조를 취해야 한다. 앞의 to do의 do와 let이 바르게 병렬구조를 이룬다. 그리고 동사 let은 사역동사로 목적격보어로 원형부정사를 취한다. 그리고 pass by에서 pass는 타동사, by는 부사로 쓰여 대명사 목적어가 타동사와 부사 사이에 올바르게 위치하고 있다.

14

[해석] 작은 영세업체 사업가이자 건설공사의 현장 감독이었던 Lewis Alfred Ellison은 100파운드 크기의 얼음 덩어리를 hopper에 싣는 동안에 그것이 떨어졌을 때 그 얼음 덩어리로부터 나온 파편들이 그의 복부를 관통한 이후에 생긴 상처를 치료하기 위한 수술을 받은 후, 1916년에 사망하였다.

정답 Point
② [G-Point] [능동 vs 수동 – 명사 수식] suffer는 타동사로 '~을 겪다, 당하다'의 의미를 갖는다. 부상을 당했다는 의미에서 wounds 뒤에 suffer가 분사로 수식하는 형태이므로 수동의 의미를 전달하는 과거분사 suffered로 고쳐 써야 옳다.

오답 Point
① [G-Point] 원래는 동일인을 말할 때 관사를 하나 취하기도 하지만 주어에 대한 부연설명으로 두 가지 직업을 각각 나타내는 경우에 관사를 각각의 직업 앞에 쓰기도 한다.
③ [G-Point] 부사절 after~ 이하의 주어는 shards이며 shards의 동사로 '관통하다'라는 의미를 갖는 penetrated가 쓰였다.
④ [G-Point] while it(the ice block) was loaded into~의 문장에서 주어인 it이 생략되고 동사인 was가 분사형태로 쓰인 올바른 형태이다.

정답 13 ③ 14 ②

15 — 2018 서울시 상반기 7급

밑줄 친 부분 중 어법상 옳지 않은 것은?

UN scientists call the ① <u>emptying</u> of the Aral Sea the greatest environmental disaster of the 20th century. But I only understood the scale of what ② <u>had happened</u> when I looked at a couple of satellite images that ③ <u>appears</u> in this book. They show a whole sea reduced to a toxic-sump by human action. It is an ④ <u>unprecedented</u> man-made change to the shape of the world.

16 — 2017 서울시 9급

밑줄 친 부분 중 어법상 옳지 않은 것은?

The idea that justice ① <u>in allocating</u> access to a university has something to do with ② <u>the goods</u> that ③ <u>universities properly pursue</u> ④ <u>explain why</u> selling admission is unjust.

15

[해석] UN의 과학자들은 아랄 해의 물이 줄어든 것을 20세기의 가장 큰 환경 재앙으로 칭하고 있다. 그러나 나는 이 책에 게재된 몇 개의 위성사진들을 보고나서야 발생한 일의 규모를 이해할 수 있었다. 그 사진들은 인간의 활동에 의해 바다 전체가 해로운 웅덩이로 축소된 모습을 보여준다. 이것은 세계의 형태에 대한 인간이 만든 전례 없는 변화이다.

정답 Point

③ 【G-Point】 [수일치 - 주격 관계대명사절] 관계대명사 「who/which/that」 뒤에 바로 동사가 나오는 경우(주격관계대명사) 그 동사의 수일치는 선행사에 시킨다. 이 문장에서 관계대명사 that의 선행사는 'satellite images'라는 복수명사이므로 동사도 복수동사로 일치 시켜야 하기 때문에 'appear'를 'appears'로 고쳐야 한다. 또한 문장의 동사 'understood'나 'looked'와 같은 과거 시제와 상관없이 사진에 책에 등장한 것은 객관적 사실이이 때문에 현재시제를 쓰는 것이 적절하다.

오답 Point

① 【G-Point】 empty는 "비워지다, 비다"라는 자동사의 의미로 -ing가 붙어 동명사가 되어 call의 목적어 역할을 하고 있다.
② 【G-Point】 'I'가 위성사진을 보고 규모를 이해했던 시점과 아랄해에서 일이 발생한 시점을 비교해봤을 때 아랄해에서 일이 발생한 것이 먼저, 즉, 더 과거이므로 대과거를 의미하는 과거완료형인 had happened가 바르게 사용되었다.
④ 【G-Point】 의미상 "전례 없는 변화"로 뒤에 나온 명사 change를 수식하고 있기 때문에 형용사인 'unprecedented'가 바르게 사용되었다.
[cf] 뒤에 나온 man-made라는 형용사에 낚이지 말자. 내용상 수식하고 있는 대상을 파악해야한다.

16

[해석] 대학에 입학을 할당하는 것에 있어 공정성이 대학들이 적절하게 추구하는 선과 관련이 있다는 생각은 입학을 판매하는 것이 왜 부당한지를 설명한다.

정답 Point

④ 【G-Point】 [수일치 - 멀리 떨어진 주어와 동사] 주어가 the idea 이므로 explain이 아니라 explains라는 단수동사의 형태가 되어야 한다. that~ the goods까지가 추상명사 idea에 걸리는 동격절이며, that~ pursue는 선행사 the goods를 수식하는 관계대명사절이다.

오답 Point

① 【G-Point】 전치사 뒤의 전치사의 목적어자리에 동명사 allocating이 올바르게 사용되었다.
② 【G-Point】 앞에 나온 the를 미루어 볼 때, good이 명사로 사용되었다.
③ 【G-Point】 properly가 동사형태 pursue를 수식해주므로 부사형태가 바르다.

정답 15 ③ 16 ④

17
2015 지방직 7급

어법상 옳지 않은 것을 고르시오.

The immune system in our bodies ① fights the bacteria and viruses which cause diseases. Therefore, whether or not we are likely to get various diseases ② depend on how well our immune system works. Biologists used to ③ think that the immune system was a separate, independent part of our body, but recently they ④ have found that our brain can affect our immune system. This discovery indicates that there may be a connection between emotional factors and illness.

18
2014 서울시 9급

어법상 옳지 않은 것은?

Sometimes there is nothing you can do ① to stop yourself falling ill. But if you lead a healthy life, you will probably be able to get better ② much more quickly. We can all avoid ③ doing things that we know ④ damages the body, such as smoking cigarettes, drinking too much alcohol or ⑤ taking harmful drugs.

17

[해석] 우리 신체 안에 있는 면역체계는 질병들을 유발하는 박테리아들과 바이러스들과 싸운다. 그러므로 우리가 다양한 질병에 걸리게 될지 그렇지 않을지 여부는 우리의 면역체계가 얼마나 잘 작용하는가에 달려 있다. 면역체계는 우리 신체의 별도의 독자적인 일부라고 생물학자들은 한때 생각하고는 했지만 최근에 우리 뇌가 면역체계에 영향을 미칠 수 있다는 것을 그들은 알아냈다. 정서적인 요인들과 질병 사이에 연관성이 있을 수 있다는 것을 이런 발견은 지적해준다.

정답 Point

② 【 G-Point 】 [수일치 – 명사구 / 명사절이 주어] 주어 자리에 Whether or not we are likely to get various diseases로 명사절이 왔으므로 단수동사 depends로 바꿔 써야 한다.

오답 Point

① 【 G-Point 】 주어가 The immune system으로 단수이므로 단수동사 fights가 올바르게 쓰였다.
③ 【 G-Point 】 '~하곤 했다'의 의미를 가진 조동사 used to 다음에 동사원형 think가 올바르게 쓰였다.
④ 【 G-Point 】 부사 recently와도 잘 어울리고 문맥상 '과거부터 현재'까지의 시간의 흐름을 보여주고 있으므로 현재완료 have found가 올바르게 쓰였다.

18

[해석] 가끔씩 당신이 아프게 될 수도 있는 것을 막기 위해 할 수 있는 것이 아무것도 없다. 그러나 만약에 당신이 건강한 생활을 하고 있다면 당신은 아마 훨씬 더 빨리 회복할 수 있다. 우리 모두는 흡연이라든지 지나친 음주를 한다든지 해로운 약물을 오용하는 등의 우리 몸에 해가 될 수 있는 행동들을 피할 수 있다.

정답 Point

④ 【 G-Point 】 [수일치 – 주격관계대명사절 / 삽입절] 밑줄 앞에 있는 삽입절 we know를 삭제하면 밑줄에 걸리는 주어는 선행사 역할을 하고 있는 things라는 복수이므로 동사 damages가 복수 동사인 damage로 바뀌어야 한다.

오답 Point

① 【 G-Point 】 문맥상 '~하기 위하여'로 해석되는 부정사의 부사적용법 '목적'이 올바르게 쓰였다.
② 【 G-Point 】 비교급 more quickly를 수식하는 much가 올바르게 쓰였다. (비교급 강조 : much, even, still, far, by far, a lot)
③ 【 G-Point 】 동사 avoid는 목적어 자리에 동명사를 취하는 동사로, 동명사 doing이 올바르게 쓰였다.
⑤ 【 G-Point 】 밑줄 앞에 있는 등위접속사 or를 중심으로 or 앞에 있는 smoking, drinking, or taking으로 병렬 구조를 이루고 있다.

정답 17 ② 18 ④

19 — 2012 지방직 7급

어법상 옳지 않은 것을 고르시오.

The number of people ① taking cruises ② continue to rise and ③ so does the number of complaints about cruise lines. Sufficient ④ information is till missing.

20 — 2018 법원직 9급

어법상 옳지 않은 것을 고르시오.

In criminal cases, the burden of proof is often on the prosecutor to persuade the trier (whether judge or jury) ① that the accused is guilty beyond a reasonable doubt of every element of the crime charged. If the prosecutor fails to prove this, a verdict of not guilty is ② rendered. This standard of proof contrasts with civil cases, ③ where the claimant generally needs to show a defendant is liable on the balance of probabilities (more than 50% probable). In the USA, this is ④ referring to as the preponderance of the evidence.

19

해석 유람선 여행을 하는 사람들의 수가 계속 오르고 있고, 유람선 여행 경로에 대한 불만의 수도 역시 오르고 있다. 충분한 정보가 여전히 없는 상태이다.

정답 Point

② **[G-Point]** [**수일치** – The number of vs A number of] The number of 복수명사가 주어 자리에 오면 주어는 단수인 The number이다. 따라서 동사 자리에 있는 continue가 단수 동사 continues로 바뀌어야 한다.

오답 Point

① **[G-Point]** 앞에 있는 명사 people을 능동적으로 수식하는 현재분사 taking이 올바르게 쓰였다.

③ **[G-Point]** and 앞이 긍정문이고 'S도 그렇다'를 의미하는 'so + 동사 + 주어'가 올바르게 쓰였다.

④ **[G-Point]** information은 절대 불가산 명사로 단수 동사 is가 올바르게 쓰였다.

20

해석 형사소송에서 입증 책임은 판사가 되었든 배심원이 되었든 판결을 내리는 사람에게 기소된 범죄의 모든 면에 대한 합당한 의심을 넘어서서 피고가 유죄라는 것을 납득시키는 검사에게 있다. 만일 검사가 이것을 증명하지 못하면, 유죄가 아니라는 판결이 내려진다. 이러한 증거 기준은 청구인이 일반적으로 피고가 모든 가능성을 고려했을 때 법적 책임이 있다는 것을 보여줄 필요가 있는 민사소송과는 대조를 이룬다. 미국에서 이것이 증명의 우월이라고 불린다.

정답 Point

④ **[G-Point]** [**능동 vs 수동 – 동사구의 수동형태**] 능동형태의 refer to A as B (A를 B라고 언급하다, 말하다)의 수동 형태는 A be referred to as B의 형태가 되어야 하므로 밑줄 친 referring이 referred로 바뀌어야 한다.

오답 Point

① **[G-Point]** persuade의 목적어 역할을 하고 that 뒤에 완전 절이 온 명사절 that이 올바르게 쓰였다.

② **[G-Point]** render는 타동사인데, 뒤에 목적어가 없고, 앞에 be동사 is와 결합한 수동태의 형태가 올바르게 쓰였다.

③ **[G-Point]** 밑줄 친 관계부사 where 뒤에 완전 절이 오고 있으므로 올바르게 쓰였다.

정답 19 ② 20 ④

21 — 2018 서울시 상반기 7급

밑줄 친 부분 중 어법상 가장 옳지 않은 것은?

A swing vote is a vote that ① <u>is seen as</u> potentially going to any of a number of candidates in an election, or, in a two-party system, may go to either of the two dominant political parties. Such votes ② <u>are usually sought after</u> in election campaigns, since they can play a big role in determining the outcome. A swing voter or floating voter is a voter who may not ③ <u>be affiliated with</u> a particular political party(Independent) or who will vote across party lines. In American politics, many centrists, liberal Republicans, and conservative Democrats are considered swing voters since their voting patterns cannot ④ <u>predict with</u> certainty.

22 — 2017 지방직 7급

어법상 옳지 않은 것을 고르시오.

A graph of monthly climatological data ① <u>shows</u> the warmest, coolest, wettest and driest times. Also, weekends are ② <u>highlighting</u> on the graph to help you quickly locate the weekend weather ③ <u>should</u> you have activities ④ <u>planned</u>.

21

[해석] 부동표는 선거에 출마한 많은 후보들 중 잠재적으로 누구에게라도 갈 것으로 여겨지는, 혹은 양당제에서 두 개의 주요 정당들 중에 어느 쪽으로도 갈 수 있는 표이다. 그러한 표들은 선거 결과를 결정하는 데 큰 역할을 하기 때문에, 보통 선거 운동에서 환영받는다. 부동표 투표자, 혹은 떠돌이 투표자란 특정 정당(무소속)에 가입되어 있지 않을 수 있는, 혹은 당의 정치적 노선을 초월하여 투표하는 투표자를 의미한다. 미국 정치에 있어 많은 중도론자들과 진보적 공화당 지지자들, 보수적 민주당 지지자들이 부동표 투표자들로 여겨지는데, 왜냐하면 그들의 투표 패턴은 확실하게 예측될 수 없기 때문이다.

정답 Point

④ [G-Point] [능동 vs 수동 – V vs be p.p] predict는 타동사이기 때문에 능동형으로 쓰일 때 뒤에 목적어를 취해야하는 데 목적어가 없고 내용상 주어인 voting patterns(투표패턴)이 "예측되어지는 것"이므로 능동태가 아니라 수동태인 be predicted with로 고쳐야 한다.

오답 Point

① [G-Point] 'see A as B'는 "A를 B로 여기다"의 의미를 갖는 표현인데 내용상 부동표가 "~라고 여겨지는" 것이므로 수동형인 "is seen as"가 바르게 쓰였다.

② [G-Point] 'seek after'는 "~을 찾다, 구하다"의 의미를 가지는데 after 뒤에 목적어가 없으므로 수동형인 "are sought after"가 바르게 쓰였다.

③ [G-Point] affiliate A(목적어) with B는 "A를 B에 가입시키다"의 의미를 가지는데 affiliate의 목적어가 없으므로 수동형인 "be affiliated with"가 바르게 쓰였다.

22

[해석] 월별 기후학적 데이터 그래프는 가장 따뜻하고, 가장 시원하고, 가장 습하고, 가장 건조한 시기를 보여준다. 또한 만약 여러분이 외부 활동을 계획한다면 여러분이 주말 날씨를 빠르게 확인할 수 있도록 그래프 상에 주말 데이터가 강조된다.

정답 Point

② [G-Point] [능동 vs 수동 – be ~ing vs be p.p] highlight(~을 강조하다)는 타동사이기 때문에 능동형으로 쓰일 때는 뒤에 목적어를 취한다. 그런데 뒤에 목적어가 없고 내용상 "주말이 강조되는 것"이므로 'highlighting'을 수동형인 'highlighted'로 고쳐야 한다.

오답 Point

① [G-Point] "문장V의 개수 = 접속사의 개수 + 1" 공식으로 동사 자리임을 알 수 있고 문장의 주어가 단수 명사인 "a graph"이므로 단수동사인 shows가 올바르게 쓰였다.

③ [G-Point] 원래는 "if you should have activities planned"의 형태인데 if를 생략하고 주어와 동사를 도치시켜 "should you have ~" 형태가 된 것이다. (if가 생략된 가정법 미래 구문)

④ [G-Point] 동사 자리에 have가 와서 「have + 목적어 + 과거분사(p·p)」의 형태로 사역동사 5형식 문장을 이끌고 있다. 사역동사의 목적격 보어자리에는 목적어와의 관계가 능동일 때 동사원형, 목적어와의 관계가 수동일 때 과거분사(p·p)가 온다. 이 문장의 목적어인 'activities(활동)'는 '계획'되는 것'이므로 목적격 보어와 수동의 관계이다. 따라서 과거분사(p·p)형태인 "planned"는 바르게 쓰였다.

정답 21 ④ 22 ②

23

2016 법원직 9급

다음 밑줄 친 부분 중, 어법상 옳지 않은 것은?

To "win hands down" which means to "win easily" or "win with little or no effort" has ① its origins in horse racing. In a close, photo-finish race, a jockey ② typically strikes his horse with a bat or the reins to force it to maintain or increase speed. When the horse is leading by several lengths and a win is assured, the jockey will usually cease striking the horse or let the reins ③ go loose: In effect, he puts his "hands down." The expressions ④ was appeared in the mid-19th century; by the end of the century, it was being used outside of horse racing to mean "with no trouble at all."

24

2014 사회복지직 9급

다음 밑줄 친 부분 중, 어법상 옳지 않은 것은?

When I was growing up, many people asked me ① if I was going to follow in my father's footsteps, to be a teacher. As a kid, I remember ② saying, "No way. I'm going to go into business." Years later I found out that I actually love teaching. I enjoyed teaching because I taught in the method ③ in which I learn best. I learn best via games, cooperative competition, group discussion, and lessons. Instead of punishing mistakes, I encouraged mistakes. Instead of asking students to take the test on their own, they ④ required to take tests as a team. In other words, action first, mistakes second, lessons third, laughter fourth.

23

[해석] "쉽게 이기다" 또는 "거의 또는 전혀 노력 없이 이기다"를 의미하는 "손을 내리고 이기다"는 그 기원을 경마에 두고 있다. 우열을 가리기 힘들어 사진으로 판정을 하는 경주에서 기수는 전형적으로 자신의 말을 막대기나 고삐로 쳐서 속도를 유지하거나 더 내게 한다. 말이 몇 마신 앞서고 승리가 확실할 때, 기수는 주로 말을 치는 것을 멈추거나 고삐를 느슨하게 할 것이다. 사실상 그는 그의 손을 내려놓는다. 이 표현은 19세기 중반에 나타났다. 그 세기 말 무렵에 이 표현은 경마 이외의 장소에서 "아무런 문제 없이"를 의미하는 데 사용되었다.

정답 Point
④ [G-Point] [능동 vs 수동 – 수동금지] appear는 "나타나다, 등장하다" 또는 "~처럼 보이다"의 의미를 가지는데 둘 다 자동사로 수동태가 불가능하다. 따라서 was appeared를 appeared로 고쳐야 한다.

오답 Point
① [G-Point] 'its'는 단수 대명사로 앞에 나온 단수명사, 구, 절을 모두 대신 받을 수 있고 이 문장에서는 'win hands down'을 대신 받고 있으므로 올바르게 쓰였다.
[cf] 구나 절은 단수 취급을 한다.
② [G-Point] "전형적으로 친다"라고 해석되어 'strike'라는 동사를 수식하고 있으므로 부사인 'typically'를 쓰는 것이 옳다.
③ [G-Point] 'let'이 5형식을 이끌 때, 목적어와의 관계가 능동이면 원형부정사(동사원형)를, 목적어와의 관계가 수동이면 be p·p를 쓴다. 이 문장에서는 the reins(고삐)가 go loose(느슨해지다)하는 것이므로 능동의 관계이기 때문에 원형부정사인 go loose를 쓰는 것이 옳다.

24

[해석] 내가 성장할 때 많은 사람들은 내가 아버지의 전철을 밟을 것인지 즉 교사가 될 것인지 물었다. 어렸을 때 나는 "절대 아닙니다. 나는 사업가가 될 겁니다."고 말했던 기억이 난다. 몇 년 후 나는 내가 실제로 가르치는 것을 좋아한다는 것을 알았다. 나는 내가 가장 잘 배우는 방법으로 내가 가르쳤기 때문에 가르치는 일을 좋아했다. 나는 놀이, 공동 경쟁, 그룹 토론 그리고 교훈을 통해서 가장 잘 배운다. 실수를 벌하지 않고 실수를 권장했다. 학생들에게 혼자서 시험을 치르라고 하지 않고 팀으로 시험을 볼 것을 요구했다. 다시 말해서 행동이 첫째, 실수가 두 번째, 교훈이 세 번째, 웃음이 네 번째.

정답 Point
④ [G-Point] [능동 vs 수동 – V vs be p.p '5형식의 수동 형태'] 이 문장에서는 require가 5형식의 수동태를 취하고 있다. require가 5형식을 취할 때는 'require + 목적어 + 목적격 보어(to 부정사)'의 형태를 가진다. 이 능동의 형태를 수동의 형태로 바꾼 be required to 부정사의 형태가 이 문장에서는 올바른 형태이다.

오답 Point
① [G-Point] ask의 직접목적어 자리에 '~인지 아닌지'의 의미를 갖는 명사절 'if절'을 유도하는 접속사 if가 올바르게 쓰였다.
② [G-Point] remember 뒤에 목적어 자리에 동명사가 오면 '(과거에) ~했던 것을 기억하다'의 의미로 쓰이는데, 이 문장에서 올바르게 쓰였다.
③ [G-Point] 선행사 the method와 호응하며 뒤에 완전 절이 오고 있으므로 '전치사 + 관계대명사'인 in which가 올바르게 사용되었다.

정답 23 ④ 24 ④

25   2013 국회직 8급

다음 밑줄 친 부분 중 어법상 옳지 않은 것은?

The National Assembly on Tuesday passed a supplementary budget bill aimed at jump-starting the economy ① that has been lost steam in the face of tough economic conditions at home and abroad. ② After a three-week tug-of-war between the ruling and opposition parties, Parliament gave the nod to the 17.3 trillion won extra budget in a 130-69 vote, ③ with 27 blank ballots. The government submitted the bill on April 18. Of the total, the amount of 12 trillion won ④ has been set aside to fill the government's expected revenue shortfalls, while the remaining 5.3 trillion won has been allocated for spending to stimulate the economy. It is the second-largest supplementary budget in the country's history. In 2008, the government drew up a record extra budget of 28.4 trillion won ⑤ to cushion the impact of the global financial crisis.

26   2018 법원직 9급

다음 밑줄 친 부분 중 어법상 옳지 않은 것은?

In 2000, scientists at Harvard University suggested a neurological way of ① explaining Mona Lisa's elusive smile. When a viewer looks at her eyes, the mouth is in peripheral vision, ② which sees in black and white. This accentuates the shadows at the corners of her mouth, making the smile ③ seems broader. But the smile diminishes when you look straight at it. It is the variability of her smile, the fact that it changes when you look away from it, ④ that makes her smile so alive, so mysterious.

25

[해석] 국회는 화요일, 국내 및 해외에서 거친 경제 조건으로 인해 활기를 잃은 경제에 시동을 걸기 위한 보충 예산안을 통과시켰다. 여당과 야당의 3주간의 주도권 싸움 끝에, 의회는 130-69의 투표와 27의 공표로 17조 3000만 원의 추가 예산안을 통과시켰다. 정부는 법안을 4월 18일 제출했다. 총 금액에서, 5조 3000만 원은 경제를 활성화시키기 위해서 할당되고, 12조원은 정부의 예상되는 수입 부족을 채우기 위해서 할당되었다. 이것은 우리나라 역사상 두 번째로 큰 규모의 보조 예산이다. 2008년, 정부는 세계 재정 위기의 영향을 완화하기 위해서 28조 4000억의 추가 예산을 기록했었다.

정답 Point
① [G-Point] [능동 vs 수동 – have p.p vs have been p.p] 선행사 economy에 호응하는 주격 관계대명사절 that절에서 동사인 has been lost는 수동의 형태인데 뒤에 steam라는 목적어가 있으므로 능동의 형태인 had lost로 바뀌어야 한다.

오답 Point
② [G-Point] 합성 형용사 three-week가 뒤에 오는 명사 tug-of-war를 수식하는 데 단수형태의 형용사 three-week가 올바르게 쓰였다.
③ [G-Point] with로 시작하는 전치사구 안에서 27에 호응하는 복수명사 ballots가 올바르게 쓰였다.
④ [G-Point] 동사 자리에 쓰인 수동의 형태 has been set aside가 올바르게 쓰였다. 뒤에 목적어가 없으므로, 능동의 형태 has set aside는 틀린 형태이다.
⑤ [G-Point] '~하기 위하여'의 의미를 갖는 to 부정사의 부사적 용법(목적)이 올바르게 사용되었다.

26

[해석] 2000년에 하버드 대학 과학자들은 모나리자의 규정하기 힘든 미소를 신경학적인 방식으로 보여주었다. 관찰자가 그녀의 눈을 바라볼 때, 입은 흑백으로 보이는 주변 시야에 있게 된다. 이것은 그녀의 가장자리에 있는 그늘을 강조하며, 미소가 더 넓어 보이게 한다. 그러나 당신이 그것을 똑바로 쳐다보면, 미소는 약해진다. 그것은 그녀의 미소를 너무도 활기 넘치게, 너무도 신비하게 만드는 그녀 미소의 가변성, 즉 당신이 눈을 돌리면 변한다는 사실이다.

정답 Point
③ [G-Point] [능동 vs 수동 – 목적격 보어 / 사역동사 make] 사역동사 make의 준동사 making의 목적어 the smile과 목적격보어 seems의 관계가 능동이므로 seems가 동사원형 seem으로 바뀌어야 한다.

오답 Point
① [G-Point] 전치사 of의 목적어 자리에 동명사 explaining이 올바르게 쓰였다.
② [G-Point] 앞의 선행사 peripheral vision과 호응하며 뒤에 불완전 절이 오므로 관계대명사 which가 올바르게 쓰였다.
④ [G-Point] It-that 강조구문의 that이 올바르게 쓰였다.

정답 25 ① 26 ③

27 — 2018 서울시 상반기 9급

밑줄 친 부분 중 어법상 옳지 않은 것은?

When you find your tongue ① twisted as you seek to explain to your ② six-year-old daughter why she can't go to the amusement park ③ that has been advertised on television, then you will understand why we find it difficult ④ wait.

28 — 2018 지방직 7급

밑줄 친 부분 중 어법상 옳지 않은 것을 고르시오.

In countries where religion ① has been closely identified with ② a people's culture, as in Hinduism and Islam, religious education has been essential ③ to be maintained the society and ④ its traditions.

27

해석 당신이 TV에서 광고되어진 놀이공원에 그녀가 갈 수 없는 이유를 당신의 여섯 살 된 딸에게 설명하려고 노력하면서 당신의 혀가 꼬이는 것을 발견하게 되면, 그렇다면 당신은 왜 우리가 기다리는 것이 힘들다고 느끼는지 이해하게 될 것이다.

정답 Point
④ [G-Point] [가목적어 - 진목적어] why 명사절에서 동사 find 뒤에 목적어로 it이, 그리고 목적격 보어로 difficult가 사용된 문장이다. it은 가목적어이며 뒤의 wait가 진목적어이므로 to부정사의 형태로 써야 한다. 동사 뒤에 동사원형 wait가 올 이유가 없다.

오답 Point
① [G-Point] find는 분사를 목적격 보어로 취할 수 있는 타동사이다. 목적어인 your tongue과 twisted의 수동관계가 맞으므로 목적격 보어자리에 과거분사인 twisted가 올바르게 쓰였다.
② [G-Point] 합성 형용사에서는 복수의 개념이 있더라도 단수 형태를 써야 한다. 수를 나타내는 형용사인 six가 측정단위 명사인 year와 사용되어 뒤에 boy라는 명사를 수식하고 있으므로 year라는 단수형태가 바르다.
③ [G-Point] that 뒤에 주어가 없어 불완전 절이고 that 이하가 선행사 amusement park를 수식하는 관계대명사 절이다.

28

해석 힌두교와 이슬람에서와 같이, 종교가 어느 민족의 문화와 긴밀하게 동일하게 간주되는 국가들에서, 종교 교육은 사회와 그 전통들을 유지함에 있어서 필수적인 것이었다.

정답 Point
③ [G-Point] [능동 vs 수동 - to V vs to be p.p] 밑줄 뒤에 the society and its traditions라는 목적어가 있으므로 수동 부정사 to be maintained가 능동 형태인 to maintain으로 바뀌어야 한다.

오답 Point
① [G-Point] identified뒤에 목적어가 없고, 해석도 수동의 의미가 자연스러우므로 수동의 형태인 has been closely identified가 올바르게 쓰였다.
② [G-Point] people이 '사람들'이라는 복수 형태로 쓰인 것이 아니라, '민족'이라는 의미로 사용되었기 때문에 단수 형태인 a people이 올바르게 쓰였다.
④ [G-Point] its가 앞에 있는 단수 형태의 명사인 the society를 가리키므로 단수 형태의 소유격 대명사 its가 올바르게 쓰였다.

정답 27 ④ 28 ③

29 — 2015 서울시 7급

어법상 옳지 않은 것을 고르시오.

Innovation, business is now learning, is likely ① to find ② wherever bright and eager ③ people think ④ they can find it.

30 — 2017 지방직 하반기 9급

밑줄 친 부분 중 어법상 옳은 것은?

Last week I was sick with the flu. When my father ① heard me sneezing and coughing, he opened my bedroom door to ask me ② that I needed anything. I was really happy to see his kind and caring face, but there wasn't ③ anything he could do it to ④ make the flu to go away.

29

해석 혁신은 영리하고 열정적인 사람들이 그들이 그것을 발견할 수 있다고 생각하는 어느 곳에서나 발견되어질 가능성이 있다는 것을 지금 알아가고 있는 중이다.

정답 Point

① [G-Point] [능동 vs 수동 – to V vs to be p.p] 밑줄 뒤에 목적어가 없다. 즉, 복합 관계사절 'wherever ~ it'은 부사절로 목적어 자리에 올 수 없다. 그리고 '혁신은 발견되는 것'이라는 수동의 해석이 자연스러우므로 능동 to find가 수동 부정사 'to be found'로 바뀌어야 한다.

오답 Point

② [G-Point] wherever 뒤에 완전 절이 오고 있으므로 올바르게 쓰였다.
③ [G-Point] 'people think'는 복합 관계부사절 'wherever ~it'의 삽입절로 올바르게 쓰였다.
④ [G-Point] 밑줄 친 they는 앞에 있는 복수 명사 people을 받는 대명사로 올바르게 쓰였다.

30

해석 지난 주 나는 독감에 걸렸다. 나의 아버지가 내가 재채기하고 기침하는 것을 들었을 때, 아버지는 나의 침실 문을 열고 내가 어떤 것을 필요로 하는지를 물었다. 나는 그의 친절하고 배려하는 얼굴을 보아서 정말 행복했지만, 독감이 떨어져 나가게 하기 위해서 그가 할 수 있는 것은 없었다.

정답 Point

① [G-Point] [5형식 – 지각동사] 'hear + me(목적어) + ~ing'에 밑줄이 그어져 있다. 즉, hear가 지각동사로 쓰인 것이다. 'hear'가 지각동사로 쓰일 때, 목적격 보어자리에는 목적어와의 관계가 능동이면 현재분사 ~ing 또는 원형부정사(동사원형), 목적어와의 관계가 수동이면 과거분사(p·p)가 온다. 내가(me) 재채기와 기침을 '하는 것'이므로 목적어와의 관계가 능동이다. 따라서 목적격 보어자리에 현재분사 ~ing가 올바르게 왔다. (동사원형인 'sneeze and cough'가 와도 어법상 틀리지 않다.)

오답 Point

② [G-Point] 'ask'는 4형식 동사로 쓰여 '-에게 ~을 물어보다'의 의미로 사용될 수 있다. 이 문장에서는 간접목적어 자리에 me를 쓰고 직접목적어 자리에 명사절 that을 사용하여 적절한 것처럼 보이지만 해석상 '아버지께서 나에게 무언가 필요한지 아닌지를 물어본 것이므로' that이 아니라 "~인지 아닌지"의 의미를 가지는 명사절 접속사인 'whether' 또는 'if'를 쓰는 것이 옳다.
③ [G-Point] anything 뒤에 목적격 관계대명사 that이 생략된 형태이다. 목적격 관계대명사는 뒤에 목적어가 없는 불완전한 절이 와야 하는데 밑줄친 부분을 보면 'he could do it'으로 'it'이라는 목적어가 쓰인 완전한 절이 왔다. 따라서 목적어 'it'을 빼고 "anything he could do"로 고치는 것이 옳다.
④ [G-Point] 'make'가 5형식 동사로 쓰일 때는 목적격 보어자리에 형용사나 명사를 데리고 오며 'make'가 사역동사로 쓰여서 5형식을 이끌 때는 목적어와의 관계가 능동이면 목적격 보어자리에 원형부정사(동사원형)를, 목적어와의 관계가 수동이면 목적격 보어자리에 과거분사(p·p)를 데리고 온다. 문맥상 '독감을 없애기 위해서'의 해석이 자연스러움으로 the flu(독감)와 go away(없어지다, 사라지다)는 능동의 관계이다. 즉, 'make'가 사역동사이므로 목적격 보어자리에는 to부정사가 아니라 원형부정사 go away를 쓰는 것이 옳다.

정답 29 ① 30 ①

31 — 2016 서울시 9급

다음 대화에서 가장 옳지 않은 것은?

> Ann : Your hair ① <u>looks nice</u>.
> Tori : I ② <u>had it cut by</u> the tall hairdresser in the new hair salon next to the cafeteria.
> Ann : Not that place where I ③ <u>got my head to stick</u> in the drier?
> Tori : ④ <u>Must be</u>, I suppose. Yes, that one.
> Ann : Huh, and they still let them open.

32 — 2015 서울시 9급

어법상 옳지 않은 것을 고르시오.

> Most European countries failed ① <u>to welcome</u> Jewish refugees ② <u>after</u> the war, which caused ③ <u>many</u> Jewish people ④ <u>immigrate</u> elsewhere.

31

해석 Ann : 너 헤어스타일이 멋지다.
Tori : 식당 옆 새로운 미용실에 있는 키 큰 미용사한테 잘랐어.
Ann : 내 머리가 드라이어에 끼었던 그 장소는 아니겠지?
Tori : 그곳일 거야. 맞아, 그곳.
Ann : 헐, 아직도 영업하는구나.

정답 Point

③ **[G-Point] [5형식 - 사역동사 get]** "got(get의 과거형) + my head(목적어) + to stick(to부정사)"에 밑줄이 그어져 있다. 즉, get이 5형식을 이끌고 있는 것이다. get이 5형식을 이끌 때, 목적격 보어자리에는 목적어와의 관계가 능동이면 to부정사, 목적어와의 관계가 수동이면 과거분사(p·p)가 온다. my head(나의 머리)가 드라이어에 '끼이는' 것이므로 목적어와의 관계가 수동이다. 따라서 목적격 보어자리에는 to stick이 아니라 stuck이 오는 것이 올바르다.

오답 Point

① **[G-Point]** look은 감각동사로 대표적 2형식 동사이다. 따라서 주격보어로 형용사인 'nice'가 알맞게 쓰였다.
cf) "멋지게"라는 해석 때문에 부사를 쓰지 않도록 조심하자.
② **[G-Point]** "had(have의 과거형) + it(목적어) + cut"에 밑줄이 그어져 있다. 즉, 'had'가 사역동사로 쓰인 것이며 사역동사의 목적격 보어자리에는 목적어와의 관계가 능동일 때 동사원형, 목적어와의 관계가 수동일 때 과거분사(p·p)가 온다. 목적어 it(= my hair '머리')와 cut(~을 자르다)의 관계가 수동(머리는 잘리는 것)이므로 과거분사인 "cut"이 알맞게 쓰였다.
cf) cut-cut-cut 변화형을 잊지 말자.
④ **[G-Point]** "must"는 "~해야 한다"라는 의무 또는 "~임에 틀림없다"라는 강한 추측의 의미를 가지는 조동사이다. 따라서 대화의 흐름상 "그곳임에 틀림없다"라는 강한 추측의 의미로 쓰일 수 있으므로 "must"가 어색하지 않다.

32

해석 유럽 국가들 대부분이 전쟁 후 유대인 피난민들을 환영하지 않았는데 그것은 많은 유대인들을 다른 지역으로 이주하게 만들었다.

정답 Point

④ **[G-Point] [5형식 - O.C자리 to V를 취하는 동사]** 'cause'가 5형식을 이끌 때 목적격 보어자리에는 to부정사가 와야 한다. 따라서 이 문장에서는 immigrate가 아니라 to immigrate를 쓰는 것이 옳다.
cf) 목적격 보어자리에 to부정사를 취하는 5형식 동사를 알아둡시다.

오답 Point

① **[G-Point]** 'fail'은 목적어 자리에 to부정사를 취하는 대표적인 동사이므로 to welcome은 올바르게 쓰였다.
② **[G-Point]** after는 전치사와 접속사로 모두 사용될 수 있고 이 문장에서는 뒤에 'the war'라는 명사를 데리고 나와 전치사로 쓰였다.
③ **[G-Point]** 'many'가 "많은"으로 해석되어 형용사로 쓰일 때는 복수 명사를 수식하는데 이 문장에서는 Jewish people(유대인들)이라는 복수 명사를 수식하고 있으므로 올바르게 쓰인 것이다.

정답 31 ③ 32 ④

33

밑줄 친 부분 중 어법상 가장 옳지 않은 것은?

As artists, ① <u>what</u> drives us is the desire to make our lives ② <u>to run</u> more ③ <u>smoothly</u>, with less angst, ④ <u>fewer</u> voids and a minimum of bother.

34

다음의 밑줄 친 부분 중 어법상 옳지 않은 것은?

Peter started ① <u>poking</u> around in the cupboards. He opened the refrigerator and stood there with the door ② <u>open</u>. Debbie, meanwhile, had ③ <u>returned</u> to her plumbing job. She was turning the faucet on and off and ④ <u>to watch</u> it.

33

해석 예술가로서, 우리에게 동기부여를 하는 것은 더 적은 불안과 더 적은 공허감과 최소한의 귀찮음으로 우리의 삶을 더 부드럽게 하려는 욕구이다.

정답 Point

② 【G-Point】 [5형식 − **사역동사 make**] 사역동사 make의 목적어가 our lives의 능동관계에 있는 목적격보어가 필요하다. 따라서 동사원형 run이 쓰여야 한다. (to run → run)

오답 Point

① 【G-Point】 밑줄 친 what 뒤에 불완전 절이 오고 있으므로 관계대명사 what이 올바르게 쓰였다.
③ 【G-Point】 목적격 보어 자리에 있는 동사원형(원형 부정사) run을 수식하는 smoothly가 올바르게 쓰였다.
④ 【G-Point】 밑줄 뒤에 복수 형태의 명사 voids가 쓰였으므로, 수 형용사의 비교급 fewer가 올바르게 쓰였다.

34

해석 Peter는 찬장을 뒤지기 시작했다. 그는 냉장고를 열고 문이 열린 채로 서 있었다. 그동안 Debbie는 배관 공사 작업으로 돌아갔다. 그녀는 수도꼭지를 열었다 닫았다 하고 그것을 지켜보고 있었다.

정답 Point

④ 【G-Point】 [**병렬 − 등위 접속사 and**] 주어 She 이하에 동사 was turning과 to watch가 and를 통해 병렬 연결되는 것이 의미상 자연스럽다. 따라서 둘의 형태를 일치시켜야 하므로, to watch는 (was) watching으로 고쳐야 한다.

오답 Point

① 【G-Point】 동사 start는 to부정사와 동명사 모두를 목적어로 취할 수 있으므로, 동명사 poking이 목적어 자리에 올바르게 쓰였다.
② 【G-Point】 with로 시작하는 분사구문이다. open은 '열려 있는'이라는 의미의 형용사로 쓰이고 있다.
cf 부대상황 − with + 명사 + ~ing / p.p / 형용사 / 전치사구
③ 【G-Point】 과거시점인 was turning보다 더 오래전 일이므로 had returned라는 대과거의 형태가 올바르게 쓰였다.

정답 33 ② 34 ④

35

다음 글의 밑줄 친 부분 중, 어법상 바르지 않은 것은?

One of your greatest mental powers ① is imagination. You can visualize anything you want and you can embellish and exaggerate your imagery as ② much as you want. For example, you could imagine the free acids ③ being burned for energy in the "cellular powerhouse" - the mitochondria - and you could imagine the mitochondria as a fiery furnace... "incinerating" the fat! I think it's a pretty cool idea to "see" your fat cells shrinking and ④ visualizing your body as a "fat burning furnace."

36

어법상 옳지 않은 것을 고르시오.

It is the duty of all public servants to ① ensure that the public's money is spent ② as efficient as possible and that ③ programs are provided effectively, without discrimination or prejudice, with transparency ④ and without waste of money or resources. Most public servants work in the administrative functions related to ⑤ public service program provision.

35

[해석] 당신의 위대한 정신적인 힘들 중의 하나는 상상력이다. 당신은 당신이 원하는 어떤 것을 마음속에 상상해볼 수 있고, 당신은 꾸밀 수 있고, 당신이 원하는 만큼 많이 당신의 이미지를 과장할 수 있다. 예를 들어, 당신은 세포 발전소인 미토콘드리아에서 에너지를 얻기 위해 유리지방산이 태워지고 있음을 상상할 수 있다. 그리고 당신은 미토콘드리아를 그 지방을 "태워 버리는" 불같은 용광로처럼 상상할 수 있었다. 나는 당신의 지방 세포들이 움츠러드는 것을 볼 수 있고 당신의 몸이 "지방을 태우는 용광로"로 마음속에 그려보는 것은 꽤 멋진 생각이라고 생각한다.

[정답 Point]
④ **[G-Point]** [병렬 - 등위 접속사 and]] and를 중심으로 문맥상 to see와 visualizing이 병렬구조이다. 따라서 to see ~ and (to) visualize ~로 visualizing이 visualize로 바뀌어야 한다.

[오답 Point]
① **[G-Point]** 주어가 단수인 One이므로 단수 동사 is가 올바르게 쓰였다.
② **[G-Point]** 의미상 동사인 exaggerate를 수식하는 부분이므로 부사 much가 올바르게 쓰였다.
③ **[G-Point]** 동사 imagine의 목적어 자리에 동명사의 형태 being burned가 올바르게 쓰였으며 동명사의 의미상의 주어인 the free fatty acids와의 관계가 수동이므로 수동 동명사 'being burned'가 올바르게 쓰였다.

36

[해석] 차별이나 편견 없이, 투명성을 가지고 재정이나 자원의 낭비 없이, 공공의 돈이 가능한 한 효율적으로 쓰여지는 것을 보장하는 것과 프로그램들이 효과적으로 제공되는 것을 보장하는 것은 모든 공무원들의 의무이다. 대부분의 공무원들은 공공 서비스 프로그램 제공과 관련된 행정상의 역할 안에서 일한다.

[정답 Point]
② **[G-Point]** [형용사 vs 부사 - as 형용사 vs 부사 as] efficient는 동사 spent를 수식하기 위해서 형용사가 아닌 부사가 되어야 한다. 따라서 부사인 efficiently로 써야 맞다.

[오답 Point]
① **[G-Point]** 진주어 to ensure와 목적어 자리를 이끄는 명사절 접속사 that에 밑줄이 올바르게 그어졌다.
③ **[G-Point]** and 앞에 위치한 ensure가 유도한 목적절 that절과 병렬관계에 있는 that절 속 주어와 동사인 programs are provided에 밑줄이 올바르게 그어졌다.
④ **[G-Point]** and 앞에 있는 전치사구 without discrimination or prejudice, with transparency와 밑줄 그어진 전치사구 without waste of money가 병렬관계로 올바르게 쓰였다.
⑤ **[G-Point]** 앞에 있는 전치사 to의 목적어 자리에 올바르게 쓰였다.

정답 35 ④ 36 ②

37 ── 2012 국가직 7급

밑줄 친 부분 중 어법상 옳지 않은 것은?

> Any manager of a group that wants to achieve a meaningful level of acceptance and commitment to ① <u>a planned</u> change must present the rationale for the contemplated change as ② <u>clear</u> as possible and provide opportunities for discussion ③ <u>to clarify</u> consequences for those who will ④ <u>be affected</u> by the change.

38 ── 2011 사회복지직 9급

밑줄 친 부분 중 어법상 옳은 것은?

> I was 16 when ① <u>one</u> day my father told me I could drive him into a remote village, on the condition that I take the car in ② <u>to be serviced</u> at a nearby garage. Having just learned to drive and ③ <u>hard</u> ever having the opportunity to use car, I readily accepted. I drove Dad into the village and promised to ④ <u>pick him up</u> at 4 p.m., then drove to a garage and dropped off the car.

37

[해석] 계획된 변화에 의미 있는 수준의 수용과 헌신을 성취하기를 원하는 한 그룹의 어떤 경영자라도 그 심사숙고된 변화에 대한 근거를 가능한 한 분명하게 제시해야 하고 그 변화에 영향을 받게 될 사람들을 위해 그 결과들을 분명히 하기 위한 토론을 할 수 있는 기회들을 제공해야 한다.

정답 Point

② [G-Point] [형용사 vs 부사 – as 형용사 vs 부사 as] 'as 원급 as'에서 앞에 있는 as를 제거하면 동사 must present[제시해야만 한다]를 수식하는 '가능한 한 분명하게'를 의미해야 하므로 밑줄 그어진 형용사 clear를 부사 clearly로 고쳐야 한다.

오답 Point

① [G-Point] '계획된 변화'라는 해석을 유도하는 과거분사 planned가 올바르게 쓰였다.
③ [G-Point] '~하기 위하여'라고 해석되는 to부정사의 부사적용법의 목적으로 올바르게 쓰였다.
④ [G-Point] 밑줄 뒤에 목적어도 없고 의미도 '영향을 받다'라는 수동의 의미로 쓰였으므로 be affected가 올바르게 쓰였다.

38

[해석] 어느 날 내 아버지께서 나에게 차를 수리 받을 수 있도록 근처 정비소에 가져다 놓는다는 조건으로 그를 외딴 마을에 차로 태워다 줄 수 있다고 말씀하셨을 때, 나는 16살이었다. 운전하는 법을 막 배웠고, 차를 사용할 기회를 거의 갖지 못했었기 때문에, 나는 선뜻 (기꺼이) 받아들였다. 나는 아버지를 차로 마을까지 모셔다 드리고 오후 4시에 그를 태우러 오겠다고 약속한 후, 정비소에 가서 차를 인계했다.

정답 Point

③ [G-Point] [부사 – ~ly] '열심히, 어려운'을 의미하는 hard와 '거의~않는'을 의미하는 hardly를 구분하는 문제가 시험에 자주 출제된다. 문맥상 '기회를 거의 갖지 못했다'는 의미이므로 '거의~않는'을 의미하는 hardly가 적합하다.

오답 Point

① [G-Point] '어느 날'의 의미를 표현하기 위해 one day를 적절하게 사용하였다.
② [G-Point] 차가 누군가에 의해 수리가 되어지는 것이므로 to부정사의 수동태인 to be serviced로 쓰여 적절하다.
④ [G-Point] 'pick up'은 구동사로 목적어로 대명사가 쓰이는 경우 반드시 동사와 전치사 사이에 위치하는 것이 원칙이다. 따라서 pick him up이 적절하다.

정답 37 ② 38 ③

39

다음 글에서 밑줄 친 부분 중 어법상 틀린 것은?

The works of discovery in every age ① shape — and shake up — the thinking of the whole literate community. And this effect has multiplied with the rise of democracy and literacy. The familiar example, of course, is ② how the works of Copernicus(1473-1543) and his followers disturbed Western culture with the realization that the earth was no longer the center. More ③ recently examples are the impact of Darwinian biology and Freudian psychology. Nowadays, the space sciences, arcane and specialized ④ though they have become, continue to have a profound and wide influence on the whole community's thinking.

40

어법상 옳지 않은 것을 고르시오.

① Bats are ② surprising long-lived creatures, ③ some having a life-expectancy ④ of around ⑤ twenty years.

39

해석 모든 시대에 있어서 발견하는 일들은 읽고 쓸 줄 아는 공동체의 사고를 형성하고 뒤흔들어 놓는다. 그리고 이러한 효과는 민주주의와 읽고 쓸 줄 아는 능력의 증가로 증가해 왔다. 물론 잘 알려진 예는, 코페르니쿠스(1473~1543)와 그의 추종자들의 발견하는 일들이 지구가 더 이상 중심이 아니라는 깨달음으로 얼마나 서구 문화를 혼란스럽게 했는지에 있다. 더 최근의 예는 다윈의 생물학과 프로이드의 심리학의 영향이다. 요즈음 우주과학이 비록 신비롭고 전문화되기 했지만, 계속해서 전체 사회의 사고에 심오하고 광범위한 영향력을 미치고 있다.

정답 Point

③ **[G-Point]** [**형용사 vs 부사 – 명사 수식**] 밑줄 뒤에 있는 명사 examples를 수식하고 있으므로 부사 recently가 형용사인 recent로 바뀌어야 한다.

오답 Point

① **[G-Point]** 이 문장의 주어가 복수 형태인 works이기 때문에 복수형 동사 shape이 올바르게 쓰였다.
② **[G-Point]** 주격보어자리에 온 명사절을 이끄는 명사절 접속사 how가 올바르게 쓰였다.
④ **[G-Point]** 양보절의 형태 '형용사 / 부사 / 명사 though 주어 동사'의 형태인 arcane and specialized though they have become이 올바르게 쓰였다.

40

해석 박쥐는 놀라울 정도로 오래 사는 동물이다. 몇몇 박쥐들은 대략 20년 정도의 기대수명을 가지고 있다.

정답 Point

② **[G-Point]** [**형용사 vs 부사 – 형용사(분사) 수식**] 명사 creatures를 수식하는 형용사 역할을 하는 long-lived를 수식하는 자리에 형용사 형태인 surprising이 잘못 위치하고 있다. surprisingly로 바뀌어야 한다.

오답 Point

① **[G-Point]** 주어 자리에 복수 형태의 명사 Bats와 복수 형태의 동사 are가 올바르게 쓰였다.
③ **[G-Point]** 주절의 주어 Bats와는 다른 주어의 형태를 취하는 '독립 분사구문' some having이 올바르게 쓰였다.
④ **[G-Point]** of로 시작하는 전치사구 내에 '대략'이라는 의미의 around가 쓰였다.
⑤ **[G-Point]** 복수개념 twenty와 복수명사 years가 올바르게 호응하고 있다.

정답 39 ③ 40 ②

41 — 2009 국회직 8급

다음 중 어법상 어색한 것을 고르시오.

The Vietnamese Communist regime, ① long weakened by regionalism and corruption, can ② barely control the relentless destruction of the country's forests, which are home to some of the most spectacular wild species in Asia, including the Java rhinoceros, dagger-horned goats, as well as ③ new discovered animals ④ previously unknown to Western science.

42 — 2008 지방직 9급

다음의 밑줄 친 부분 중 어법상 옳지 않은 것은?

John took ① carefully notes ② of all presentations throughout the conference, ③ to be able to refer to ④ them later.

41

[해석] 지역주의와 부패에 의해 오랫동안 약화되어진 베트남 공산 정권은 이전에는 서양 과학에 알려지지 않은 새롭게 발견된 동물뿐만 아니라 Java 코뿔소, 단도 뿔의 염소를 포함한 아시아에서 가장 장관인 야생종들의 일부에게 서식지이다.

정답 Point

③ **[G-Point]** [형용사 vs 부사 – 형용사(분사) 수식] 명사 animals를 수식하는 형용사 역할을 하는 과거분사 discovered를 수식하는 자리에 온 new를 부사 newly로 고쳐야 한다.

오답 Point

① **[G-Point]** 앞에 있는 명사 regime을 수식하고 수동의 의미를 갖는 과거분사 weakened와 이 분사를 수식하는 부사 long이 올바르게 쓰였다.

② **[G-Point]** 의미상 '거의 ~않는'의 의미를 갖는 부사 barely가 올바르게 쓰였다.

④ **[G-Point]** 과거분사 unknown을 수식하는 부사 previously가 올바르게 쓰였다.

42

[해석] John은 나중에 참고할 수 있도록 하기 위해 회의 내내 모든 발표 내용들을 주의 깊게 주목했다.

정답 Point

① **[G-Point]** [형용사 vs 부사 – 명사 수식] 밑줄 친 부분이 뒤에 있는 명사 notes를 수식하는 자리이므로 부사 carefully가 형용사 careful로 바뀌어야 한다.

오답 Point

② **[G-Point]** take note of '~에 주목하다'의 의미를 갖는 표현의 of로 올바르게 쓰였다.

③ **[G-Point]** '~하기 위하여'로 해석되는 부사적 용법 목적으로 올바르게 쓰였다.

④ **[G-Point]** 앞에 명사인 presentations가 복수형이므로 이를 받는 복수 형태의 대명사 them이 올바르게 쓰였다.

정답 41 ③ 42 ①

43

다음 밑줄 친 부분 중 어법상 옳지 않은 것을 고르시오

Indeed, it is the nature of men ① that whenever they see profit, they cannot help chasing after ② them, and whenever they see harm, they cannot help running away. To illustrate, when the merchant engages in trade and travels twice the ordinary distance in a day, ③ uses the night to extend the day, and covers a thousand miles without considering it too far, it is ④ because profit lies ahead.

44

밑줄 친 부분 중 어법상 옳지 않은 것은?

① Unless scientists discover new ways ② to increase food production, the Earth ③ will not be able to satisfy the food needs of all ④ their habitants.

43

[해석] 사람들이 이익을 보게 될 때마다 이를 추구하지 않을 수 없고 손해를 보게 되면 반드시 달아날 수밖에 없다는 것은 사람의 본성이다. 예를 들면 상인이 거래를 하게 되어 하루에 보통 거리의 두 배를 이동하며 밤을 이용해서 하루를 연장하고 너무 멀다고 생각하지 않고서 천 마일을 다니게 되면 그것은 이익이 앞에 놓여 있기 때문이다.

정답 Point
② [G-Point] [대명사 – 단수 vs 복수] 대명사 them이 있는 자리는 문맥상 앞에 나온 명사 profit을 받는다. 따라서 대명사도 복수 형태인 them이 아니라 단수 형태인 it이 쓰여야 올바르다.

오답 Point
① [G-Point] 진주어 that절을 유도하는 명사절 that으로 뒤에 완전 절이 오고 있다.
③ [G-Point] 주어 the merchant를 공유하는 A, B, and C (engages –, uses –, and covers –) 병렬구조가 쓰였다.
④ [G-Point] because가 부사절이 아닌 주격 보어자리에 온 명사절을 이끄는 접속사로 뒤에 완전 절이 오고 있다.

44

[해석] 만약에 과학자들이 식량 생산을 증가시킬 새로운 방법들을 발견하지 않는다면, 지구는 지구에 거주하는 사람들의 식량에 대한 욕구를 충족시킬 수 없을 것이다.

정답 Point
④ [G-Point] [대명사 – 단수 vs 복수] 밑줄 친 자리는 앞에 있는 the Earth를 가리키므로, 복수 대명사의 소유격인 their가 단수 대명사의 소유격 its로 바뀌어야 한다.

오답 Point
① [G-Point] Unless는 'if + not'으로 뒤에 부정어가 안 쓰였고, Unless는 조건의 부사절을 이끌어서 현재시제 discover가 올바르게 쓰였다.
② [G-Point] 앞에 있는 명사 ways를 수식하는 'to 부정사'의 형용사적 용법으로 'to increase'가 올바르게 쓰였다.
③ [G-Point] 미래시제를 나타내는 조동사 will과 문맥상 부정의 의미를 나타내는 not이 올바르게 쓰였다.

정답 43 ② 44 ④

45

> 2012 서울시 9급

밑줄 친 부분 중 어법상 옳지 않은 것을 고르시오.

What ① <u>is</u> necessary is an income that will be the basis for a dignified human existence. As far as inequalities of income are concerned, it seems that ② <u>it</u> must not exceed the point ③ <u>where</u> differences in income lead to differences in the experience of life. The man with an income of millions, who can satisfy any costly wish without even thinking about ④ <u>it</u>, experiences life in a different way from the man who has to sacrifice one costly wish to satisfy another. The man who can never travel beyond his town, ⑤ <u>who</u> can never afford any luxury, again has a different life experience from his neighbor who can do so.

46

> 2010 국회직 8급

밑줄 친 부분 중 어법상 옳지 않은 것을 고르시오.

The particular dialect of English, 'Apache English' used on the reservation, ① <u>is considered substandard and wrong</u> by many educators on the reservation. They ② <u>attribute their differences from standard 'textbook' English to an inability</u> of the children to distinguish between Apache and English, ③ <u>therefore mixing them up</u>, since they ④ <u>are unable to speak either one</u>. They did not understand ⑤ <u>that the</u> 'other language' their Apache students speak was indeed a dialect of English.

45

[해석] 필요한 것은 존엄한 인간의 존대에 기반이 될 수입이다. 수입의 불평등에 관해서는, 수입의 차이가 삶의 경험에서의 차이의 결과를 가져오는 지점을 초과해서는 안 되는 것 같다. 심지어 그것에 대한 생각조차 없이 어떤 값비싼 바람이든 충족시킬 수 있는 수백만 달러의 수입을 가진 사람은 다른 하나를 만족시키기 위해 하나의 값비싼 바람을 희생해야 하는 사람과는 다른 방식으로 삶을 경험한다. 어떤 사치를 부릴 여유가 없고 자신의 마을을 넘어서 이동할 수 없는 사람은 다시 그렇게 할 수 있는 이웃과 다른 삶의 경험을 갖는다.

정답 Point
② **[G-Point]** [대명사 – 단수 vs 복수] 밑줄 친 부분은 앞에 있는 inequalities of income을 가리킨다. 따라서 단수 형태인 it이 복수 형태인 they가 되어야 한다.

오답 Point
① **[G-Point]** what은 the thing which로 단수취급을 해야 하므로, 단수 동사인 is가 올바르게 쓰였다.
③ **[G-Point]** 선행사가 the point로 뒤에 완전 절이 오고 있으므로, 관계부사 where가 올바르게 쓰였다.
④ **[G-Point]** 앞에 있는 any costly wish를 가리키고 있으므로 단수 대명사 it이 올바르게 쓰였다.
⑤ **[G-Point]** 앞에 선행사가 the man으로 사람이고, 뒤에 완전 절이 오고 있으므로 관계대명사 who가 올바르게 쓰였다.

46

[해석] 인디언 보호 구역에서 사용되어지고 있는 영어의 특별한 방언인 'Apache English'는 보호구역에 있는 많은 교육자들에 의해서 비표준어적이고 잘못된 것으로 간주된다. 그들은 표준 '교과서' 영어와 Apache어의 차이를 아이들이 Apache어와 영어를 구별할 능력이 없고, 따라서 어느 쪽 언어도 제대로 구사할 수 없어서 그 둘을 섞어 쓰게 된 것이기 때문이라고 생각한다. 그들은 그들의 Apache 학생들이 말하는 그 '다른 언어'가 사실은 영어의 한 방언이라는 것을 이해하지 못한다.

정답 Point
② **[G-Point]** [대명사 – 단수 vs 복수] 밑줄 친 부분에 나오는 their가 가리키는 부분은 The particular dialect of English라는 Apache English이므로 단수 형태인 its로 바뀌어야 한다.

오답 Point
① **[G-Point]** consider가 5형식으로 쓰인 문장의 수동태 모양으로 올바르게 쓰였다.
③ **[G-Point]** 능동의 분사구문 mixing them up과 '타동사 + 대명사의 목적격 + 부사'의 형태가 올바르게 쓰였다.
④ **[G-Point]** cannot의 의미를 갖는 are unable to V가 의미상 올바르게 쓰였다.
⑤ **[G-Point]** the other language를 주어로, was를 동사로 갖는 understand의 목적어 자리에 온 명사절 that이 올바르게 쓰였다.

정답 45 ② 46 ②

47

밑줄 친 부분 중 어법상 가장 옳은 것은?

More than 150 people ① have fell ill, mostly in Hong Kong and Vietnam, over the past three weeks. And experts ② are suspected that ③ another 300 people in China's Guangdong province had the same disease ④ begin in mid-November.

48

밑줄 친 부분 중 어법상 옳지 않은 것은?

The ① adaptation of mammals ② to almost all possible ③ modes of life parallels ④ those of the reptiles in Mesozoic time.

47

[해석] 지난 3주 이상, 주로 홍콩과 베트남에서 150명 이상의 사람들이 아팠다. 그리고 전문가들은 중국 광동지역에서 또 다른 300명이 11월 중순에 시작된 같은 질병에 걸렸다고 의심한다.

[정답 Point]
③ [G-Point] [대명사 - 부정 대명사 another] another가 부정대명사로 쓰일 경우에는 단수취급을 한다. 그러나 명사를 수식하는 부정 형용사로 사용될 경우에는 뒤에 '수사 + 복수명사'가 올 수 있다. another 뒤에 300이라는 수사와 복수명사 역할을 하는 people이 왔으므로 올바르게 쓰였다.

[오답 Point]
① [G-Point] 현재완료는 'have p.p'의 형태가 되어야 한다. 따라서 fall의 과거형 모양 fell이 과거분사형 fallen으로 바뀌어야 한다.
② [G-Point] 뒤에 목적어 역할을 하는 that절이 있으므로 수동 형태인 are suspected가 능동 형태인 suspect나 have suspected로 바뀌어야 한다.
④ [G-Point] had가 사역동사 the same disease가 목적어 그리고 밑줄 친 begin이 목적격 보어 / 이러한 5형식으로 보면 해석이 부자연스럽다. 따라서 밑줄 친 동사원형 begin이 현재분사 beginning으로 써서 앞에 있는 명사 disease를 수식하거나 분사구문으로 처리하는 것이 해석상 올바르다.

48

[해석] 포유류가 거의 가능한 모든 형태의 생활양식에 적응하는 것은 중생대에 파충류의 그것(적응)과 유사하다.

[정답 Point]
④ [G-Point] [대명사 - 단수 vs 복수] 포유류의 적응과 파충류의 적응을 동사 parallel을 사용해서 비교하는 비교 구문으로 이때, 그 비교 대상이 일치해야 한다. 앞에 나온 「the + 명사」 the adaptation의 반복을 피하기 위해서 이를 뒤에서 대명사로 받으면 대신 받고자 하는 명사가 단수이므로 those가 아닌 that으로 고쳐 쓰는 것이 옳다.

[오답 Point]
① [G-Point] 주어자리에 온 명사 adaptation은 올바르게 쓰였다.
② [G-Point] 동사 adapt와 명사 adaptation에 호응하는 전치사 to가 올바르게 쓰였다.
③ [G-Point] 전치사 to의 목적어로 명사 modes가 올바르게 쓰였다.

[정답] 47 ③ 48 ④

49 — 2014 기상직 9급

다음 밑줄 친 부분 중 어법상 어색한 곳을 고르시오.

These days, many people find themselves too dependent on digital devices, unable to remember phone numbers or birthdays without them. They prefer ① to store such information on their cell phones or computers rather than use their heads, ② which leads to a condition known as digital dementia, or forgetfulness. In our modern society, people simply aren't required to remember this kind of information because their digital devices do it for them. Due to such dependency, people who often use devices such as cell phones, PDAs and navigation ③ is more likely to develop digital dementia. To avoid this problem, experts suggest remembering important phone numbers in your head, and ④ concentrating when reading magazines or newspapers.

50 — 2015 기상직 9급

밑줄 친 부분 중 어법상 옳지 않은 것을 고르시오.

Earth's atmosphere is a relatively thin, gaseous envelope ① comprised mostly of nitrogen and oxygen, with small amounts of other gases, such as water vapor and carbon dioxide. Nestled in the atmosphere ② is clouds of liquid water and ice crystals. Although our atmosphere extends upward for many hundreds of kilometers, it gets progressively thinner with altitude. Almost 99 percent of the atmosphere ③ lies within a mere 30 km of Earth's surface. In fact, if Earth ④ were to shrink to the size of a beach ball, its inhabitable atmosphere would be thinner than a piece of paper. This thin blanket of air constantly shields the surface and its inhabitants from the sun's dangerous ultraviolet radiant energy, as well as from the onslaught of material from interplanetary space.

49

[해석] 요즈음 많은 사람들은 디지털 기기에 너무 의존하고 있는 자신들을 발견하고, 디지털 기기 없이는 전화번호나 생일을 기억하지 못한다. 그들은 그러한 정보를 머리를 사용하는 방법 대신에 휴대폰이나 컴퓨터에 저장하는 것을 선호하는데, 이것은 디지털 치매, 혹은 건망증이라고 알려진 증상을 초래한다. 현대 사회에서 사람들이 이런 종류의 정보를 굳이 외우려고 하지 않는 것은 디지털 기기들이 대신 기억해 주기 때문이다. 이러한 의존성 때문에 휴대폰, PDA, 네비게이션을 사용하는 사람들에게 디지털 치매가 발달할 가능성이 높다. 이런 문제를 피하기 위해 전문가들은 머릿속에 전화번호를 외우고, 잡지나 신문을 읽을 때 집중하는 것이 중요하다고 제안한다.

정답 Point

③ 【G-Point】 [수일치 – 멀리 떨어진 주어와 동사] 밑줄이 들어간 문장의 주어는 'who – navigation'의 수식을 받고 있는 복수 명사 people이다. 따라서 단수 동사 is가 복수 동사 are로 바뀌어야 한다.

오답 Point

① 【G-Point】 prefer to V –, rather than to V – 구조가 올바르게 쓰였다.

② 【G-Point】 앞에 있는 절 전체를 선행사로 받고 뒤에 주어가 없는 불완전 절이 오고 있으므로 관계대명사 which의 계속적 용법이 올바르게 쓰였다.

④ 【G-Point】 문장의 동사인 suggest의 목적어로 밑줄 앞에 있는 remembering과 and를 중심으로 밑줄 친 concentrating이 병렬구조로 올바르게 쓰였다.

50

[해석] 지구의 대기는 수증기와 이산화탄소 같은 적은 양의 다른 기체와 함께 주로 질소와 산소로 구성된 상대적으로 얇은 가스의 외피다. 액체 상태의 물과 얼음 결정이 이 대기 안에 자리 잡고 있다. 비록 우리의 대기가 수백 킬로미터까지 위로 뻗어 있지만, 고도가 높아지면서 더 얇아진다. 대기의 거의 99퍼센트가 지구 표면의 30킬로미터 안에 놓여 있다. 사실 지구를 비치볼 정도의 크기로 줄인다면, 그것의 거주 가능한 대기는 종이보다 얇을 것이다. 이 얇은 공기의 장막이 지표면과 그 거주자들을 행성 간 우주의 물체로부터의 맹렬한 공격은 물론 태양의 위험한 자외선 복사 에너지로부터 보호한다.

정답 Point

② 【G-Point】 [수일치 – 도치문장] 과거분사 "nestled~"가 문장 앞으로 나가고 주어와 동사가 도치된 형태이므로 동사 뒤에 나온 주어에 수일치를 시켜야 한다. 따라서 이 문장의 주어는 복수명사인 clouds이므로 동사도 'is'가 아니라 복수동사인 'are'로 고쳐야 한다.

오답 Point

① 【G-Point】 "문장V의 개수 = 접속사의 개수 + 1" 공식으로 밑줄 친 comprised는 동사자리가 아님을 알 수 있다. 따라서 앞에 나온 명사 envelope를 수식해주는 과거분사(p·p)로 볼 수 있는데, 외피(envelope)는 구성되는(comprised) 것이므로 적절하다.

③ 【G-Point】 주어 자리에 「부분 of ●」가 등장하면 ●에 동사의 수일치를 시킨다. %(percent)는 대표적인 부분을 나타내는 표현이므로 뒤에 나온 'the atmosphere'라는 단수명사에 수일치를 시켜 lies라는 단수동사가 바르게 쓰였다.

④ 【G-Point】 'if S + were to부정사 ~, S' 조동사과거형 + 동사원형 ---.' 은 발생할 가능성이 희박한 사실을 가정할 때 쓰이는 가정법 구문이다. 지구를 비치볼 크기로 줄이는 것은 발생 가능성이 매우 희박, 불가능에 가까운 사실임으로 적절하다.

정답 49 ③ 50 ②

51　　2010 서울시 9급

다음 밑줄 친 부분 중 어법상 옳지 않은 것을 고르시오

Neither the research assistant's consortium ① <u>nor</u> the biotech laboratory ② <u>are</u> poised ③ <u>to strike</u> a decisive blow in the debate over salaries that ④ <u>has</u> been raging ⑤ <u>for over</u> a year.

51

[해석] 연구조교 협회나 생명공학 연구소 둘 다 1년 넘게 맹렬히 계속되어 온 임금에 대한논쟁에서 결정적인 한방을 날릴 태세를 갖추지 못하고 있다.

정답 Point

② 【 G-Point 】 [수일치 – Neither A nor B] 문장의 주어는 'Neither the research assistant's consortium nor the biotech laboratory' 즉, "neither A nor B"구문이 주어자리에 왔다. "neither A nor B"가 주어자리에 오면 수일치는 B에 시키므로 이 문장에서는 'the biotech laboratory'라는 단수 명사에 수일치를 시켜 동사도 단수동사를 써야 한다. 따라서 동사인 'are'을 'is'로 고쳐야 한다.

오답 Point

① 【 G-Point 】 neither는 nor과 자주 함께 쓰여 'neither A nor B'구문으로 "A나 B둘 다 아닌"의 의미를 가지므로 적절하다.
③ 【 G-Point 】 'be poised to부정사~'는 "~ 할 태세를 갖추다"라는 표현이다. 따라서 to 뒤에 동사원형인 'strike'가 바르게 쓰였다.
④ 【 G-Point 】 관계대명사「who/which/that」 뒤에 바로 동사가 나오는 경우(주격관계대명사) 그 동사의 수일치는 선행사에 시킨다. 이 문장에서 관계대명사 that의 선행사는 'the debate'라는 단수명사이므로 동사도 단수동사로 일치시켜야 한다. 따라서 has가 온 것이 적절하다. 또한 뒤에 전치사 for이 "~동안"이라는 기간을 나타내고 있으므로 현재완료진행 시제를 쓴 것도 적절하다.
[cf] 바로 앞에 있는 명사 'salaries'에 낚이지 말자. 내용상 관계대명사 that의 선행사는 the debate가 맞다.
⑤ 【 G-Point 】 숫자가 포함된 불특정 기간은 전치사 'for'로 나타낸다. for 뒤에 over는 이 문장에서 부사('넘게,넘어서,지나서')로 쓰인 것이다.

정답 51 ②

Chapter 02 빈칸 TYPE

52 — 2025 국가직 9급

밑줄 친 부분에 들어갈 말로 가장 적절한 것을 고르시오.

> Whitworths, a retailer offering online grocery shopping, says it has discovered that some staff members who are paid a salary _____ paid enough in recent years.

① may not have been
② should not have
③ would not be
④ will not be

53 — 2025 지방직 9급

밑줄 친 부분에 들어갈 말로 가장 적절한 것을 고르시오.

> Preliminary investigations indicate that some, if not all, of the clients' money, _____ to be $6 million in total, has found its way into unquoted companies and property purchases.

① believe
② believing
③ believed
④ believes

52

[해석] 온라인 식료품 쇼핑을 제공하는 소매업체 Whitworths는 급여를 받는 일부 직원들이 최근 몇 년간 충분하게 급여를 받지 못했을 수 있다는 사실을 발견했다고 말한다.

정답 Point

밑줄 친 동사 자리에 호응하는 주어는 some staff members로 '급여를 지불 못 받았다'의 수동의 의미이므로 능동 구조를 만들어내는 ②번은 정답이 될 수 없다. 그리고 주절의 동사가 has discovered인 것과 부사 표현 in recent years로 보아 문맥상 밑줄 친 부분은 과거의 일을 나타내므로 '~이었을 지도 모른다'로 해석이 되는 조동사의 과거형이 쓰인 ①번의 may not have been이 정답이다.

53

[해석] 예비 조사는 총 600만 달러일 것으로 믿어지는 고객들의 돈 중 전부는 아니더라도 일부가 비상장 회사와 부동산 구매에 흘러 들어갔음을 보여준다.

정답 Point

밑줄이 들어간 that절 속의 주어는 some of the clients' money이고 이에 호응하는 동사는 has found이다. 따라서 밑줄에 들어갈 형태는 동사는 아니다. 따라서 동사가 될 수 있는 ②번과 ④번은 정답이 될 수 없다. 빈칸이 들어간 삽입구 (, _____ to be $6 million in total,)은 분사구문 형태이다. 그런데 some of the clients' money가 6백만 달러라고 믿는 것이 아니라, 믿어지는 수동관계이므로 정답은 ③번이다.

정답 52 ① 53 ③

54
2015 서울시 9급

어법상 밑줄 친 부분에 가장 적절한 것은?

> Most of the art _____ in the museum is from Italy in the 19th century.

① is displayed ② displaying
③ displayed   ④ are displayed

55
2009 국회직 9급

다음 밑줄 친 부분에 들어갈 말로 가장 적절한 것을 고르시오.

> It is not easy to determine precisely _____ _____.

① what dose the center of the earth consist of
② what the center of the earth consists of
③ the center of the earth consists of what
④ of what does the center of the earth consist
⑤ what of the center of the earth consists

54

[해석] 그 박물관에 전시된 대부분의 예술품은 19세기 이탈리아에서 왔다.

[정답 Point]
문장의 주어인 'Most of the art'의 동사는 빈칸 뒤에 나온 'is'이다. 즉, 이미 문장의 동사가 주어졌으므로 빈칸에는 동사가 들어갈 수 없고 문장의 주어 'Most of the art'를 수식할 수 있는 준동사 "displaying(현재분사)/displayed(과거분사)" 둘 중 하나가 들어가야 한다. display는 '~을 전시하다'라는 타동사이다. 따라서 능동형으로 쓰일 때는 뒤에 목적어를 취하는데, 빈칸 뒤에 목적어가 존재하지 않고 의미상 예술품은 '전시되어지는 것'이므로 "displayed(과거분사)"가 답이 된다.

[cf] "문장V의 개수 = 접속사의 개수 + 1"을 잊지 말자!

55

[해석] 지구의 중심부가 무엇으로 구성되어 있는지 정확하게 밝히는 것은 쉽지 않다.

[정답 Point]
determine은 '~을 알아내다, 밝히다'라는 타동사이다. 따라서 빈칸은 determine의 목적어 자리로 '명사, 대명사, 명사구, 명사절' 중 하나가 와야 한다(precisely는 부사이기 때문에 목적어 자리에는 올 수 없다). 선택지를 보면 목적어 자리에 올 수 있는 명사절을 이끄는 접속사 역할을 하는 "의문사 what"이 등장한다. "목적어 자리에 의문사"가 등장하면 간접의문문의 어순 "의-주-동"을 떠올리자! 의문사 what으로 시작해서 주어-동사의 어순을 하고 있는 "②번 what the center of the earth consists of"가 정답이다.

[정답] 54 ③ 55 ②

56 ── 2006 국회직 8급

다음 빈칸에 가장 알맞은 것은?

> J. Robert Oppenheimer, who was perhaps the most brilliant nuclear physicist in the 20th century, _____ "the father of the atomic bomb."

① often referring as
② often refers as
③ is often referred to
④ is often referred as
⑤ is often referred to as

57 ── 2017 기상직 9급

다음 빈칸에 가장 알맞은 것은?

> It has been a while since I had my hair _____ _____.

① perm
② perms
③ permed
④ perming

56

해석 아마도 20세기에서 가장 뛰어난 핵 물리학자였던 J. Robert Oppenheimer는 종종 원자 폭탄의 아버지로 불린다.

정답 Point
우선, "문장 V의 개수 = 접속사의 개수 + 1" 공식으로 빈칸이 동사자리임을 확인할 수 있다. 이제 선택지를 보면 'refer to'가 등장하는데 refer to는 '언급하다, 말하다, 부르다'라는 뜻을 가지며 "refer to A as B"의 형태로 쓰여 'A를 B라고 언급하다, 말하다, 부르다'라는 뜻으로 사용될 수 있다. 이 문장에서 의미상 J. Robert Oppenheimer가 원자 폭탄의 아버지라고 "불리는 것"이므로 수동태인 "⑤번 is often referred to as"가 정답이다.

cf 특정 전치사를 잘 데리고 오는 동사를 알아둡시다.

57

해석 파마한 뒤로 한참이 지났다.

정답 Point
우선, 빈칸의 위치와 선택지를 살펴보자. 동사인 'had(have의 과거형)' 뒤에 목적어 'my hair'가 보이고 그 뒤에 빈칸이 등장한다. 선택지는 'perm(파마하다)'라는 동사의 여러 변화형이 등장한다. 즉, 'had'가 사역동사로 쓰인 것이며 빈칸은 사역동사의 목적격 보어자리에 해당하는 것이다. 사역동사의 목적격 보어자리에는 목적어와의 관계가 능동일 때 동사원형, 목적어와의 관계가 수동일 때 과거분사(p·p)가 온다. 이 문장의 목적어인 'my hair'와 'perm'의 관계는 머리가 파마 '되는 것'이므로 수동의 관계이다. 따라서 과거분사(p·p)형태인 "③번 permed"가 정답이다.

정답 56 ⑤ 57 ③

58 2014 지방직 9급

밑줄 친 부분에 들어갈 가장 적절한 것을 고르시오.

> A tenth of the automobiles in this district alone _____ stolen last year.

① was
② had been
③ were
④ have been

59 2005 선관위 9급

다음 글의 빈칸에 들어갈 말로 적절한 것은?

> A : I'm thinking of going back to school to get another degree. It's so hard to find a job with a degree in literature.
> B : Yeah, I know what you mean.
> A : I _____ something more practical. If I'd been more sensible, I would have majored in economics.
> B : Why did you major in literature?
> A : I don't know! My mother wanted me to major in business.
> B : Oh? What does she do?
> A : Mom? She's a literature professor.

① must have studied
② don't need to study
③ wouldn't have studied
④ should have studied

58

[해석] 작년에 이 구역에서만 자동차의 10분의 1이 도난당했다.

[정답 Point]
주어자리에 「부분 of ●」가 등장하면 ●에 동사의 수일치를 시킨다. 분수는 대표적인 부분을 나타내는 표현이므로 'the automobiles'라는 복수명사에 수일치를 시켜 빈칸에는 복수동사가 들어가야 하고 "last year"는 과거시제와 함께 쓰이는 시점표현이므로 ③번 were이 정답이다.

59

[해석] A : 학교로 돌아가서 학위를 하나 더 따볼까 생각 중이야. 문학 학위로는 취업하는 것이 너무 어려워.
B : 응. 무슨 말인지 알 거 같아.
A : 보다 실용적인 것을 공부했어야 했는데. 내가 좀 더 현명했었다면 경제학을 전공했을 거야.
B : 왜 문학을 전공했는데?
A : 나도 몰라! 어머니는 내가 경영학을 전공하길 원하셨어.
B : 그래? 어머니는 무슨 일을 하시는데?
A : 우리 어머니? 문학교수이셔.

[정답 Point]
문맥상 더 실용적인 것을 공부했어야 했는데 하지 않았다는 과거에 대한 후회를 나타내고 있으므로 「should have p·p」가 와야 한다. 따라서 ④번이 적절하다.

정답 58 ③ 59 ④

60

다음 중 빈칸에 알맞은 것은?

> That American speaks Korean as fluently as if he _____ a Korean.

① was
② is
③ has been
④ were

61

어법상 밑줄 친 곳에 가장 적절한 것은?

> Our failure to provide full security to the American people has shaken the nation devastated by this terrible carnage and has stunned the whole world. It is high time that we _____ our foreign policy in the Middle East.

① have reviewed
② review
③ reviewed
④ are reviewed

60

해석 저 미국인은 마치 한국인처럼 한국어를 유창하게 한다.

정답 Point
"마치 ~처럼"이라는 의미의 "as if"가 쓰였고 미국인은 한국인이 아니기 때문에 현재사실의 반대를 가정하고 있으므로 "as if 가정법 과거"의 모양을 써야 한다. as if 가정법 과거는 동사자리에 "과거형" 또는 beV를 쓸 때는 주어와 상관없이 "were"을 사용하므로 ④번 were이 적절하다.

61

해석 미국인들에게 충분한 안전을 제공하는데 있어서의 우리의 실패가 이 끔찍한 대량 학살로 인해 황폐해진 나라를 흔들어 놓았고, 전 세계를 깜짝 놀라게 했다. 우리는 중동에서의 대외 정책을 재검토해야 할 때이다.

정답 Point
「It is high[about] time that S should + 동사원형」 또는 「It is high[about] time that S 동사의 과거형」의 형태로 "~해야 할 때이다"의 의미를 가지는 가정법이고 이때, "should + 동사원형"의 'should'는 생략이 불가능하다. 따라서 동사의 과거형인 ③번 reviewed가 적절하다.

정답 60 ④ 61 ③

62

다음 문장에서 빈칸에 들어갈 말로 가장 적절한 것은?

> Kenneth ( ) with his old friends.

① is looking forward to hang out
② looks forward to hang out
③ is looking forward to hanging out
④ is looking forward hanging out

63

다음 빈칸에 들어갈 가장 알맞은 것은?

> I couldn't find any vegetables in the refrigerator, which means my wife must have forgotten _____ _____ some on her way home.

① buy
② buying
③ to buy
④ to have bought
⑤ to be bought

62

해석 Kenneth는 그의 오랜 친구들과 어울려 놀기를 고대하고 있다.

정답 Point
"~을 고대하다"를 의미하는 표현은 "look forward to"이고 이때 to는 전치사이므로 뒤에 동사원형은 올 수 없고 명사/대명사/동명사가 와야 한다. 따라서 to 뒤에 동명사가 쓰인 ③번 "is looking forward to hanging out"이 적절하다.

63

해석 나는 냉장고 안에서 어떤 야채도 찾을 수 없었는데, 그것은 아내가 집에 오는 길에 야채를 좀 사야 할 것을 잊어버렸음을 의미한다.

정답 Point
"forget"은 목적어자리에 to부정사를 취할 때 "~할 것을 잊어버리다"의 뜻이 되고 목적어 자리에 동명사를 취할 때 "~했던 것을 잊어버리다"의 뜻이 된다. 여기서는 "야채를 사야 할 것을" 잊어버린 것이므로 to부정사가 오는 것이 맞고 야채를 사는 것이므로 능동형을 쓰며 문장 동사의 시제와 같으므로 ③번 "to buy"가 옳다.

정답 62 ③ 63 ③

64
2007 국회직 8급

다음 중 빈칸에 들어갈 가장 알맞은 것은?

> In many parts of the world, struggles between different racial groups are being played out, some _____ intense bitterness and appalling instances of bloodshed.

① led to
② lead to
③ to lead to
④ have led to
⑤ leading to

65
2011 서울시 9급

빈칸에 들어갈 것으로 가장 알맞은 것을 넣으시오.

> Having been selected to represent the Association of Korean Dancers at the Annual Convention, _____.

① the members applauded her
② she gave a short acceptance speech
③ a speech had to be given by her
④ the members congratulated her
⑤ given a short acceptance speech

64

해석 세계의 많은 지역에서 여러 인종 간의 투쟁이 유발되고 있으며, 일부는 통렬한 비통함과 소름끼치는 유혈 사태를 야기시킨다.

정답 Point

우선, "문장V의 개수 = 접속사의 개수 + 1"를 통해서 빈칸이 동사자리가 아님을 알 수 있고 내용상 분사구문의 형태가 옳다. 이 때, 주절의 주어와 분사구문의 주어가 달라서 앞에 주어가 남았고 주어 "some"과 분사구문의 관계가 능동(투쟁의 일부가 통렬한 비통함과 소름끼치는 유혈 사태를 야기시키는 것)이므로 ~ing형인 ⑤번 leading to가 옳다.

65

해석 연례 회의에서 한국 무용수 협회를 대표하도록 선정되어서, 그녀는 짧은 수락 연설을 하였다.

정답 Point

빈칸 앞에 분사구문이 나왔기 때문에 빈칸에는 주절이 나와야 한다. 분사구문의 주어가 생략된 것으로 보아 주절의 주어와 같음을 알 수 있고 내용상 생략된 주어는 she이므로 ②번 she gave a short acceptance speech가 적절하다.

정답 64 ⑤ 65 ②

66
2012 경찰직 2차

다음 빈칸에 들어갈 말로 가장 옳은 것은?

As Sir Robert Peel, the founder of the British system of policing, explained in 1822, the basic mission for which the police exist is _____ crime and disorder.

① to reduce ② reduction
③ that reduces ④ have reduced

67
2013 경찰직 1차

다음 빈칸에 들어갈 말로 가장 적절한 것은?

In the 21st century the way to win a war will be by interfering with or (　　　) the enemy's communication systems.

① disabling ② disable
③ to disable ④ disabled

66

[해석] 영국 경찰 시스템의 창시자인 Robert Peel 경이 1822년에 설명한 것처럼, 경찰 존재의 이유가 되는 기본적 임무는 범죄와 무질서를 줄이는 것이다.

[정답 Point]
빈칸은 문장의 동사 is의 보어 자리이므로 명사나 형용사가 와야 하는 데 내용상 "crime and disorder(범죄와 무질서)"라는 명사를 목적어로 취해야 하므로 명사적 용법으로 쓰인 to부정사 "to reduce"가 적절하다.

67

[해석] 21세기에 전쟁에서 승리하는 방법은 적의 의사소통 체계를 방해하거나 또는 사용하지 못하게 하는 것이 될 것이다.

[정답 Point]
or에 의한 병렬구조이므로 앞에 나온 by interfering에 맞춰 (by) disabling이 와야 한다.

정답 66 ① 67 ①

68 — 2015 경찰직 3차

다음 문장에서 빈칸에 들어갈 말로 가장 적절한 것은?

> I do aerobics three times a week, (   ) makes me stay in shape.

① whom ② which
③ what ④ who

69 — 2015 경찰직 2차

다음 빈칸에 들어갈 말로 가장 적절한 것은?

> Nick, unlike the others in his office, yearned to take on extra responsibilities such as writing reports, (   ) brainstorming sessions, and analyzing every twist and turn of the market.

① managing newly hired workers, and to plan
② to manage newly hired workers for the planning of
③ to manage workers that were newly hired, and to plan
④ managing newly hired workers, planning

68

해석 나는 주 3회 에어로빅을 하는데, 이것이 내가 건강을 유지하도록 해준다.

정답 Point
,(comma) 뒤에 나타나 계속적 용법으로 쓰여 앞에 나온 문장 전체를 선행사로 받을 수 있는 관계대명사는 which이다.

69

해석 Nick은 그의 사무실에 있는 다른 이들과는 달리 보고서 작성하기, 신입 사원 관리하기, 브레인스토밍 회의를 준비하기, 그리고 시장의 모든 전개나 전환(우여곡절) 분석하기와 같은 추가적인 책임을 맡기를 원했다.

정답 Point
such as 뒤로 동명사 writing, managing, planning, 그리고 analyzing이 등위접속사 and를 중심으로 병렬로 연결되는 문장이다.

정답 68 ② 69 ④

70 — 2013 경찰직 2차

다음 빈칸에 들어갈 말로 가장 적절한 것은?

> A preliminary investigation indicates that the accident occurred _____ the pilot's fatigue.

① because ② when
③ since ④ because of

71 — 2010 지방직 9급

밑줄 친 부분에 들어갈 표현으로 가장 적절한 것을 고르시오.

> The dancing bear at the circus was very entertaining. It was able to balance a ball on its nose _____ it was standing on one foot.

① where ② whereas
③ while ④ now that

70

해석 예비 조사는 그 사고가 조종사의 피로 때문에 발생했다고 지적한다.

정답 Point
빈칸 뒤에는 명사구인 the pilot's fatigue만 등장하므로 이를 취할 수 있는 것은 전치사인 because of 밖에 없으며, because와 when은 접속사이므로 뒤에 주어와 동사를 포함한 절 구조가 와야 하기 때문에 적합하지 않고, since는 접속사 혹은 전치사로 사용될 수 있으나 전치사로 사용될 경우 '~이후로'라는 뜻으로 문맥상 그 의미가 통하지 않는다.

71

해석 서커스에서 춤을 추는 곰은 매우 재미있었다. 그 곰은 한 발로 서 있는 동안 코 위에 올린 공의 균형을 잡을 수 있었다.

정답 Point
한 발로 서 있는 동작과 코에 공을 올려 놓는 두 개의 동작은 동시에 일어나는 동시 동작이므로 접속사 while(~하는 동안)이 적합하다.

정답 70 ④ 71 ③

72

2014 서울시 9급

어법상 빈칸에 들어가기에 적절한 것은?

> The sales industry is one _____ constant interaction is required, so good social skills are a must.

① but which
② in which
③ those which
④ which
⑤ what

73

2009 지방직 9급

어법상 괄호 안에 들어갈 적절한 표현은?

> Richard Wagner had the emotional stability of a _____ child.

① ten-year-old's
② ten-year-olds
③ ten-years-old
④ ten-year-old

72

[해석] 판매업은 지속적인 상호작용이 요구되는 산업이어서, 훌륭한 사교 기술은 필수이다.

[정답 Point]
관계절 안의 구조는 constant interaction(주어)와 is required(동사)로 이루어진 수동태 문장으로 완전한 절이다. 그러므로 빈칸에는 완전한 절을 취할 수 있는 관계부사나 「전치사 + 관계대명사」의 형태가 적절하다. 'one'은 the industry를 의미하고 문맥상 '그 산업에서 지속적인 상호작용이 필요하다'가 어울리므로 in which가 적합하다. 해당 문장은 두 문장 'The sales industry is the industry(one)'와 'Constant interaction is required in the industry'가 관계대명사 which를 사용해 하나의 문장으로 연결된 형태라고 볼 수 있다.

73

[해석] Richard Wagner는 10살 아동의 감정적 상태를 가지고 있다.

[정답 Point]
ten-year-old는 명사 child를 수식하는 용법으로 사용되고 있다. 따라서, 단위명사인 year은 단수로 쓰여 ten-year-old가 바르다.

정답 72 ② 73 ④

74 — 2000 국가직 7급

밑줄 친 부분에 가장 알맞은 것을 고르시오.

It was very _____ of you to give a welcoming speech to the delegates.

① considerate ② considering
③ considered   ④ considerable

75 — 2011 사복직 9급

밑줄 친 부분에 들어갈 표현으로 가장 적절한 것은?

Florence Nightingale made nursing _____ _____ a profession for women.

① retiring   ② respective
③ respectable ④ recognizable

74

해석 당신이 사절단(대표자들)에게 환영사를 해준 것은 매우 사려 깊었다.

정답 Point
문맥상 '사려 깊은, 배려심이 많은'이라는 뜻을 가진 considerate가 들어가는 것이 적절하다. considering은 ~에 관한, cosidered는 고려된, considerable은 상당한 이라는 뜻을 가진다.

75

해석 플로렌스 나이팅게일은 간호직을 여성을 위한 존경할 만한(훌륭한) 직업으로 만들었다.

정답 Point
간호직이 존경할 만한(훌륭한) 직업이라는 의미가 가장 적합하므로 respectable이 적합하다. retiring은 퇴직의, respective는 각각의, recognizable은 인식할 수 있는의 뜻을 가진다.

정답 74 ① 75 ③

76 — 2012 국회직 9급

밑줄 친 부분에 들어갈 말로 가장 적절한 것을 고르시오

A : I hope my parents don't miss the beginning of the performance.
B : I think they'll _____ to see it.

① enough early arrive
② enough arrive early
③ arrive enough early
④ arrive early enough
⑤ early enough arrive

77 — 2005 국가직 7급

다음 빈칸에 문법적으로 가장 적합한 것을 고르시오.

The sword that has been tempered by the master may be _____.

① as hard as ordinary swords five times
② five times as hard as ordinary swords
③ five times hard as ordinary swords
④ ordinary swords as hard as five times

76

해석 A: 나는 우리 부모님이 공연의 시작(앞) 부분을 놓치지 않으셨으면 좋겠어.
B: 내 생각에는 부모님이 충분히 일찍 오셔서 공연을 보실 것 같아.

정답 Point
빈칸 앞에 위치한 조동사 will의 축약형인 'll이 있고 이러한 조동사 뒤에는 동사원형의 본동사가 먼저 나와야 하므로 arrive가 나오고 enough가 형용사나 다른 부사를 수식하는 부사로 쓰일 경우에 수식하고자 하는 형용사나 부사의 뒤에 놓여 수식하게 된다. 따라서 arrive early enough의 순서로 쓰인다.

77

해석 장인에 의해 달구어 단련된(담금질된) 검은 평범한 검보다 다섯 배만큼 튼튼할지도 모른다.

정답 Point
형용사나 부사의 원급을 이용하여 배수를 표현하기 위한 방법은 「A + 배수사 + as + 형용사 / 부사 원급 + as + B」의 표현을 사용해야 한다. 따라서 five times as hard as ordinary swords라고 써야 한다.

정답 76 ④ 77 ②

78

다음 글의 밑줄 친 칸에 들어가기에 적절한 단어는?

Take the case of two people who are watching a football game. One person, who has very little understanding of football, sees merely a bunch of grown men hitting each other for no apparent reason. _____ person, who loves football, sees complex play patterns, daring coaching strategies, effective blocking and tackling techniques, and zone defenses with "seams" that the receivers are trying to "split." Both persons have their eyes glued to the same event, but they are perceiving two entirely different situations. The perceptions differ because each person is actively selecting, organizing, and interpreting the available stimuli in different ways.

① Other
② Some
③ The other
④ This one

79

다음 빈칸에 들어갈 말로 가장 옳은 것은?

Jane went to the movies, _____.

① and did her sister so
② and so did her sister
③ but her sister went there also
④ such went also her sister

78

해석 미식축구 경기를 보는 중인 두 사람의 경우를 들어보자. 미식축구에 대한 이해가 거의 없는 한 사람은 그저 명백한 이유 없이 서로서로 치고 있는 다 큰 성인들의 무리를 본다. 미식축구를 사랑하는 다른 한 사람은 복잡한 게임 패턴, 대담한 코칭 전략들, 효과적인 차단과 태클 기술들, 그리고 리시버가 분리하려 노력하는 "경계선"이 있는 지역 방어를 본다. 둘 다 같은 경기에 그들의 눈을 집중하고 있지만, 그들은 완전히 다른 두 상황을 인식하고 있다. 각 개인은 서로 다른 방식으로 이용 가능한 자극을 능동적으로 선택하고, 조직하고, 그리고 해석하기 때문에 그 인식들은 서로 달라진다.

정답 Point
앞에 two people이라 두 명의 사람을 언급한 후, 첫 번째 사람을 'One' person이라고 지칭했으므로 나머지 다른 한 사람은 'The other' (person)으로 지칭해야 한다.

79

해석 Jane은 영화 보러 갔고, 그녀의 여동생도 또한 그렇다(영화를 보러 갔다).

정답 Point
앞 문장과 연결지어, '~도 또한 … 하다'라는 표현을 할 때는 「so + 동사 + 주어」의 형태로 쓴다. 이때 동사로는 앞 문장의 동사가 be동사나 조동사이면, 그대로 be동사나 조동사를 쓰지만, 일반동사인 경우에는 시제를 고려해서 적절한 do동사(do/does/did)를 쓴다. 이 문장에서는 앞 문장의 동사가 went로 일반동사이고 과거이므로, do동사의 과거형인 did를 써야 한다.

정답 78 ③ 79 ②

80 — 2003 경찰직 2차

어법상 다음 빈칸에 들어갈 말로 가장 옳은 것은?

> Most foreign students don't like tea, and _____ _____.

① neither don't I
② I don't too.
③ either don't I
④ neither do I

81 — 2016 서울시 9급

어법상 빈칸에 들어가기에 가장 적절한 것은?

> It was when I got support across the board politically, from Republicans as well as Democrats, _____ I knew I had done the right thing.

① who
② whom
③ whose
④ that

80

[해석] 대부분의 외국 학생들은 차를 좋아하지 않고, 나도 또한 좋아하지 않는다.

정답 Point

'~또한 그렇지 않다'라는 부정의 의미를 표현할 때는 neither 뒤에 나오는 주어와 동사가 도치되어 그 순서가 바뀐 「neither + 동사 + 주어」의 어순으로 쓰인다.

81

[해석] 내가 옳은 일을 했었다는 것을 알게 되었을 때는 바로 내가 민주당원들뿐만 아니라 공화당원들로부터도 정치적으로 전반적으로 지지를 받았던 때였다.

정답 Point

「It was + when절(시간 부사절) + that절」의 형태로 이루어진 것을 보아, It ~ that 강조구문임을 알 수 있다. 즉, 시간 부사절인 when절을 강조하기 위해 It과 완전한 that절 사이에 when절을 위치시켰다.

정답 80 ④ 81 ④

82　　　　　　　　　　　2003 경찰직 2차

다음 중 빈칸 안에 들어갈 말로 적당한 것은?

> _____, I'm sure he would have eaten it.

① As if he had not been hungry
② Unless he had been hungry
③ However hungry he had been
④ Had he been hungry

82

해석 그가 배가 고팠다면 그것을 먹었을 것이라고 확신한다.

정답 Point

빈칸 뒤에 나온 "he would have eaten it"에서 가정법 과거완료의 모양임을 확인할 수 있고 따라서 빈칸에는 가정법 과거완료의 if절이 들어가야 한다. 가정법 과거완료의 if절은 「if S had p·p」의 모양을 가지고 있으며 이때, if를 생략하여 「had S p·p」의 형태로 쓰일 수 있다. 따라서 if가 생략된 형태인 ④번 "Had he been hungry"가 적절하다.

정답 82 ④

장DAY
영어 기출문제집

Part 02

독해

Chapter 01 STS

Chapter 02 MDTS

Chapter 03 CLUES

Chapter 04 Types

Chapter 05 실용문

Chapter 01 STS

1 STS

STS | Strategies for Topic Sentence
'필자 생각'이 들어간 문장임을 보여주는 표현들

STS 1 의무/필요

1. 조동사

must
= have to
should
= ought to
need (to)

＊S 의무, 필요 조
└ ＊You > We > 일반 S

2. etc

compulsive (강제적인) ← compel (강요하다)
obligatory (의무적인) ← oblige (강요하다)
necessary (필요한)
necessity (필요성) ← need (필요하다)

STS 2 | '중요한'의 의미를 가진 형용사

1. '중요한'의 의미를 가진 형용사
   - important
   - significant
   - vital
   - crucial
   - critical

2. etc
   - (동사) matter, count → 중요하다
   - (명사) importance, significance, consequence → 중요성

   * of + 추상명사 = 형용사
     - of importance
     - of consequence } 중요한
     - of significance

STS 3 | 결론/요약

1. 결론 유도 장치
   ('그래서', '그러므로')
   - So
   - Therefore
   - Thus
   - Hence
   - That's why

   ('결과적으로', '따라서')
   - in conclusion
   - to conclude
   - as a result
   - consequently
   - in consequence
   - accordingly
   - for these (this) reason(s)

* That's why → 그래서, 그러므로
  This
  Which
  cf) That's because → 그것은 ~이기 때문이다.

2. 요약장치

('요약하자면')

in short	in brief
to be brief	in a word
in sum	to sum up
to summarize	

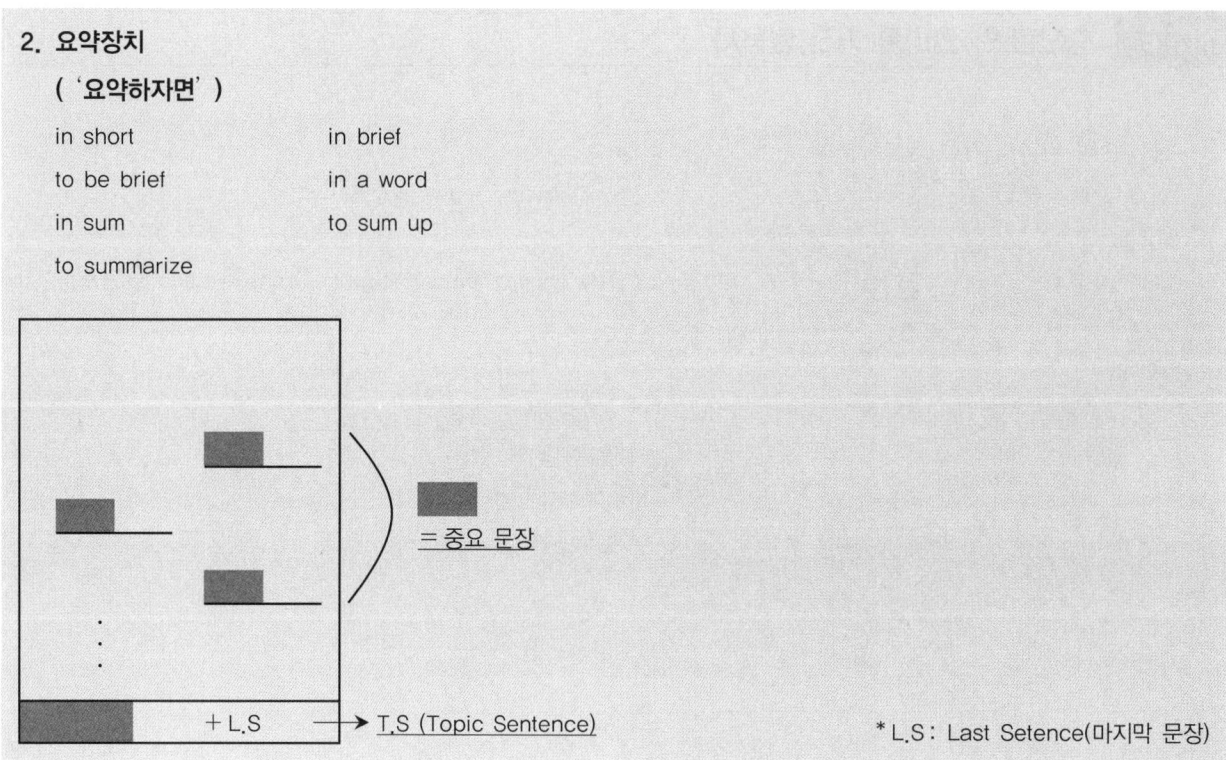

STS 4 역접장치

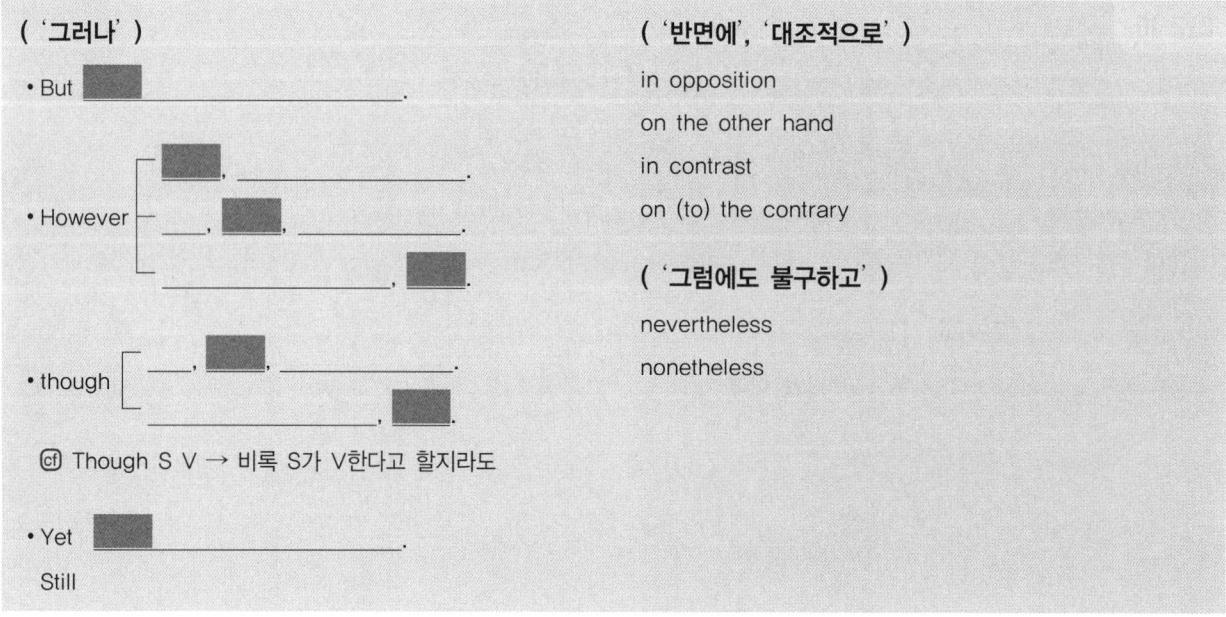

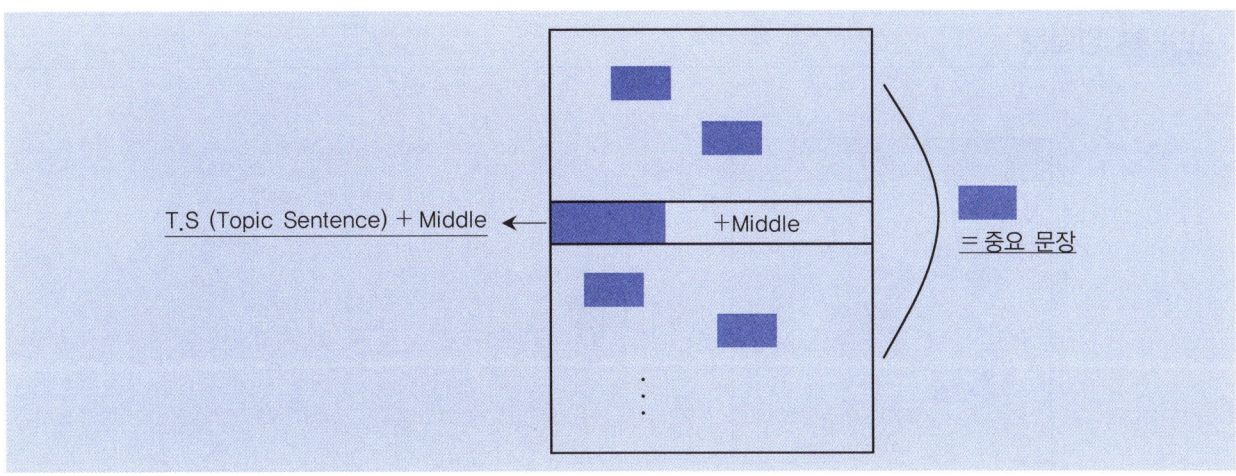

STS 5   not과 but의 A B 접속사

(A가 아니라 B)

not A but B = B and not A
          = B, not A

(A뿐만 아니라 B)

not <u>only</u> A but (also) B = B as well as A
   = <u>just</u>
   = <u>merely</u>

(A라기보다는 B)   * Grammar : A, B '병렬'

not so much A as B = not A so much as B   * Reading : A < B *

STS 6 명령문

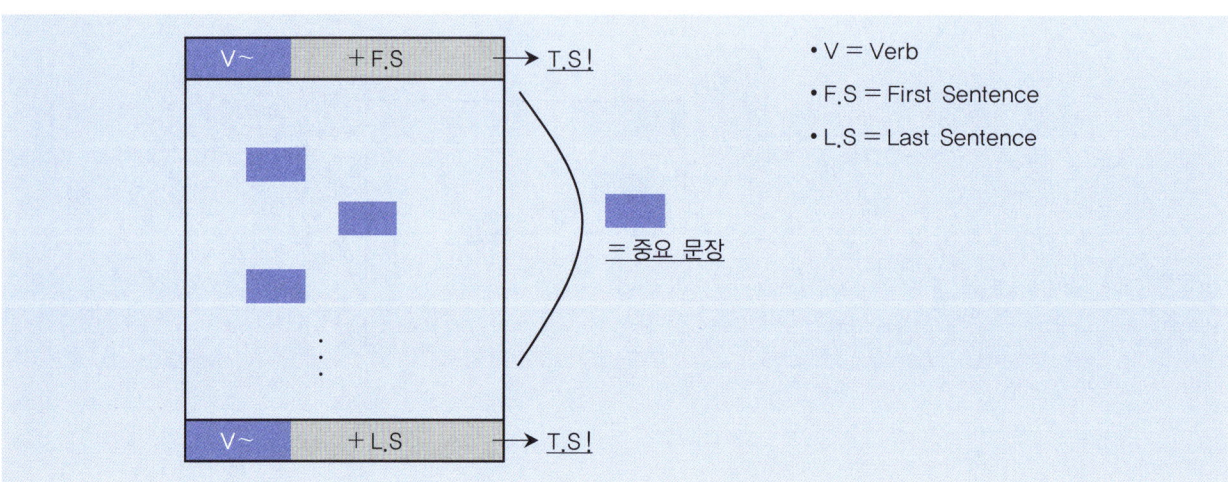

STS 7 양보절과 주절

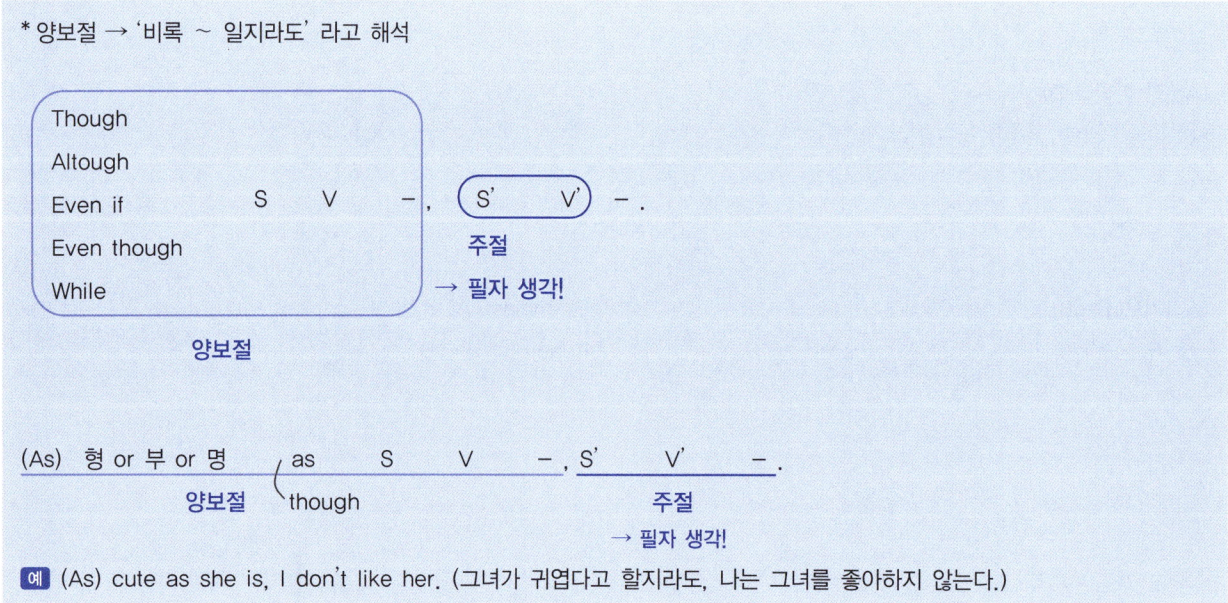

예 (As) cute as she is, I don't like her. (그녀가 귀엽다고 할지라도, 나는 그녀를 좋아하지 않는다.)

However 형 or 부 S   V   —, S'   V   —.
= No matter how   주절
              양보절   → 필자 생각!

예 However cute she is, I don't like her. (아무리 그녀가 귀엽다고 할지라도, 나는 그녀를 좋아하지 않는다.)

Despite —   , S'   V'   —.
= In spite of —   주절
  양보절 — 효과   → 필자 생각!

STS 8 강조표현

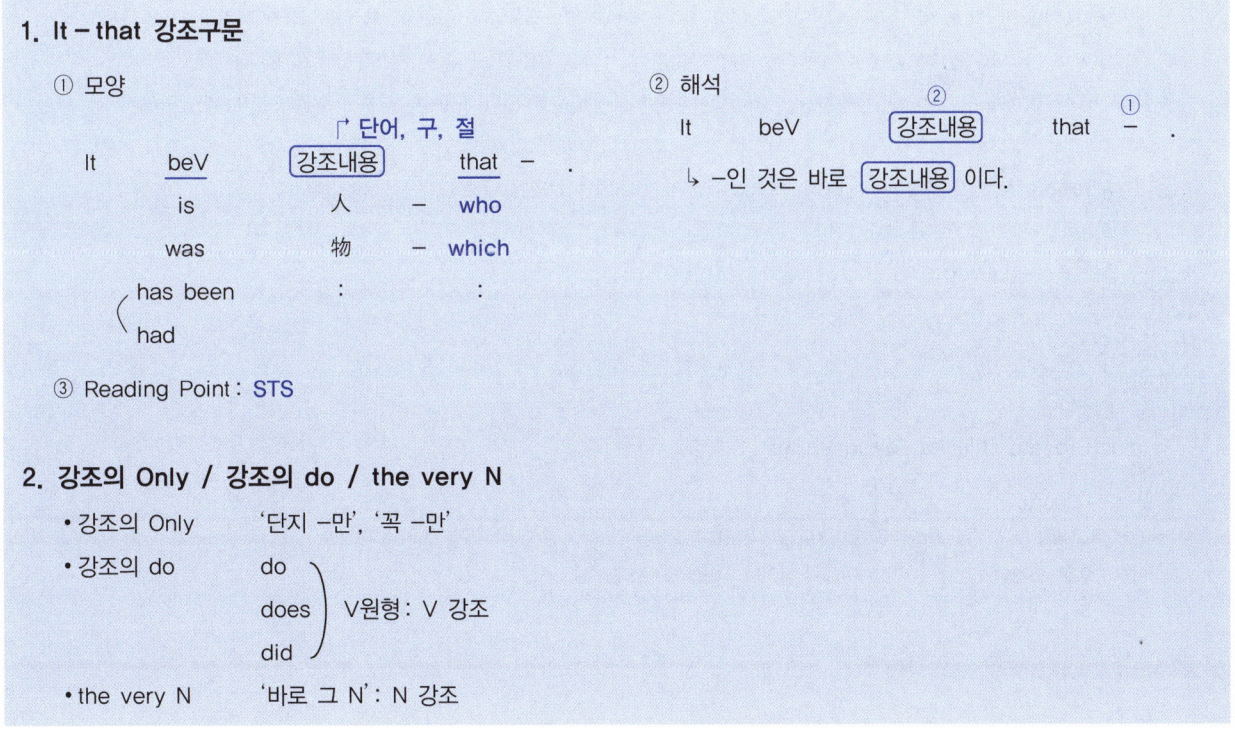

1. It – that 강조구문

   ① 모양   ② 해석

                   ┌ 단어, 구, 절   ②   ①
       It   beV   [강조내용]   that — .   It   beV [강조내용] that — .
             is   人   — who   ↳ —인 것은 바로 [강조내용] 이다.
             was   物   — which
            ⎛has been   ⋮   ⋮
            ⎝had

   ③ Reading Point: STS

2. 강조의 Only / 강조의 do / the very N
   • 강조의 Only   '단지 –만', '꼭 –만'
   • 강조의 do   do
                   does ⎫ V원형: V 강조
                   did   ⎭
   • the very N   '바로 그 N': N 강조

3. 최상급 / 비교급 강조 6가지

① 최상급 ┌ opinion STS
         └ fact

② 최상급 기본 모양　(the)　―(e)st　┌ in 단수 N
　　　　　　　　　　　　　most ―　│ of 복수 N
　　　　　　　　　　　　　　　　　└ that have p.p

③ 최상급 해석　　　'가장 …한/하게'

④ 최상급 모양 X　　① 부정어 as … as A
　최상급 의미 O　　② 부정어 비교급 than A
　　　　　　　　　　③ A 비교급 than any other 단수 N
　　　　　　　　　　④ A 비교급 than all the other 복수 N

예 Beauty is the greatest recommendation in the world. 아름다움이 세상에서 가장 위대한 추천서이다.
　= <u>No</u> recommendation is <u>as</u> great <u>as</u> beauty in the world. 세상에서 어떤 추천도 아름다움만큼 위대하지는 않다.
　= <u>No</u> recommendation is great<u>er</u> <u>than</u> beauty in the world. 세상에서 어떤 추천도 아름다움보다 위대하지는 않다.
　= Beauty is great<u>er</u> <u>than</u> <u>any</u> <u>other</u> <u>recommendation</u>. 아름다움이 어떤 다른 추천보다 더 위대하다.
　= Beauty is great<u>er</u> <u>than</u> <u>all</u> <u>the</u> <u>other</u> <u>recommendations</u>. 아름다움이 모든 다른 추천보다 더 위대하다.

cf The Sahara is the largest desert in the world. (fact) 사하라가 세상에서 가장 큰 사막이다.

+ 비교급 강조 6 ┌ opinion STS
              └ fact

훨씬 더　―er
　　　　　more
　↳ much, even, still, far, by far, a lot

Beauty is a <u>far</u> great<u>er</u> recommendation than any letter of introduction. (Aristotle)
아름다움이 어떤 소개장보다 훨씬 더 위대한 추천이다. (아리스토텔레스)

STS 9 | 1인칭의 활용

I think (생각한다) / believe (믿는다) / guarantee (보장한다) / encourage (권장한다) / wish (바란다) / hope(희망한다) / suggest (제안한다) / etc + that S V

In my opinion (내 의견으로는) / (As) to me (나에게 있어서) / (As) for me (나에 관한 한) / As far as I'm concerned (나에 관해서는) / etc + S V

My belief (나의 신념은) / My advice (나의 충고는) / My opinion (나의 의견은) / My claim etc (나의 주장은) / is + that S V

STS 10 | 필자의 판단 주입 어휘와 표현의 이용

1. 긍정적인 (+) / 부정적인 (−) 의 감정 어휘

① 긍정적인 (+) 감정, 주관 어휘

the best way (최고의 방법) / the real thing (실질적인 것은) / good (좋은) / right (올바른) / true (진실된) / truth (진실) / wonderful (아주 멋진) / logical (논리적인) / effective (효과적인) / value (가치), valuable (가치 있는), invaluable (매우 가치 있는) / etc

② 부정적인 (−) 감정, 주관 어휘

flaw (결점) / drawback (결점) / mistake (실수) / misunderstanding (오해) / wrong (잘못된) / illogical (비논리적인) / ineffective (비효과적인) / valueless (가치 없는) / etc

2. It's time that / to v

① 모양   It is (high / about) time (that S should V 원형 / S V 과거형 / to V)
생략 가능

② 해석 '-해야 할 때이다.' / 시간

③ Reading Point   STS

3. 이성적 판단

It is essential(imperative, natural, reasonable) that A is B.
→ A가 B라는 것은 필수적(반드시 해야 하는, 당연한, 합리적인)이다.

It makes sense that A is B.
→ A가 B라는 것은 합리적이다.

(It is) No wonder that A is B.
→ A가 B라는 것은 놀라운 일이 아니다. (A가 B라는 것은 당연하다.)

It goes without saying that A is B.
= It is needless to say that A is B.
→ A가 B라는 것은 말할 것도 없이 분명한 사실이다.

4. 기타 감정
→ '중요 문장' 전 흥미 유발

surprise (놀라움) / surprising (놀라운) / astonishing (놀라운) / amazing (놀라운) / embarrassing (당황스러운) / perplexing (당황스러운) / puzzling (당황스러운) / etc

STS 11   The + 비교급, the + 비교급

1. 모양

The + 비교급 (S V) - , the + 비교급 (S' V') - .
     생략 가능   생략 가능

2. 해석

The + 비교급   S   V   - ,   the + 비교급   S'   V'   - .
       ①   ②

→ ①할수록, ②하다.

3. Reading Point

* ┌ ① : **원인**
 └ ② : **결과**

* STS

01

다음 글의 요지로 가장 적절한 것은?

When giving performance feedback, you should consider the recipient's past performance and your estimate of his of her future potential in designing its frequency, amount, and content. For high performers with potential for growth, feedback should be frequent enough to prod them into taking corrective action, but not so frequent that it is experienced as controlling and saps their initiative. For adequate performers who have settled into their jobs and have limited potential for advancement, very little feedback is needed because they have displayed reliable and steady behavior in the past, knowing their tasks and realizing what needs to be done. For poor performers — that is, people who will need to be removed from their jobs if their performance doesn't improve — feedback should be frequent and very specific, and the connection between acting on the feedback and negative sanctions such as being laid off or fired should be made explicit.

① Time your feedback well.
② Customize negative feedback.
③ Tailor feedback to the person.
④ Avoid goal-oriented feedback.

기출문제 학습 해설

어휘정리

recipient 수령[수취]인　estimate 추정　potential 잠재적인, 잠재력　frequency 빈도　prod 쿡 찌르다, 재촉하다
sap 약화시키다　advancement 향상, 발전　reliable 신뢰할 만한　specific 구체적인　sanction 제재, 처벌　laid off 해고하다

장대영어 Flow

1. 첫 문장 'should consider'에서 글쓴이의 요지가 확실하게 드러났다.
2. 선택지를 고를 때 지문의 내용이 아닌 상식적인 판단을 조심해야 ①번을 고르는 오류를 피할 수 있다.

끊어읽기

When giving performance feedback, / you should consider the recipient's past performance
/ and your estimate of his of her future potential (in designing its frequency, amount, and content.)
성과 피드백을 제공할 때 / 당신은 (피드백을) 받는 사람의 과거의 성과를 고려해야 하고
/ 그녀의 잠재력에 대한 당신의 추정을 고려해야 한다 (빈도, 양, 및 내용을 설계할 때)

For high performers with potential for growth, / feedback should be frequent enough / to prod them into taking corrective action // , but not so frequent that // it is experienced as controlling and saps their initiative.
성장 가능성이 있는 뛰어난 성과자의 경우 / 피드백은 충분히 자주 주어져야 한다 / 그들이 시정 조치를 취할 수 있을 정도로 / 그러나 너무 (피드백을) 자주 해서 // 주도권을 장악하고 싹쓸이해서는 안 된다

For adequate performers [who have settled into their jobs and have limited potential for advancement,] very little feedback is needed
// because they have displayed reliable and steady behavior in the past, / knowing their tasks and realizing what needs to be done.
적절한 수행자들에게 [자신의 직업에 정착하여 승진 가능성이 제한적인] 피드백은 거의 필요하지 않다
// 왜냐하면 과거에 믿음직스럽고 착실한 행동을 보였기 때문이다 / 그들의 일을 알고 무엇을 해야 하는지 깨닫고 있으면서

For poor performers — that is, // people [who will need to be removed from their jobs if their performance doesn't improve — feedback] should be frequent and very specific,
// and the connection between acting on the feedback and negative sanctions (such as being laid off or fired) should be made explicit.
형편없는 성과자들 — 사람들에게 [성과가 개선되지 않으면 직장에서 퇴출되어야 할] (피드백이) 자주 그리고 구체적이어야 한다
// 피드백에 대한 행동과 부정적인 제재 사이의 연관성 (일시 해고 또는 해고와 같은)이 명시되어야 한다

전체해석

성과 피드백을 제공할 때, 당신은 (피드백을) 받는 사람의 과거 성과와 빈도, 양 및 내용을 설계하는 데 있어서 그 혹은 그녀의 미래 잠재력에 대한 당신의 추정을 고려해야 한다. 성장 가능성이 있는 뛰어난 성과자의 경우, 피드백은 그들이 시정 조치를 취할 수 있을 정도로 자주 주어져야 한다. 그러나 너무 (피드백을) 자주 해서 그들의 주도권을 장악하고 싹쓸이해서는 안 된다. 자신의 직업에 정착하여 승진 가능성이 제한적인 적절한 수행자들에게 피드백은 거의 필요하지 않다. 왜냐하면 과거에 그들의 일을 알고 무엇을 해야 하는지 깨닫고 있으면서, 과거에 믿음직스럽고 착실한 행동을 보였기 때문이다. 형편없는 성과자들 — 성과가 개선되지 않으면 직장에서 퇴출되어야 할 사람들 — 에게 피드백은 자주 그리고 매우 구체적이어야 하며, 피드백에 대한 행동과 일시 해고 또는 해고와 같은 부정적인 제재 사이의 연관성이 명시되어야 한다.

① 당신의 피드백 시간을 잘 맞춰라
② 부정적인 피드백을 사용자에 맞춰라
③ 피드백을 사람에게 맞춰라
④ 목표 지향적인 피드백을 피해라

정답　01　③

02

다음 글에서 필자가 주장하는 바로 가장 적절한 것은?

The learned are neither apathetic nor indifferent regarding the world's problems. More books on these issues are being published than ever, though few capture the general public's attention. Likewise, new research discoveries are constantly being made at universities, and shared at conferences worldwide. Unfortunately, most of this activity is self-serving. With the exception of science — and here, too, only selectively — new insights are not trickling down to the public in ways to help improve our lives. Yet, these discoveries aren't simply the property of the elite, and should not remain in the possession of a select few professionals. Each person must make his and her own life's decisions, and make those choices in light of our current understanding of who we are and what is good for us. For that matter, we must find a way to somehow make new discoveries accessible to every person.

① 학자들은 연구 논문을 작성할 때 주관성을 배제해야 한다.
② 새로운 연구 결과에 모든 사람이 접근할 수 있게 해야 한다.
③ 소수 엘리트 학자들의 폐쇄성을 극복할 계기를 마련해야 한다.
④ 학자들이 연구 과정에서 겪는 어려움을 극복하도록 도와야 한다.

기출문제 학습 해설

어휘정리

apathetic 무관심한   conference 회의, 회담   self-serving 자기 잇속만 차리는   insight 통찰력   trickle 흐르다
property 재산, 속성   possession 소유(물)

장대영어 Flow

1. 글의 초반부에는 현상에 대한 언급만 전개한다.
2. 'Likewise'가 비유로 사용된 것이 아닌 유사한 사례를 추가하는 기능으로 사용되었다.
3. 마지막 문장 must를 활용하여 글쓴이의 주장이 제시된다.

끊어읽기

The learned are neither apathetic nor indifferent / regarding the world's problems.
학자들은 냉담하지도 무관심하지도 않다 / 세계의 문제에 대해

More books on these issues / are being published than ever, / though few capture the general public's attention.
이러한 문제에 대한 더 많은 책이 / 어느 때보다 출간되고 있다 / 하지만 대중들의 관심을 끄는 책은 거의 없다.

Likewise, new research discoveries are constantly being made at universities,
마찬가지로 새로운 연구의 발견은 대학에서 지속적으로 이루어지고 있다

/ and shared at conferences worldwide.
그리고 전세계 컨퍼런스에서 공유되고 있다.

Unfortunately, most of this activity is self-serving.
불행히도 이 활동들의 대부분은 자기복사이다.

With the exception of science — and here, too, only selectively —
과학을 제외하고(여기도 선별적으로만)

/ new insights are not trickling down / to the public / in ways to help improve our lives.
새로운 통찰력은 전해지지 않고 있다 / 대중들에게 / 우리의 삶을 개선하는 데 도움이 되는 방향으로

Yet, these discoveries aren't simply the property of the elite,
그러나 이러한 발견들은 단순히 엘리트들의 소유물이 아니다

/ and should not remain in the possession of a select few professionals.
그리고 선택된 소수의 전문가들 소유로 남아서는 안 된다

Each person must make his and her own life's decisions,
각 사람은 그들의 삶의 결정을 내려야 한다

/ and make those choices (in light of our current understanding / of who we are // and what is good for us).
그리고 선택해야 한다 (현재의 이해에 비추어 / 우리가 누구인지 // 그리고 우리에게 무엇이 좋은지에 대한)

For that matter, we must find a way (to somehow make new discoveries / accessible to every person.)
이 문제에 대해 우리는 방법을 찾아야 한다 (새로운 발견을 할 수 있는 / 모든 사람이 접근할 수 있도록)

전체해석

학자들은 세계의 문제에 대해 냉담하지도 무관심하지도 않다. 이러한 문제에 관한 책들이 그 어느 때보다 많이 출판되고 있지만, 일반 대중들의 관심을 끄는 책은 거의 없다. 마찬가지로, 새로운 연구 발견은 대학에서 지속적으로 이루어지고 있으며, 전 세계 컨퍼런스에서 공유되고 있다. 불행히도, 이 활동의 대부분은 자기 봉사[자기 잇속만 차리는] 활동이다. 과학을 제외하고, 그리고 여기도 선별적으로만, 새로운 통찰력은 우리의 삶을 개선하는 데 도움이 되는 방법으로 대중에게 전해지지 않고 있다. 그러나, 이러한 발견은 단순히 엘리트들의 소유물이 아니며, 선택된 소수의 전문가들 소유로 남아서는 안 된다. 각 사람은 자신[그나 그녀의]의 삶의 결정을 내려야 하며, 우리가 누구이고 우리에게 무엇이 좋은지에 대한 현재의 이해에 비추어 그러한 선택을 해야 한다. 이 문제에 대해, 우리는 모든 사람이 새로운 발견에 접근할 수 있는 방법을 찾아야 한다.

정답 02 ②

03

밑줄 친 부분에 들어갈 말로 가장 적절한 것을 고르시오.

Language proper is itself double-layered. Single noises are only occasionally meaningful: mostly, the various speech sounds convey coherent messages only when combined into an overlapping chain, like different colors of ice-cream melting into one another. In birdsong also, _____: the sequence is what matters. In both humans and birds, control of this specialized sound-system is exercised by one half of the brain, normally the left half, and the system is learned relatively early in life. And just as many human languages have dialects, so do some bird species: in California, the white-crowned sparrow has songs so different from area to area that Californians can supposedly tell where they are in the state by listening to these sparrows.

① no sound-system exists
② dialects play a critical role
③ rhythmic sounds are important
④ individual notes are often of little value

기출문제 학습 해설

어휘정리

double-layered 이중의   occasionally 가끔씩   coherent 일관성 있는   overlapping 서로 중복되는   sequence 순서
dialect 방언, 사투리   supposedly 추정상, 아마

장대영어 Flow

빈칸 유형에서는 빈칸 문장이 가장 중요한데 ':' 이후의 문장이 빈칸과 동일한 내용임을 통해 빈칸 문장만으로도 바로 정답을 고를 수 있다.

끊어읽기

Language proper is itself double-layered.
엄밀한 의미의 언어는 그 자체로 두 개의 층을 이루고 있다

Single noises are only occasionally meaningful: // mostly, the various speech sounds convey coherent messages
단일한 소리는 가끔씩만 의미가 있다 // 보통, 다양한 언어음은 일관성 있는 메시지를 전달한다

// only when combined into an overlapping chain, (like different colors of ice-cream melting into one another.)
// 하나의 겹쳐진 연쇄로 합쳐질 때만 (다른 색의 아이스크림이 서로 녹아 하나로 합쳐지는 것처럼)

In birdsong also, individual notes are often of little value: // the sequence is what matters.
새들의 지저귐 역시 각각의 음은 종종 의미가 거의 없다, // 연속성이 중요하다

In both humans and birds, // control of this specialized sound-system is exercised
인간과 새들 모두에게서 // 이 특별화된 음성 체계의 조절은 수행된다

(by one half of the brain, normally the left half,) and the system is learned relatively early in life.
(한쪽 뇌의 절반, 보통 좌뇌에서) 그리고 이 체계는 상대적으로 이른 시기에 학습된다

And just as many human languages have dialects, // so do some bird species:
또한 많은 인간 언어에 방언이 있듯이 // 일부 새 종류들도 그렇다

// in California, the white-crowned sparrow has songs so different from area to area
// 캘리포니아에서 노랑턱멧새는 지저귀는 소리가 지역마다 매우 달라서

// that Californians can supposedly tell / where they are in the state (by listening to these sparrows.)
// 캘리포니아 사람들은 판단할 수 있을 것이다 // 주에서 어디에 있는지 (이 새들의 소리를 들음으로써)

전체해석

엄밀한 의미의 언어는 그 자체로 두 개의 층을 이루고 있다. 단일한 소리는 가끔씩만 의미가 있다. 보통, 다양한 언어음은, 다른 색의 아이스크림이 서로 녹아 하나로 합쳐지는 것처럼 하나의 겹쳐진 연쇄로 합쳐질 때만 일관성 있는 메시지를 전달한다. 새들의 지저귐에서 역시, 각각의 음은 종종 의미가 거의 없다: 연속성이 중요한 것이다. 인간과 새들 모두에게서, 이 특별화된 음성 체계의 조절은 뇌의 절반, 보통 좌뇌에서 수행되며, 이 체계는 상대적으로 이른 시기에 학습된다. 또한 많은 인간 언어에 방언이 있듯이, 일부 새 종류들도 그렇다(방언이 있다). 캘리포니아에서 노랑턱멧새는 지역마다 지저귀는 소리가 매우 달라서 캘리포니아 사람들은 아마도 이 새들의 소리를 들음으로써 자신이 주(主)에서 어디에 있는지 판단할 수 있을 것이다.

① 음성 체계가 존재하지 않는다
② 방언이 중요한 역할을 한다
③ 리듬감 있는 소리가 중요하다
④ 각각의 음은 종종 의미가 거의 없다

정답 03 ④

04

다음 글의 주제로 가장 적절한 것은?

> In addition to controlling temperatures when handling fresh produce, control of the atmosphere is important. Some moisture is needed in the air to prevent dehydration during storage, but too much moisture can encourage growth of molds. Some commercial storage units have controlled atmospheres, with the levels of both carbon dioxide and moisture being regulated carefully. Sometimes other gases, such as ethylene gas, may be introduced at controlled levels to help achieve optimal quality of bananas and other fresh produce. Related to the control of gases and moisture is the need for some circulation of air among the stored foods.

① The necessity of controlling harmful gases in atmosphere
② The best way to control levels of moisture in growing plants and fruits
③ The seriousness of increasing carbon footprints every year around the world
④ The importance of controlling certain levels of gases and moisture in storing foods

기출문제 학습 해설

어휘정리

produce 농산물   atmosphere 대기   moisture 수분   dehydration 탈수, 건조   storage 저장   carbon dioxide 이산화 탄소   gase 기체   achieve 성취하다   optimal 최적의   circulation 순환

장대영어 Flow

1. 첫 문장 important를 통해 주제문임을 알 수 있다.
2. important를 통한 주제문 확정이 불안하다면 이어지는 문장이 첫 문장을 뒷받침해주는 것을 확인하는 것을 통해 주제문임을 알 수 있다.

끊어읽기

In addition to controlling temperatures / when handling fresh produce, // control of the atmosphere is important.
온도를 조절하는 것 외에도 / 신선한 농산물을 취급할 때 // 대기의 조절이 중요하다.

Some moisture is needed in the air / to prevent dehydration during storage,
공기 중 약간의 습기는 필요하다 / 보관 중 탈수를 막기 위해서

// but too much moisture can encourage growth of molds.
그러나 너무 많은 습기는 곰팡이의 성장을 촉진시킬 수 있다

Some commercial storage units have controlled atmospheres,
몇몇 상업용 저장장치는 통제된 대기를 가진다

/ with the levels of both carbon dioxide and moisture being regulated carefully.
이산화탄소와 수분 둘 다의 수준을 주의깊게 조절하면서

Sometimes other gases, (such as ethylene gas,) / may be introduced at controlled levels
때때로 다른 가스들(에틸렌 가스와 같은)은 / 통제된 수준으로 도입될 수 있다

/ to help achieve optimal quality of bananas and other fresh produce.
바나나와 다른 신선한 농산물의 최적 품질을 얻는 데 도움을 주기 위해서

Related to the control of gases and moisture / is the need for some circulation of air / among the stored foods.
가스와 습기의 통제와 관련하여 / 공기의 순환이 필요하다 / 저장된 음식들 사이에서

전체해석

신선한 농산물을 취급할 때 온도를 조절하는 것 외에도 대기의 조절이 중요하다. 보관 중 탈수를 막기 위해 공기 중에 약간의 습기가 필요하지만, 너무 많은 습기는 곰팡이의 성장을 촉진 시킬 수 있다. 일부 상업용 저장장치는 이산화탄소와 수분의 양을 주의 깊게 조절하는 등 대기를 통제하고 있다. 때때로 에틸렌 가스와 같은 다른 가스들은 바나나와 다른 신선품의 최적 품질 달성을 돕기 위해 통제된 수준에서 도입될 수 있다. 가스와 습기의 조절과 관련된 것은 저장된 음식들 사이에서 공기의 순환이 어느 정도 필요하다는 것이다.

① 대기 중 유해 기체 관리의 필요성
② 식물과 과일을 재배하는 데 있어 수분 양 관리의 최선책
③ 매년 전 세계적으로 증가하는 탄소발자국의 심각성
④ 식품저장에 있어 기체와 수분을 일관되게 관리하는 중요성

정답 04 ④

05

글의 흐름상 가장 어색한 문장은?

The skill to have a good argument is critical in life. But it's one that few parents teach to their children. ① We want to give kids a stable home, so we stop siblings from quarreling and we have our own arguments behind closed doors. ② Yet if kids never get exposed to disagreement, we may eventually limit their creativity. ③ Children are most creative when they are free to brainstorm with lots of praise and encouragement in a peaceful environment. ④ It turns out that highly creative people often grow up in families full of tension. They are not surrounded by fistfights or personal insults, but real disagreements. When adults in their early 30s were asked to write imaginative stories, the most creative ones came from those whose parents had the most conflict a quarter-century earlier.

기출문제 학습 해설

어휘정리

argument 주장   sibling 형제, 자매   quarreling 다툼   disagreement 불일치, 의견 충돌   encouragement 격려
fistfight 주먹다짐   imaginative 상상력이 풍부한

장대영어 Flow

1. 첫 문장 'critical'을 통해 주제문임을 확인할 수 있다.
2. 바로 이어지는 But은 글의 요지를 바꾸는 역접의 기능이 아니다.
3. 첫 문장(논쟁 = 긍정)을 기준으로 읽었을 때 ③은 이와 반대되는 문장임을 쉽게 확인할 수 있다.

끊어읽기

The skill (to have a good argument) / is critical in life.
기술은 (좋은 논쟁을 하는) / 인생에서 매우 중요하다

But it's one [that few parents teach to their children.]
그러나 이것은 몇몇 부모들만이 아이에게 가르치는 것이다.

① We want to give kids a stable home, // so we stop siblings from quarreling
우리는 아이들에게 안정적인 가정을 주고 싶어한다 // 그래서 우리는 형제자매들이 싸우는 것을 막는다

// and we have our own arguments / behind closed doors.
그리고 우리는 우리의 논쟁들을 갖는다 / 숨겨둔 채로

② Yet if kids never get exposed to disagreement, // we may eventually limit their creativity.
그러나 만약 아이들이 의견충돌에 노출되지 않는다면 // 우리는 아마 결국 그들의 창의성을 제한하게 될지도 모른다.

③ Children are most creative // when they are free to brainstorm / with lots of praise and encouragement
아이들은 가장 창의적이다 // 그들(아이들)이 자유로운 브레인스토밍을 할 때 / 많은 칭찬과 격려로

/ in a peaceful environment. ④ It turns out // that highly creative people often grow up / in families (full of tension.)
평화로운 환경에서. 나타났다 // 매우 창의적인 사람들은 자란다고 / 긴장감이 넘치는 가정에서

They are not surrounded / by fistfights or personal insults, // but real disagreements.
그들은 둘러싸여 있지 않다 / 주먹다짐이나 인신 공격에 // 진정한 의견불일치에 (둘러싸여 있는 것이다.)

When adults in their early 30s / were asked to write imaginative stories,
30대 초반의 어른들에게 / 상상력이 풍부한 이야기를 쓰라고 했을 때

// the most creative ones came / from those [whose parents had the most conflict a quarter-century earlier.]
가장 창의적인 이야기들은(ones) 나온다 / 25년 전에 부모님이 가장 많은 갈등을 겪었던 사람들로부터

전체해석

좋은 논쟁을 하는 기술은 인생에서 매우 중요하다. 하지만 이것은 몇몇 부모들만이 아이들에게 가르치는 것이다. 우리는 아이들에게 안정적인 가정을 주고 싶어서 형제자매들이 싸우는 것을 막고 우리만의 논쟁을 비공개로 하고 있다. 하지만 만약 아이들이 의견 충돌에 노출되지 않는다면, 우리는 결국 그들의 창의력을 제한할 수도 있다. (어린이들은 평화로운 환경에서 많은 칭찬과 격려로 자유롭게 브레인스토밍을 할 때 가장 창의적이다.) 창의력이 뛰어난 사람들은 긴장감이 넘치는 가정에서 자라는 경우가 많은 것으로 나타났다. 그들은 주먹다짐이나 인신공격에 둘러싸여 있는 것이 아니라, 진정한 의견의 불일치에 둘러싸여 있는 것이다. 30대 초반의 어른들에게 상상력이 풍부한 이야기를 쓰라고 했을 때, 가장 창의적인 이야기는 25년 전에 부모님이 가장 많은 갈등을 겪었던 사람들로부터 나왔다.

정답 05 ③

06

다음 글의 주제로 가장 적절한 것은?

Imagine that two people are starting work at a law firm on the same day. One person has a very simple name. The other person has a very complex name. We've got pretty good evidence that over the course of their next 16 plus years of their career, the person with the simpler name will rise up the legal hierarchy more quickly. They will attain partnership more quickly in the middle parts of their career. And by about the eighth or ninth year after graduating from law school the people with simpler names tend to be harder to pronounce. But even if you look at just white males with AngloAmerican names — so really the true in-group, you find that among those white males with Anglo names they are more likely to rise up if their names happen to be simper. So simplicity is one key feature in names that determines various outcomes.

① the development of legal names
② the concept of attractive names
③ the benefit of simple names
④ the roots of foreign names

기출문제 학습 해설

어휘정리

evidence 증거   legal 합법적인   hierarchy 위계, 계급   attain 이루다, 달성하다   pronounce 발음하다   simplicity 단순함   feature 특징   outcome 결과

장대영어 Flow

1. 첫 문장 Imagine을 보고 구체적 사례라고 판단하는 것이 가장 중요하다.
2. 글의 초반부가 구체적 사례 등으로 시작되는 경우에는 결론/요약 장치가 있는지 먼저 훑어보는 것이 시간 단축에 도움이 된다.

끊어읽기

Imagine // that two people are starting work at a law firm on the same day.
상상해보라 // 두 사람이 같은 날 로펌에서 일을 시작한다고

One person has a very simple name.
한 사람은 아주 간단한 이름을 가지고 있다

The other person has a very complex name.
다른 사람은 아주 복잡한 이름을 가지고 있다

We've got pretty good evidence [that over the course of their next 16 plus years of their career,] // the person with the simpler name / will rise up the legal hierarchy more quickly.
우리는 꽤 좋은 증거를 가지고 있다 [그들의 다음 16년 이상의 경력 동안] // 더 단순한 이름을 가진 사람이 / 더 빨리 법적 위계에 오를 것이라는

They will attain partnership more quickly (in the middle parts of their career.)
그들은 더 빨리 동업할 것이다 (경력 중간에)

And by about the eighth or ninth year / after graduating from law school // the people with simpler names / tend to be harder to pronounce.
8년 내지 9년쯤 되면 / 로스쿨을 졸업한 지 // 더 단순한 이름을 가진 사람들은 / 발음하기가 더 어려워지는 경향이 있다

But even if you look at just white males / with AngloAmerican names — so really the true in-group, // you find // that among those white males with Anglo names // they are more likely to rise up // if their names happen to be simper.
하지만 여러분이 그러한 백인 남성들일지라도 / 영미인 이름을 가진 내집단에서는 // 당신은 발견하게 될 것이다 // 영미인 이름을 가진 백인 남성들 중에서 // 떠오를 가능성이 더 높아질 것이다 // 만약 그들의 이름이 더 단순하다면

So simplicity is one key feature in names [that determines various outcomes.]
따라서 단순성은 이름의 주요한 특징이다 [다양한 결과를 결정하는]

전체해석

두 사람이 같은 날 로펌에서 일을 시작한다고 상상해 보라. 한 사람은 아주 간단한 이름을 가지고 있다. 다른 사람은 아주 복잡한 이름을 가지고 있다. 우리는 그들의 다음 16년 이상의 경력 동안 더 단순한 이름을 가진 사람이 더 빨리 법적 위계 위에 오를 것이라는 꽤 좋은 증거를 가지고 있다. 그들은 경력 중간에 더 빨리 동업할 것이다. 그리고 로스쿨을 졸업한 지 8년 내지 9년쯤 되면 더 단순한 이름을 가진 사람들은 발음하기가 더 어려워지는 경향이 있다. 하지만 여러분이 영미인 이름을 가진 내집단에서는 정말 그러한 백인 남성들일지라도, 여러분은 영미인 이름을 가진 백인 남성들 중에서, 만약 그들의 이름이 더 단순해진다면 그들(의 이름)이 떠오를 가능성이 더 높다는 것을 발견하게 될 것이다. 따라서 단순성은 다양한 결과를 결정하는 이름의 하나의 주요 특징이다.

① 상호의 발전
② 매력적인 이름의 개념
③ 단순한 이름의 이점
④ 외국 이름의 기원

정답 06 ③

07 — 2020 국가직 9급

다음 글의 주제로 가장 적절한 것은?

For many people, work has become an obsession. It has caused burnout, unhappiness and gender inequity, as people struggle to find time for children or passions or pets or any sort of life besides what they do for a paycheck. But increasingly, younger workers are pushing back. More of them expect and demand flexibility — paid leave for a new baby, say, and generous vacation time, along with daily things, like the ability to work remotely, come in late or leave early, or make time for exercise or meditation. The rest of their lives happens on their phones, not tied to a certain place or time — why should work be any different?

① ways to increase your paycheck
② obsession for reducing inequity
③ increasing call for flexibility at work
④ advantages of a life with long vacations

기출문제 학습 해설

어휘정리

obsession 강박, 집착 burnout 극도의 피로 gender 성별 inequity 불공평 passion 열정 paycheck 급료
flexibility 유연함, 융통성 generous 관대한 meditation 명상

장대영어 Flow

1. 중반부 'but'을 기준으로 글의 초반부와 내용이 달라짐을 알 수 있다.
2. 우선 핵심적인 문장을 찾았다면 but 문장과 이어지는 문장에서 flexibility까지만 읽고 답을 고를 수 있는지 확인해 보아야 한다.

> 끊어읽기

For many people, work has become an obsession.
많은 사람들에게 일은 강박이 되어 왔다.

It has caused burnout, unhappiness and gender inequity,
이는 번아웃, 불행, 성 불공평을 초래해왔다.

/ as people struggle to find time (for children or passions or pets or any sort of life)
/ 시간을 찾는 데 어려움을 겪으면서 (아이들, 열정, 반려동물 또는 그들이 어떠한 삶을 위한)

/ besides what they do for a paycheck.
그들이 월급을 받는 것 이외에

But increasingly, younger workers are pushing back.
그러나 갈수록, 젊은 노동자들은 저항하고 있다.

More of them expect and demand flexibility / — paid leave for a new baby, say, and generous vacation time,
그들 중 더 많은 이들이 유연성을 기대하고 요구한다 / 예를 들어 새로 태어난 아기를 위한 유급휴가 그리고 넉넉한 휴가를

along with daily things, / like the ability to work remotely, / come in late or leave early,
일상적인 것들에 더해 / 능력과 같은 원격으로 일하거나 / 늦게 일어나고 일찍 퇴근하거나

/ or make time for exercise or meditation.
또는 운동이나 명상을 위한 시간을 내는

The rest of their lives / happens on their phones, / not tied to a certain place or time
그들 삶의 나머지는 / 그들의 전화에서 일어난다 / 특정 장소나 시간에 묶여있지 않고

— why should work be any different?
일은 왜 달라야 하는가?

> 전체해석

많은 사람들에게 일은 강박이 되어 왔다. 그것은 사람들이 아이들, 취미, 반려동물 또는 그들이 월급을 위해 하는 것 이외에 어떠한 삶을 위한 시간을 찾는 데 어려움을 겪으면서 극도의 피로, 불행, 그리고 성 불공평을 초래해왔다. 하지만, 길수록 더, 젊은 근로자들은 저항하고 있다. 그들 중 더 많은 이들이 유연성을 기대하고 요구하는데, 예를 들면 원격으로 일하거나 늦게 출근하고 일찍 퇴근하거나 또는 운동 및 명상을 위한 시간을 내는 능력과 같은 일상적인 것들에 더해 새로 태어난 아기를 위한 그리고 넉넉한 휴가 기간을 위한 유급 휴가를 기대하고 요구한다. 그들 삶의 나머지는 특정 장소와 시간에 묶여있지 않고 그들의 전화에서 일어나는데 일은 왜 달라야 하는가?

① 당신의 월급을 인상시키는 방법
② 불공평 감소에 대한 강박
③ 일 유연성에 대한 증가하는 요구
④ 긴 휴가가 있는 삶의 이점

정답 07 ③

08   2020 지방직 9급

다음 글의 요지로 가장 적절한 것은?

> Evolutionarily, any species that hopes to stay alive has to manage its resources carefully. That means that first call on food and other goodies goes to the breeders and warriors and hunters and planters and builders and, certainly, the children, with not much left over for the seniors, who may be seen as consuming more than they're contributing. But even before modern medicine extended life expectancies, ordinary families were including grandparents and even great-grandparents. That's because what old folk consume materially, they give back behaviorally — providing a leveling, reasoning center to the tumult that often swirls around them.

① Seniors have been making contributions to the family.
② Modern medicine has brought focus to the role of old folk.
③ Allocating resources well in a family determines its prosperity.
④ The extended family comes at a cost of limited resources.

기출문제 학습 해설

어휘정리

evolutionarily 진화(론)적으로 species 종 resource 자원 goodies 맛있는 것 breeder 사육자 warrior 전사
extended 확장된 life expectancy 기대수명 folk 사람들 reasoning 논리적인 tumult 소란, 격동 swirl 소용돌이치다

장대영어 Flow

1. 글의 초반부 문장이 길고 복잡해 보이더라도 문장 구조 자체가 복잡하지 않으니 문장 전체 주어-동사-목적어를 중심으로 간략하게 해석해야 한다.
2. 중반부 But을 중심으로 글의 방향이 달라지는 것을 포착해야 한다(But 전에는 노인에게 남겨진 것이 많지 않다).

끊어읽기

Evolutionarily, any species [that hopes to stay alive] / has to manage its resources carefully.
진화적으로, 어떤 종도 [생존을 원하는] / 그 자원을 조심스럽게 관리해야 한다.

That means // that first call (on food and other goodies) / goes to the breeders and warriors and hunters and planters and builders and, certainly, the children.
그것은 의미한다. // 처음 찾는 것은 (식량과 다른 좋은 음식들을) / 사육자, 전사, 사냥꾼, 농장 관리자, 건축가, 그리고 확실히, 아이들에게 간다.

/ with not much left over for the seniors, [who may be seen as consuming / more than they're contributing.]
/ 노인들을 위하여 남겨진 것이 많지 않다, [더 많이 소비하는 것으로 보여 질지도 모르는 / 기여하는 것보다]

But even before modern medicine extended life expectancies, / ordinary families were including grandparents and even great-grandparents.
그러나 현대의학이 수명을 연장시키기 전부터, 일반 가정에는 조부모와 심지어 증조부까지 포함되어 있었다.

That's because what old folk consume materially, they give back behaviorally
그것은 노인들이 물질적으로 소비하는 것은 행동적으로 돌려주기 때문이다.

/ — providing a leveling, reasoning center to the tumult that often swirls around them.
/ - 즉, 그들 주변에 소용돌이치는 격동에 안정적이고 논리적인 중심을 제공한다.

전체해석

진화론적으로, 생존을 원하는 어떤 종도 그 자원을 조심스럽게 관리해야 한다. 그것은 식량과 다른 좋은 음식들을 처음 찾는 것은 사육자, 전사, 사냥꾼, 농장 관리자, 건축가, 그리고 확실히, 아이들에게 가는 것을 의미하고, 기여하는 것보다 더 많이 소비하는 것으로 보여 질지도 모르는 노인들을 위해 남겨진 것이 많지 않다는 것을 의미한다. 그러나 현대의학이 수명을 연장시키기 전부터 일반 가정에는 조부모와 심지어 증조부모까지 포함되어 있었다. 그것은 노인들이 물질적으로 소비하는 것은 행동적으로 돌려주기 때문이다. 즉, 그들 주변에서 종종 소용돌이치는 격동에 안정적이고 논리적인 중심을 제공한다.

① 노인들은 가정에 기여해왔다.
② 현대 의학은 노인들의 역할에 초점을 맞추었다.
③ 한 가정에 자원을 잘 배분하는 것이 그 번영을 결정한다.
④ 대가족은 한정된 자원의 비용으로 이루어진다.

정답 08 ①

09

다음 글의 주제로 가장 적절한 것은?

Certainly some people are born with advantages (e.g., physical size for jockeys, height for basketball players, an "ear" for music for musicians). Yet only dedication to mindful, deliberate practice over many years can turn those advantages into talents and those talents into successes. Through the same kind of dedicated practice, people who are not born with such advantages can develop talents that nature put a little farther from their reach. For example, even though you may feel that you weren't born with a talent for math, you can significantly increase your mathematical abilities through mindful, deliberate practice. Or, if you consider yourself "naturally" shy, putting in the time and effort to develop your social skills can enable you to interact with people at social occasions with energy, grace, and ease.

① advantages some people have over others
② importance of constant efforts to cultivate talents
③ difficulties shy people have in social interactions
④ need to understand one's own strengths and weaknesses

기출문제 학습 해설

어휘정리
jockey 기수   dedication 전념, 몰두   mindful 의식적인   deliberate 고의적인, 신중한   occasion 일, 행사

장대영어 Flow
1. 두 번째 문장에서 역접과 강조(only, STS 8)이 함께 쓰임을 통해 글 전체의 주제임을 알 수 있다.
2. 이후 문장은 두 번째 문장에 대해 부연설명하고 이에 대한 예시를 드는 문장들이다.

끊어읽기
Certainly some people are born with advantages
확실히 일부 사람들은 이점을 가지고 태어난다.

Yet only dedication / to mindful, deliberate practice (over many years) / can turn those advantages
그러나 전념만이 / 의식적, 계획적 연습(오랜 기간에 걸친) / 그런 이점들을 변화시킨다.

/ into talents / and those talents / into successes.
재능으로 / 그리고 그런 재능들을 / 성공으로

Through the same kind of dedicated practice, / people [who are not born with such advantages]
동일한 종류의 헌신적인 연습을 통해 / 사람들 [그런 이점들을 가지고 태어나지 않은] 은

/ can develop talents [that nature put a little farther from their reach.]
재능을 개발할 수 있다 [자연이 그들이 닿을 수 있는 것보다 좀 더 멀리 놓아둔]

For example, even though you may feel // that you weren't born with a talent for math,
예를 들어 느낀다고 할지라도 // 당신이 수학에 대한 재능을 타고나지 않았다고

// you can significantly increase your mathematical abilities / through mindful, deliberate practice.
당신은 당신의 수학적 능력들을 크게 향상시킬 수 있다 / 의식적, 계획적 연습을 통해

Or, if you consider yourself "naturally" shy, // putting in the time and effort (to develop your social skills)
혹은 당신 스스로가 원래 수줍음이 많다고 생각한다면 // 시간과 노력을 들이는 것 (사교능력 개발에)

/ can enable you / to interact with people / at social occasions / with energy, grace, and ease.
당신을 가능하게 만들 수 있다 / 사람들과 교류하는 것을 / 사교적인 행사에서 / 활기차고 우아하고 편안하게.

전체해석
확실히 일부 사람들은 이점을 가지고 태어난다. (예를 들어, 기수는 신체적 크기, 농구 선수는 키, 음악가는 음악에 대한 '귀'). 하지만 오랜 기간에 걸친 의식적, 계획적 연습에 대한 전념만이 이러한 이점을 재능으로, 그리고 그 재능을 성공으로 바꿀 수 있다. 이와 같은 헌신적인 연습을 통해, 그러한 이점을 가지고 태어나지 않은 사람들 역시, 자연이 그들이 닿을 수 있는 곳보다 좀 더 멀리 놓아둔 재능을 개발할 수 있다. 예를 들어, 당신이 수학에 대한 재능을 타고나지 않았다고 느낄지라도 의식적, 계획적 연습을 통해 당신의 수학적 능력을 크게 향상시킬 수 있다. 혹은 당신 스스로가 '원래부터' 수줍음이 많다고 생각한다면 사교적 능력 개발에 시간과 노력을 들이는 것은 사교적인 행사에서 사람들과 활기차게, 우아하게, 편안하게 교류하는 것을 가능케 할 수 있다.

① 일부 사람들이 다른 사람들에 비해 가지고 있는 이점
② 재능을 키우기 위한 지속적인 노력의 중요성
③ 수줍음이 많은 사람들이 사회적 상호작용에서 겪는 어려움
④ 자신의 강점과 약점에 대해 이해할 필요성

10

다음 글의 요지로 가장 적절한 것은?

All emotions tell us something about ourselves and our situation. But sometimes we find it hard to accept what we feel. We might judge ourselves for feeling a certain way, like if we feel jealous, for example. But instead of thinking we should not feel that way, it's better to notice how we actually feel. Avoiding negative feelings or pretending we don't feel the way we do can backfire*. It's harder to move past difficult feelings and allow them to fade if we don't face them and try to understand why we feel that way. You don't have to dwell on your emotions or constantly talk about how you feel. Emotional awareness simply means recognizing, respecting, and accepting your feelings as they happen.

* backfire 역효과를 내다

① 부정적인 감정은 잘 조절해서 표현해야 한다.
② 과거의 부정적 감정은 되도록 빨리 극복해야 한다.
③ 감정을 수용하기 어렵다면 전문가의 도움을 받아야 한다.
④ 우리의 감정을 인식하고 존중하며 그대로 받아들여야 한다.

기출문제 학습 해설

어휘정리

jealous 질투하는   pretending ~인 척하기   backfire 역효과를 낳다   fade 희미해지다   dwell on ~을 곱씹다, 숙고하다

장대영어 Flow

1. 역접이 두 개 이상 등장했을 때 어떤 것이 글의 흐름을 바꾸는 데 사용된 것인지 파악해야 한다.
2. 예시의 연결사 앞이라고 해서 무조건 주제문으로 사용되는 것이 아니다. 해당 문장이 놓여있는 앞뒤 문장간의 관계에 따라 정해진다.

끊어읽기

All emotions tell us / something about ourselves and our situation.
모든 감정은 우리에게 말해준다 / 우리 자신과 상황에 대해

But sometimes / we find it hard / to accept what we feel.
그러나 때때로 / 우리는 어렵다고 생각한다 / 우리가 느끼는 것을 받아들이기가

We might judge ourselves / for feeling a certain way, / like if we feel jealous, for example.
우리는 아마 판단할지도 모른다. / 우리의 감정을 특정한 방식으로 / 우리가 질투를 느끼는 것과 같이 / 예를 들어

But instead of thinking // we should not feel that way, // it's better to notice / how we actually feel.
그러나 생각하는 것 대신에 // 우리가 그렇게 느껴서는 안 된다고 // 알아차리는 것이 더 낫다 / 우리가 실제로 어떻게 느끼는지

Avoiding negative feelings / or pretending // we don't feel the way we do // can backfire.
부정적인 감정을 피하거나 / 그런 체 하는 것 // 우리가 느끼는 방식이 아닌 체하는 것 // 역효과를 가져올 수 있다.

It's harder / to move past difficult feelings / and allow them to fade // if we don't face them
더 어렵다 / 과거의 어려운 감정들을 지나치는 것 / 그리고 그들이 희미해지도록 하는 것은 // 만약 우리가 그것들을 직면하지 않는다면

/ and try to understand // why we feel that way.
그리고 이해하려고 노력한다면 / 왜 우리가 그렇게 느끼는지

You don't have to dwell on your emotions or constantly talk / about how you feel.
우리는 우리의 감정에 연연하거나 끊임없이 말할 필요가 없다 // 우리가 어떻게 느끼는지에 대해서

Emotional awareness simply means recognizing, respecting, and accepting your feelings // as they happen.
감정적 인식은 단순히 인식하고, 존중하고, 받아들이는 것을 의미한다. // 여러분의 감정이 일어나는 대로

전체해석

모든 감정은 우리 자신과 상황에 대해 무언가를 말해준다. 하지만 때때로 우리는 우리가 느끼는 것을 받아들이기가 어렵다. 우리는 예를 들어 질투심을 느끼는 것과 같은 특정한 방식으로 우리 자신을 판단할지도 모른다. 하지만 우리가 그렇게 느껴서는 안 된다고 생각하는 대신에, 우리가 실제로 어떻게 느끼는지 알아차리는 것이 더 낫다. 부정적인 감정을 피하거나 우리가 느끼는 방식이 아닌 척하는 것은 역효과를 가져올 수 있다. 우리가 그것들을 마주하지 않고 우리가 왜 그렇게 느끼는지 이해하려고 노력한다면 어려운 감정들을 지나치고 그것들이 희미해지도록 내버려두는 것은 더 어렵다. 여러분은 여러분의 감정에 연연하거나 여러분의 기분에 대해 끊임없이 말할 필요가 없다. 감정적 인식은 단순히 여러분의 감정이 일어나는 대로 인식하고, 존중하고, 받아들이는 것을 의미한다.

정답 10 ④

11

2020 법원직 9급

다음 글의 요지를 한 문장으로 요약하고자 한다. 빈칸 (A), (B)에 들어갈 말로 가장 적절한 것은?

"Most of bird identification is based on a sort of subjective impression — the way a bird moves and little instantaneous appearances at different angles and sequences of different appearances, and as it turns its head and as it flies and as it turns around, you see sequences of different shapes and angles," Sibley says, "All that combines to create a unique impression of a bird that can't really be taken apart and described in words. When it comes down to being in the fieldland looking at a bird, you don't take time to analyze it and say it shows this, this, and this; therefore it must be this species. It's more natural and instinctive. After a lot of practice, you look at the bird, and it triggers little switches in your brain. It looks right. You know what it is at a glance."

According to Sibley, bird identification is based on (A) _____ rather than (B) _____.

① instinctive impression — discrete analysis
② objective research — subjective judgements
③ physical appearances — behavioral traits
④ close observation — distant observation

기출문제 학습 해설

어휘정리

identification 식별, 확인   subjective 주관적인   impression 인상   instantaneous 즉각적인   angle 각도   sequence 순서   when it comes to ~에 관하여   analyze 분석하다   instinctive 본능적인   trigger 촉발하다   glance 흘깃 봄

장대영어 Flow

1. 요약문 완성 유형의 핵심은 요약문을 정확하게 이해하는 것이다.
2. 요약문과 첫 문장을 대조하면 (A)를 확인할 수 있고 이후를 읽으면서 (B)를 확인할 수 있다.

끊어읽기

"Most of bird identification is based / on a sort of subjective impression
대부분의 조류 식별은 기반한다 / 일종의 주관적인 인상에

— the way a bird moves and little instantaneous appearances / at different angles
즉, 새가 움직이는 방식, 순간적인 모습들 / 다른 각도에서 바라본

/ and sequences of different appearances,
/ 다른 모습들의 연속성

// and as it turns its head and as it flies and as it turns around,
그리고 머리를 돌리고 날면서 당신의 주위를 돌 때

// you see sequences of different shapes and angles," Sibley says.
// 당신은 다른 모양과 각도를 연속적으로 보게 된다고 시블리는 말한다.

"All that combines / to create a unique impression of a bird
그 모든 것이 합쳐져서 / 새에 대한 독특한 인상을 만들게 된다

that can't really be taken apart / and described in words.
그리고 이는 정말로 분해해서 / 말로 표현할 수 없다.

When it comes down to being / in the fieldland looking at a bird, // you don't take time to analyze it and say it
말하자면 / 새를 들판에서 보는 것에 관해서 // 당신은 그것을 분석하고 말하는 데 시간을 보내지 않는다.

shows this, this, and this; // therefore it must be this species.
이것이 이것과 이것들을 나타낸다 // 그러므로 이것은 이 종이다.

It's more natural and instinctive.
보다 더 자연스럽고 본능적인 것이다.

After a lot of practice, / you look at the bird, // and it triggers little switches in your brain.
많은 연습 후에 / 당신은 새를 보고 // 뇌에 작은 스위치를 유발한다.

It looks right. You know what it is at a glance."
맞는 것 같다. 한 눈에 뭔지 알게 될 것이다.

전체해석

시블리는 "대부분의 조류 식별은 일종의 주관적인 인상, 즉 새가 움직이는 방식, 다른 모양, 여러 다른 각도에서 바라본 거의 순간적인 모습들과 여러 다른 모습의 연속성, 그리고 머리를 돌리고 날면서 당신의 주위를 돌 때, 당신은 다른 모양과 각도를 연속적으로 보게 된다."고 말한다. 그 모든 것이 합쳐져서 새에 대한 독특한 인상을 만들게 되며, 그것은 정말 분해해서 말로 표현할 수 없다. 들판에서 새를 보게 될 경우, 당신은 그것을 분석하며 '그것이 이것과 이것들을 나타낸다; 그러므로 그것은 이 종이다.'고 말하는 데 시간을 보내지 않는다. 그 방법은 더 자연스럽고 본능적이다. 많은 연습 후에, 당신은 새를 보고, 그것은 당신의 뇌에 작은 스위치를 유발한다. 맞는 것 같다. 한눈에 뭔지 알게 될 것이다."

시블리에 따르면 조류 식별은 별개의 분석보다는 본능적 인상을 바탕으로 한다.

① 본능적 인상 — 개별 분석
② 객관적인 연구 — 주관적인 판단
③ 외모 — 행동 특성
④ 면밀한 관찰 — 원격 관찰

정답 11 ①

12

2021 국가직 9급

밑줄 친 부분에 들어갈 말로 가장 적절한 것을 고르시오.

> Social media, magazines and shop windows bombard people daily with things to buy, and British consumers are buying more clothes and shoes than ever before. Online shopping means it is easy for customers to buy without thinking, while major brands offer such cheap clothes that they can be treated like disposable items — worn two or three times and then thrown away. In Britain, the average person spends more than £1,000 on new clothes a year, which is around four per cent of their income. That might not sound like much, but that figure hides two far more worrying trends for society and for the environment. First, a lot of that consumer spending is via credit cards. British people currently owe approximately £670 per adult to credit card companies. That's 66 percent of the average wardrobe budget. Also, not only are people spending money they don't have, they're using it to buy things _____. Britain throws away 300,000 tons of clothing a year, most of which goes into landfill sites.

① they don't need
② that are daily necessities
③ that will be soon recycled
④ they can hand down to others

기출문제 학습 해설

어휘정리

bombard 폭격하다, 쏟아붓다   disposable 일회용의   income 수입   figure 수치   approximately 대략   wardrobe 옷(장)
budget 예산   landfill (쓰레기) 매립지

장대영어 Flow

1. 빈칸 포함 문장에 not only ~ (but) 이 생략된 채로 활용되었으므로 중요 문장임을 알 수 있다.
2. 빈칸 문장 이후에 다른 문장이 있을 경우에는 빈칸 문장 뒷부분을 우선 참고해야 한다.

끊어읽기

Social media, magazines and shop windows / bombard people daily / with things to buy,
소셜 미디어, 잡지, 상품 진열창은 / 매일 쏟아붓고 있다. / 사야 할 물건들을 가지고,

// and British consumers are buying more clothes and shoes / than ever before.
// 그리고 영국 소비자들은 그 어느 때보다도 더 많은 옷과 신발을 사고 있다.

Online shopping means // it is easy for customers to buy without thinking,
온라인 쇼핑은 의미한다. // 고객들이 생각 없이 쉽게 구매할 수 있다는 것을

// while major brands offer such cheap clothes
// 주요 브랜드들은 값싼 옷을 제공한다.

[that they can be treated like disposable items — worn two or three times and then thrown away.]
[두세 번 입고 나서 버릴 수 있는 일회용품처럼 취급이 되는]

In Britain, the average person spends / more than £1,000 on new clothes a year,
영국에서, 보통 사람들은 소비한다. / 일 년에 1,000파운드 이상을 새 옷에

[which is around four per cent of their income.]
[이것은 그들의 수입의 약 4%에 해당한다.]

That might not sound like much,
그렇게 많다고 들리지는 않을지도 모른다.

// but that figure hides two far more worrying trends for society and for the environment.
// 그러나 그 수치는 사회와 환경에 대한 훨씬 더 걱정스러운 두 가지 추세를 숨기고 있다.

First, a lot of that consumer spending / is via credit cards.
첫째는, 그 소비자 지출의 많은 부분이 / 신용카드를 통해 이루어진다는 것이다.

British people currently owe approximately £670 per adult / to credit card companies.
영국인들은 현재 성인 1인당 약 670파운드의 빚을 지고 있다. / 신용카드 회사에

That's 66 percent of the average wardrobe budget.
이는 평균 옷 예산의 66%에 해당한다.

Also, not only are people spending money they don't have, / they're using it to buy things [they don't need.]
또한, 사람들은 가지고 있지 않은 돈을 쓸 뿐만 아니라, 물건들을 사는 데 돈을 사용하고 있다. [그들이 필요로 하지 않는]

Britain throws away 300,000 tons of clothing a year, / most of which goes into landfill sites.
영국은 1년에 30만 톤의 의류를 버리고, / 그 대부분은 쓰레기 매립지로 들어간다.

전체해석

소셜 미디어, 잡지, 상품 진열창은 매일 사람들에게 사야 할 물건들을 쏟아붓고 있으며, 영국 소비자들은 그 어느 때보다도 더 많은 옷과 신발을 사고 있다. 온라인 쇼핑은 고객들이 생각 없이 쉽게 구매할 수 있다는 것을 의미하며, 주요 브랜드들은 두세 번 입고 나서 버릴 수 있는 일회용품처럼 취급이 되는 값싼 옷을 제공한다. 영국에서, 보통 사람들은 일 년에 1,000파운드 이상을 새 옷에 소비하는데, 이것은 그들의 수입의 약 4%에 해당한다. 그렇게 많다고 들리진 않겠지만, 그 수치는 사회와 환경에 대한 훨씬 더 걱정스러운 두 가지 추세를 숨기고 있다. 첫째는, 그 소비자 지출의 많은 부분이 신용카드를 통해 이루어진다는 것이다. 영국인들은 현재 신용카드 회사에 성인 1인당 약 670파운드의 빚을 지고 있다. 이는 평균 옷 예산의 66%에 해당한다. 또한, 사람들은 가지고 있지 않은 돈을 쓸 뿐만 아니라, 필요하지 않은 물건을 사기 위해 돈을 사용하고 있다. 영국은 1년에 30만 톤의 의류를 버리고, 그 대부분은 쓰레기 매립지로 들어간다.

① 그들은 필요로 하지 않는
② 매일 필요로 하는
③ 곧 재활용될
④ 다른 사람들에게 건네질 수 있는

정답 12 ①

13

2023 지방직 9급

밑줄 친 부분에 들어갈 말로 가장 적절한 것을 고르시오

How many different ways do you get information? Some people might have six different kinds of communications to answer — text messages, voice mails, paper documents, regular mail, blog posts, messages on different online services. Each of these is a type of in-box, and each must be processed on a continuous basis. It's an endless process, but it doesn't have to be exhausting or stressful. Getting your information management down to a more manageable level and into a productive zone starts by _____. Every place you have to go to check your messages or to read your incoming information is an in-box, and the more you have, the harder it is to manage everything. Cut the number of in-boxes you have down to the smallest number possible for you still to function in the ways you need to.

① setting several goals at once
② immersing yourself in incoming information
③ minimizing the number of in-boxes you have
④ choosing information you are passionate about

기출문제 학습 해설

어휘정리
text messages 문자 메시지   in-box (이메일) 받은 편지함   process 처리하다   exhausting 지치게 하는
manageable 관리할 수 있는   productive 생산적인   function 기능하다, 작동하다

장대영어 Flow
빈칸 이후의 문장 중 글쓴이의 주장을 가장 강력하게 담고있는 STS중 하나인 명령문이 제시되었다.

끊어읽기
How many different ways do you get information?
당신은 얼마나 다양한 방법으로 정보를 얻는가?

Some people might have six different kinds of communications to answer messages / on different online services.
어떤 사람들은 6가지 서로 다른 종류의 통신수단에 응답해야 할지도 모른다 / 다른 온라인 서비스의

Each of these is a type of in-box, // and each must be processed / on a continuous basis.
이들 각각은 일종의 미결 서류함이다 // 그리고 각각은 처리되어야만 한다 / 지속적으로

It's an endless process, // but it doesn't have to be exhausting or stressful.
이는 끝없는 과정이다 // 하지만 지치거나 스트레스 받을 필요는 없다.

Getting your information management down / to a more manageable level and into a productive zone
당신의 정보관리를 낮추는 것은 / 보다 관리가능한 수준으로 그리고 생산적인 영역으로

/ starts by minimizing the number of in-boxes [you have.]
미결서류의 수를 최소화하는 것으로부터 시작한다.

Every place [you have to go to check your messages / or to read your incoming information] / is an in-box,
모든 장소들 [당신이 당신의 메시지를 확인하기 위해 가야 하는 / 혹은 들어오는 정보를 읽기 위해]은 미결 서류함이다.

and the more you have, / the harder it is to manage everything.
그리고 당신이 가진 것(미결 서류함)이 많을수록 / 모든 것을 관리하기가 더 어려워진다

Cut the number of in-boxes [you have] down / to the smallest number possible
미결 서류함의 수를 줄여라 [당신이 가진] / 가능한 가장 최소한으로

// for you still to function / in the ways you need to.
당신이 계속 활동할 수 있기 위해서 / 당신이 필요한 방식으로

전체해석
당신은 얼마나 다양한 방법으로 정보를 얻는가? 어떤 사람들은 문자 메시지, 음성 메일, 종이 문서, 일반 우편, 블로그 게시물, 다른 온라인 서비스의 메시지라는 6가지 서로 다른 종류의 통신 수단에 응답해야 할지도 모른다. 이것들 각각은 일종의 미결 서류함이며, 지속적으로 처리되어야 한다. 그것은 끝없는 과정이지만, 지치거나 스트레스 받을 필요는 없다. 당신의 정보 관리를 더 관리하기 쉬운 수준으로 낮추고 생산적인 영역으로 접어들게 하는 것은 당신이 가진 미결 서류함의 수를 최소화하는 것으로 시작한다. 당신이 메시지를 확인하거나 들어오는 정보를 읽으러 가야 하는 곳은 모두 미결 서류함이며, 가진 것(미결 서류함)이 많을수록 모든 것을 관리하기가 더 어려워진다. 당신이 가진 미결 서류함의 수를 당신이 필요한 방식으로 계속 활동할 수 있는 최소한으로 줄여라.

① 한 번에 여러 목표를 정하는 것
② 들어오는 정보에 몰두하는 것
③ 당신이 가진 미결 서류함의 수를 최소화하는 것
④ 당신이 열정을 지닌 정보를 선택하는 것

정답 13 ③

14 ──────────────────────────────────── 2023 국가직 9급

다음 글의 주제로 알맞은 것은?

> There are times, like holidays and birthdays, when toys and gifts accumulate in a child's life. You can use these times to teach a healthy nondependency on things. Don't surround your child with toys. Instead, arrange them in baskets, have one basket out at a time, and rotate baskets occasionally. If a cherished object is put away for a time, bringing it out creates a delightful remembering and freshness of outlook. Suppose your child asks for a toy that has been put away for a while. You can direct attention toward an object or experience that is already in the environment. If you lose or break a possession, try to model a good attitude ("I appreciated it while I had it!") so that your child can begin to develop an attitude of nonattachment. If a toy of hers is broken or lost, help her to say, "I had fun with that."

① building a healthy attitude toward possessions
② learning the value of sharing toys with others
③ teaching how to arrange toys in an orderly manner
④ accepting responsibility for behaving in undesirable ways

기출문제 학습 해설

어휘정리

accumulate 축적하다   nondependency 비의존성   arrange 정리하다, 배열하다   rotate 회전하다, 교대로 하다
cherish 소중히 여기다   possession 소유(물)   nonattachment 집착하지 않음

장대영어 Flow

1. 긍정의 명령문이 그렇게 하라는 뜻이라면, 부정의 의문문은 그렇게 하지 말라는 글쓴이의 요지일 가능성이 많다.
2. 이 문항은 둘 다 제시되었다. 첫 번째 부정명령문의 의미를 바로 이해하기 어려웠다면 이후 문장들을 읽으면서 그 의미를 문맥적으로 파악해야 한다.
3. try to~ 부분을 통해 확정적으로 정답을 고를 수 있다.

끊어읽기

There are times, like holidays and birthdays,
명절과 생일과 같은 시기가 있다.

// when toys and gifts accumulate / in a child's life.
// 장난감과 선물들이 쌓이는 / 아이들의 삶에

You can use these times / to teach a healthy nondependency on things.
당신은 이러한 시기를 활용해야 한다 / 물건에 대한 건강한 비의존성을 가르칠 수 있는

Don't surround your child with toys.
아이들이 장난감에 둘러싸이게 하지 마라.

Instead, arrange them in baskets, / have one basket out at a time, / and rotate baskets occasionally.
대신에 그것들을 바구니들에 정리해 / 한 바구니를 한 번에 하나씩 꺼내놓아라 / 그리고 가끔 바구니들을 교대해라 /

If a cherished object is put away for a time,
소중한 물건들이 잠시 치워지면

// bringing it out / creates a delightful remembering and freshness of outlook.
// 그것을 꺼내오는 것은 / 즐거운 기억과 시야의 새로움을 만들어 낸다.

Suppose your child asks for a toy [that has been put away for a while.]
당신의 아이가 장난감을 요구한다고 가정해보라 [한동안 치워둔]

You can direct attention / toward an object or experience [that is already in the environment.]
당신은 주의를 이끌 수 있다 / 물체나 경험으로 [이미 주위 환경에 있는]

If you lose or break a possession, // try to model a good attitude ("I appreciated it while I had it!")
당신이 한 소유물을 잃어버리거나 망가뜨린다면 // 좋은 태도로 모범을 보여라(그것을 가지고 있는 동안 소중히 여겼어!)

// so that your child can begin to develop an attitude of nonattachment.
// 당신의 아이가 집착하지 않는 태도를 기르기 시작할 수 있게 하기 위해서

If a toy of hers Is broken or lost, // help her to say, "I had fun with that."
만약 장난감이 망가지거나 분실되는 경우 // '그거 재미있었어요'라고 말하게 도와라

전체해석

명절과 생일처럼 아이의 삶에 장난감과 선물이 쌓이는 시기가 있다. 당신은 이러한 시기를 이용해 물건에 대한 건강한 비의존성을 가르칠 수 있다. 당신의 아이를 장난감들로 둘러싸지 마라. 대신 그것들을 바구니들에 정리해 한 번에 한 바구니씩 꺼내놓고 가끔 바구니들을 교대하라. 소중한 물건이 잠시 치워지면, 그것을 꺼내오는 것은 즐거운 기억과 시야의 새로움을 만들어 낸다. 당신의 아이가 한동안 치워둔 장난감을 요구한다고 가정해 보라. 당신은 이미 주위(환경)에 있는 물체나 경험으로 주의를 이끌 수 있다. 당신이 한 소유물을 잃어버리거나 망가뜨리는 경우, 아이가 집착하지 않는 태도를 기르기 시작할 수 있도록 좋은 태도("그것을 가지고 있는 동안 소중히 여겼어!")를 모범으로 보여라. 아이의 장난감이 망가지거나 분실되는 경우, 아이가 "그거 재미있었어요."라고 말하게 도와라.

① 소유물에 대한 건강한 태도를 형성하는 것
② 다른 사람들과 장난감을 공유하는 것의 가치를 배우는 것
③ 장난감을 질서정연하게 정리하는 방법을 가르치는 것
④ 바람직하지 않은 방식으로 행동하는 것에 대한 책임을 받아들이는 것

정답 14 ①

15

밑줄 친 부분에 들어갈 말로 가장 적절한 것은?

> All creatures, past and present, either have gone or will go extinct. Yet, as each species vanished over the past 3.8-billion-year history of life on Earth, new ones inevitably appeared to replace them or to exploit newly emerging resources. From only a few very simple organisms, a great number of complex, multicellular forms evolved over this immense period. The origin of new species, which the nineteenth-century English naturalist Charles Darwin once referred to as "the mystery of mysteries," is the natural process of speciation responsible for generating this remarkable _____ with whom humans share the planet. Although taxonomists presently recognize some 1.5 million living species, the actual number is possibly closer to 10 million. Recognizing the biological status of this multitude requires a clear understanding of what constitutes a species, which is no easy task given that evolutionary biologists have yet to agree on a universally acceptable definition.

① technique of biologists
② diversity of living creatures
③ inventory of extinct organisms
④ collection of endangered species

기출문제 학습 해설

어휘정리

creature 생물   extinct 멸종된   vanish 사라지다   inevitably 필연적으로, 불가피하게   exploit 이용하다, 활용하다
organism 생명체, 유기체   evolve 진화하다   immense 엄청난, 어마어마한   speciation 종형성, 종분화
generate 발생시키다   taxonomist 분류학자   status 지위   multitude 대다수, 군중   constitute 구성하다

장대영어 Flow

1. 빈칸 유형은 빈칸이 가장 중요하고, 빈칸 뒤에 문장이 있을 경우 빈칸 이후에서 근거를 찾아야 한다.
2. 양보절과 주절은 역접관계로 주절이 양보절에 비해 더 중요한 부분임을 명심해야 한다.

끊어읽기

All creatures, past and present, either have gone or will go extinct.
과거와 현재의 모든 생물체는 사라지고 있거나 멸종할 것이다.

Yet, as each species vanished / over the past 3.8-billion-year history of life on Earth,
그러나 각각의 종들이 사라지면서 / 지구상 38억년의 생명체 역사를 통해

new ones inevitably appeared to replace them / or to exploit newly emerging resources.
새로운 종들이 필연적으로 나타나서 그것들을 대체했다 / 혹은 새롭게 등장하는 자원들을 활용했다.

From only a few very simple organisms, / a great number of complex, multicellular forms evolved / over this immense period.
몇몇의 아주 단순한 생물체로부터 / 아주 많은 복잡하고 다세포인 형태로 진화했다 / 이 엄청난 기간 동안

The origin of new species,
새로운 종의 기원은

[which the nineteenth-century English naturalist Charles Darwin once referred to as "the mystery of mysteries,"]
19세기 영국의 동식물학자 찰스 다윈이 한 때 미스터리 중 미스터리라고 칭했던

/ is the natural process of speciation / responsible for generating this remarkable diversity of living creatures
자연적인 종의 분화 과정이다 / 이 놀라운 생물체들의 다양성을 만들어 내는 데 원인이 되는

/ with whom humans share the planet.
/ 인간이 이 행성을 함께 공유하는

Although taxonomists presently recognize some 1.5 million living species,
비록 분류학자가 현재 150만 개의 생물체 종을 알고 있지만

// the actual number is possibly closer to 10 million.
실제 수는 아마도 천만 개에 가까울 것이다.

Recognizing the biological status of this multitude / requires a clear understanding of what constitutes a species,
이 많은 것의 생물학적 지위를 아는 것은 / 무엇이 종을 구성하는지에 대한 명확한 이해가 필요하다

[which is no easy task] / given that evolutionary biologists have yet to agree / on a universally acceptable definition.
(그러나) [이해는 쉬운 일이 아니다] / 진화생물학자들이 아직 합의하지 않은 것을 고려하면 / 세계적으로 받아들여지는 정의에

전체해석

과거와 현재의 모든 생물체는 사라지고 있거나 멸종할 것이다. 그러나 지구상의 지난 38억 년의 생명체 역사를 통해 각각의 종들이 사라지면서, 새로운 종들이 필연적으로 나타나서 그것들을 대체하거나 새롭게 등장하는 자원들을 활용했다. 이 엄청난 기간 동안 몇몇의 아주 단순한 생물체에서 아주 많은 복잡하고 다세포인 형태로 진화했다. 19세기 영국의 동식물학자 Charles Darwin이 한때 '미스터리 중의 미스터리'라고 칭했던 새로운 종의 기원은 인간이 이 행성을 함께 공유하는 이 놀라운 생물체들의 다양성을 만들어내는 데 원인이 되는 자연적인 종의 분화 과정이다. 비록 분류학자가 현재 150만 개의 생물체 종을 알고 있지만, 실제 수는 아마도 천만 개에 가까울 것이다. 이 많은 것의 생물학적 지위를 아는 데는 무엇이 종을 구성하는지에 대한 명확한 이해가 필요한데, 진화생물학자들이 세계적으로 받아들여지는 정의에 아직 합의하지 않은 것을 고려하면 이는 쉬운 일이 아니다.

① 생물학자들의 기술
② 생물체들의 다양성
③ 멸종된 생물체들의 목록
④ 멸종 위기에 처한 종의 모음

정답 15 ②

16

다음 글의 제목으로 가장 적절한 것은?

To be sure, no other species can lay claim to our capacity to devise something new and original, from the sublime to the sublimely ridiculous. Other animals do build things — birds assemble their intricate nests, beavers construct dams, and ants dig elaborate networks of tunnels. "But airplanes, strangely tilted skyscrapers and Chia Pets, well, they're pretty impressive," Fuentes says, adding that from an evolutionary standpoint, "creativity is as much a part of our tool kit as walking on two legs, having a big brain and really good hands for manipulating things." For a physically unprepossessing primate, without great fangs or claws or wings or other obvious physical advantages, creativity has been the great equalizer — and more — ensuring, for now, at least, the survival of Homo sapiens.

* sublime 황당한, (터무니없이) 극단적인
* Chia Pets 잔디가 머리털처럼 자라나는 피규어

① Where Does Human Creativity Come From?
② What Are the Physical Characteristics of Primates?
③ Physical Advantages of Homo Sapiens over Other Species
④ Creativity : a Unique Trait Human Species Have For Survival

끊어읽기

To be sure, / no other species can lay claim to our capacity
확실히, 다른 어떤 종도 우리의 능력을 주장할 수 없다

/ to devise something new and original, / from the sublime to the sublimely ridiculous.
새롭고 독창적인 것을 고안해내는 / 확실히 숭고한 것에서부터 터무니없이 우스꽝스러운 것까지

Other animals do build things / — birds assemble their intricate nests,
다른 동물들은 무언가 짓기는 한다 / 새들은 복잡한 둥지를 조립하고

// beavers construct dams, // and ants dig elaborate networks of tunnels.
비버는 댐을 건설하며 // 개미들은 정교한 터널망을 판다

"But airplanes, strangely tilted skyscrapers and Chia Pets, well, they're pretty impressive,"
그러나 비행기, 이상하게도 기울어진 고층빌딩이나 치아 펫은 매우 인상적이다

Fuentes says, / adding that from an evolutionary standpoint,
Fuentes가 말하길 / 진화적인 관점에서 볼 때

// "creativity is as much a part of our tool kit / as walking on two legs,
창조는 우리의 도구의 큰 부분이다. / 우리가 두 발로 걷고

/ having a big brain and really good hands / for manipulating things."
/ 큰 뇌와 좋은 손을 가지고 있는 것처럼 / 사물을 조작하기 위해서

For a physically unprepossessing primate,
물리적으로 무능력한 영장류에게 있어서

/ without great fangs or claws or wings or other obvious physical advantages,
큰 송곳니나 발톱, 날개나 다른 명백한 신체적 이점이 없는

creativity has been the great equalizer / — and more — ensuring, for now, at least, the survival of Homo sapiens.
창조성은 동등하게 하는 요소이며 / 이에 더해 지금으로서는 호모사피엔스의 생존을 가능하게 한다.

전체해석

확실히 숭고한 것에서부터 터무니없이 우스꽝스러운 것에 이르기까지, 새롭고 독창적인 것을 고안해 낼 수 있는 우리의 능력을 다른 어떤 종도 주장할 수 없다. 다른 동물들은 무언가를 짓기는 한다. 새들은 그들의 복잡한 둥지를 조립하고 비버는 댐을 건설하며, 개미는 정교한 터널망을 판다. 푸엔테스는 "그러나 비행기, 이상하게도 기울어진 고층빌딩과 치아 펫은 매우 인상적이다"라고 말하며 진화적인 관점에서 볼 때, "창조는 두 다리로 걷는 것, 큰 두뇌, 그리고 사물을 조작하는 데 정말 좋은 손을 가지고 있는 것만큼이나 우리의 도구의 큰 부분이다."고 덧붙였다. 큰 송곳니나 발톱, 날개나 다른 명백한 신체적 이점이 없는, 물리적으로 무능력한 영장류에게 있어서 창조성은 동등하게 하는 요소이며, 적어도 지금으로서는 호모 사피엔스의 생존을 가능하게 하는 것이다.

① 인간의 창의성은 어디에서 발생하나?
② 영장류의 신체적 특징은 무엇인가?
③ 다른 종보다 뛰어난 호모사피엔스의 신체적 장점
④ 창의성: 생존을 위해 인간이 지닌 독특한 특성

정답 16 ④

17

글의 흐름상 가장 어색한 문장은?

Philosophers have not been as concerned with anthropology as anthropologists have with philosophy. ① Few influential contemporary philosophers take anthropological studies into account in their work. ② Those who specialize in philosophy of social science may consider or analyze examples from anthropological research, but do this mostly to illustrate conceptual points or epistemological distinctions or to criticize epistemological or ethical implications. ③ In fact, the great philosophers of our time often drew inspiration from other fields such as anthropology and psychology. ④ Philosophy students seldom study or show serious interest in anthropology. They may learn about experimental methods in science, but rarely about anthropological fieldwork.

기출문제 학습 해설

어휘정리

philosopher 철학자   anthropology 인류학   anthropologist 인류학자   influential 영향을 주는
contemporary 동시대의, 현대의   take … into account …을 고려하다   specialize in ~을 전문으로 하다   analyze 분석하다
illustrate 설명하다   epistemological 인식론적인   ethical 윤리적인   inspiration 영감   psychology 심리학
experimental 실험적인

장대영어 Flow

1. 첫 문장에 대한 정확한 이해가 가장 중요한 지문(비교표현)이다.
2. 두 번째 문장 Few 역시 부정문으로 처리할 수 있어야 한다.
3. 이 두 문장에 대한 구문적 이해가 바탕이 되었다면 ③번 문장이 글 전체 주제와 반대임을 쉽게 알 수 있다.

끊어읽기

Philosophers have not been as concerned with anthropology / as anthropologists have with philosophy.
철학자들은 인류학에 관심을 가지지 않았다 / 인류학자들이 철학에 가지고 있는 것만큼

① Few influential contemporary philosophers take anthropological studies / into account in their work.
영량력 있는 현대 철학자들 중 그들의 연구에서 인류학 연구를 고려하는 사람은 거의 없다 (take into account)

② Those who specialize in philosophy of social science / may consider or analyze examples / from anthropological research.
사회과학의 철학을 전공하는 사람들은 / 아마 예를 고려하거나 분석할 수 있다 / 인류학 연구로부터

/ but do this mostly / to illustrate conceptual points or epistemological distinctions
그러나 대개 (연구)한다 / 개념적 요점이나 인식론적 차이를 설명하기 해서

/ or to criticize epistemological or ethical implications.
또는 인신론적 혹은 윤리적 함의에 대해 비판하기 위해서

③ In fact, the great philosophers of our time / often drew inspiration from other fields
사실 우리 시대의 위대한 철학자들은 / 종종 다른 분야로부터 영감을 이끌어 냈다.

/ such as anthropology and psychology.
인류학이나 심리학 같은

④ Philosophy students seldom study or show serious interest in anthropology.
철학을 공부하는 학생들은 거의 인류학에 진지한 관심을 보이거나 공부하지 않는다.

They may learn about experimental methods in science, / but rarely about anthropological fieldwork.
그들은 아마 과학에서 실험적인 방법에 대해 배울 수 있다 / 하지만 인류학 현장 연구에 대해서는 거의 배우지 않는다.

전체해석

철학자들은 인류학자들이 철학에 가지고 있는 것만큼 인류학에 관심을 가지지 않았다. 영향력 있는 현대 철학자들 중 그들의 연구에서 인류학 연구를 고려하는 사람이 거의 없다. 사회과학의 철학을 전공으로 하는 사람들은 인류학 연구의 예를 고려하거나 분석할 수 있지만, 이것은 대부분 개념적 요점이나 인식론적 차이를 설명하거나 인식론적 또는 윤리적 함의에 대해 비판하기 위해 한다. (사실 우리 시대의 위대한 철학자들은 종종 인류학이나 심리학 같은 다른 분야로부터 영감을 이끌어냈다.) 철학을 공부하는 학생들은 좀처럼 인류학에 대해 공부하거나 진지한 관심을 보이지 않는다. 그들은 과학에서 실험적인 방법에 대해 배울 수 있지만, 인류학 현장 연구에 대해서는 거의 배우지 않는다.

정답 17 ③

18

2015 지방직 9급

주어진 글의 제목으로 가장 적절한 것을 고르시오.

> Depending on your values, different kinds of numbers may be important to you. To some, it's cholesterol count and blood pressure figures; to others, it's the number of years they've been married. To many, the sum total in the retirement account is the number-one number, and some people zero in on the amount left on their mortgage. But I contend that your per-hour worth should be among the top-of-mind numbers that are important to you — no matter what your values or priorities are — even if you don't earn your living on a per-hour rate. Knowing the value of your time enables you to make wise decisions about where and how you spend it so you can make the most of this limited resource according to your circumstances, goals, and interests. Obviously, the higher you raise your per-hour worth while upholding your priorities, the more you can propel your efforts toward meeting your goals, because you have more resources at your disposal — you have either more money or more time, whichever you need most.

① Your Time Is Money
② Maintaining High Motivation
③ Part-time Jobs Are Better
④ Living Within Your Income

/ it's the number of years [they've been married].
다른 이들에게는 연수이다 [그들이 결혼한]

To many, / the sum total (in the retirement account) / is the number-one number,
많은 이들에게 / 총액 (은퇴 계좌 속의)은 / 가장 중요한 숫자이다

// and some people zero in / on the amount left on their mortgage.
// 그리고 몇몇 사람들은 집중한다 / 대출의 남은 양에

But I contend // that your per-hour worth should be / among the top-of-mind numbers
그러나 나는 주장한다 // 당신의 한 시간당 가치가 있어야 한다고 / 가장 먼저 떠오르는 숫자들 중에

[that are important to you] // — no matter what your values or priorities are
[당신에게 중요한] // 당신의 가치관이나 우선순위가 무엇이든

// — even if you don't earn your living / on a per-hour rate.
비록 당신이 생계를 이어나가지 않는다고 할지라도 / 한 시간당의 비율로

Knowing the value of your time / enables you to make wise decisions / about where and how you spend it
시간의 가치를 아는 것은 / 당신이 현명한 선택을 하도록 한다 / 어디에 어떻게 시간을 쓸 것인지에 대해서

// so you can make the most of this limited resource / according to your circumstances, goals, and interests.
// 그래서 당신이 제한된 자원을 최대한 활용할 수 있도록 / 당신의 상황, 목표, 관심에 따라

Obviously, / the higher you raise your per-hour worth / while upholding your priorities,
명백하게 / 시간당 가치를 높일수록 / 당신의 우선사항을 유지하면서

// the more you can propel your efforts / toward meeting your goals,
// 당신의 노력을 경주할 수 있다 / 당신의 목표를 충족시키는 방향으로

// because you have more resources / at your disposal // — you have either more money or more time,
// 당신이 더 많은 자원을 가지기 때문이다 / 당신 마음대로 활용할 수 있는 // 당신이 더 많은 돈 또는 더 많은 시간을 가지게 된다.

// whichever you need most.
당신이 가장 필요로 하는 것이 무엇이든

전체해석

당신의 가치관에 따라서, 서로 다른 종류의 숫자가 당신에게 중요할 것이다. 몇몇에게 그것은 콜레스테롤 수치나 혈압 수치이고, 다른 사람들에겐 그들이 결혼한 연수이다. 많은 사람들에게, 은퇴 계좌의 총액은 가장 중요한 숫자이고, 몇몇 사람들은 대출의 남은 양에 관심을 집중한다. 그러나 나는 당신의 가치관이나 우선순위가 무엇이든 간에 당신의 한 시간당 가치가 당신에게 중요한 가장 먼저 떠오르는 숫자들 가운데 있어야 한다고 주장한다. 비록 당신이 한 시간당의 비율로 생계를 이어나가지 않는다고 하더라도 당신의 시간의 가치를 아는 것은 당신의 환경, 목표, 흥미에 따라서 이러한 제한된 자원을 최대한 활용할 수 있도록 어디에서 어떻게 시간을 쓸지에 관해 현명한 결정을 내리도록 한다. 명백하게, 당신의 우선 사항을 유지하면서 당신의 시간당 가치를 높일수록 당신의 목표를 충족시키는 방향으로 노력을 경주할 수 있다. 그 이유는 당신이 당신 마음대로 사용할 수 있는 더 많은 자원을 가지게 되기 때문이며, 당신이 가장 필요로 하는 것이 무엇이든 더 많은 돈 또는 더 많은 시간을 가지게 된다.

① 당신의 시간은 돈이다
② 높은 동기를 유지하기
③ 시간제 일이 더 낫다
④ 수입 내에서 살기

19

2017 국가직 9급

밑줄 친 부분에 들어갈 말로 가장 적절한 것을 고르시오.

> It is easy to devise numerous possible scenarios of future developments, each one, on the face of it, equally likely. The difficult task is to know which will actually take place. In hindsight, it usually seems obvious. When we look back in time, each event seems clearly and logically to follow from previous events. Before the event occurs, however, the number of possibilities seems endless. There are no methods for successful prediction, especially in areas involving complex social and technological changes, where many of the determining factors are not known and, in any event, are certainly not under any single group's control. Nonetheless, it is essential to _____. We do know that new technologies will bring both dividends and problems, especially human, social problems. The more we try to anticipate these problems, the better we can control them.

① work out reasonable scenarios for the future
② legitimize possible dividends from future changes
③ leave out various aspects of technological problems
④ consider what it would be like to focus on the present

기출문제 학습 해설

어휘정리

numerous 수많은   likely 가능성 있는   hindsight 뒤늦은 깨달음   logically 논리적으로   involving 관련시키는
nonetheless 그럼에도 불구하고   dividend 배당금   anticipate 예상하다

장대영어 Flow

1. 빈칸 문장이 STS를 포함하고 있다. 빈칸에 이어지는 문장에 STS 11(the 비교급, the 비교급 제시)을 활용하여 정답을 골라야 한다.
2. 또한 빈칸에 역접을 포함하고 있다(STS 4).

끊어읽기

It is easy / to devise numerous possible scenarios of future developments,
쉽다 / 미래 발전의 가능성 있는 시나리오를 만들어내는 것은

/ each one, on the face of it, equally likely.
/ 각각, 겉보기에 동등하게

The difficult task is / to know which will actually take place.
어려운 일은 / 어떤 것이 실제로 발생할지 아는 것이다.

In hindsight, / it usually seems obvious. When we look back in time, // each event seems clearly and logically
지나고 나서 보면 / 대개 명백한 것처럼 보인다. 우리가 시간을 되돌아볼 때에 // 각각의 사건은 명확하고 논리적으로 보인다

/ to follow from previous events. Before the event occurs, however, // the number of possibilities seems endless.
/ 이전 사건의 결과로서 일어나는 것처럼. 그러나 사건이 일어나기 전에는 // 가능성의 수가 무한해 보인다.

There are no methods for successful prediction, / especially in areas (involving complex social and technological changes),
성공적인 예측을 하는 방법은 없다 / 특히 어떤 영역들에서 (복잡한 사회나 기술의 변화를 포함하는)

// where many of the determining factors are not known
(그리고) 많은 결정적인 요소들이 알려져 있지 않고

/ and, in any event, / are certainly not under any single group's control.
그리고 어느 사건에서든 / 단일 집단하에 놓여있지 않은

Nonetheless, it is essential / to work out reasonable scenarios for the future.
그럼에도 불구하고 중요하다 / 미래를 위한 합리적인 시나리오를 생각해 내는 것은

We do know // that new technologies will bring both dividends and problems, / especially human, social problems.
우리는 확실히 알고 있다 // 새로운 기술들이 배당금과 문제 둘 다를 가지고 올 것이라는 것을 / 특히 사람과 사회적 문제를

The more we try to anticipate these problems, // the better we can control them.
우리가 이러한 문제를 예상하려고 더 많이 노력할수록 // 우리는 그것들을 더 잘 통제할 수 있다.

전체해석

수많은 가능한, 겉보기에 동등하게 가능성 있는 미래 발전의 시나리오를 각각 만들어내는 것은 쉽다. 어려운 임무는 어떤 것이 실제로 일어날지를 아는 것이다. 지나고 나서 보면, 그것은 보통 명백해 보인다. 우리가 시간을 되돌아볼 때에, 각각의 사건은 명확히 그리고 논리적으로 이전 사건의 결과로서 일어나는 것처럼 보인다. 그러나 사건이 일어나기 전에는 가능성의 수가 무한해 보인다. 특히 많은 결정적인 요소들이 알려지지 않고 어느 사건에서든 분명히 단일 집단의 통제하에 놓여 있지 않은, 복잡한 사회적이고 기술적인 변화를 포함하는 영역에서, 성공적인 예측을 위한 방법들은 없다. 그럼에도 불구하고, 미래를 위한 합리적인 시나리오를 생각해내는 것은 중요하다. 우리는 새로운 기술이 배당금과 문제들, 특히 사람과 사회적 문제 모두를 가져올 것을 알고 있다. 우리가 더 많이 이러한 문제를 예상하려고 노력할수록, 우리는 그것들을 더 잘 통제할 수 있다.

① 미래를 위한 합리적인 시나리오를 생각해내는 것
② 미래의 변화로부터 가능한 배당금을 정당화하는 것
③ 기술적인 문제의 다양한 측면들을 배제시키는 것
④ 현재에 초점을 맞추는 것이 어떨지를 고려하는 것

정답 19 ①

20

밑줄 친 부분에 들어갈 말로 가장 적절한 것을 고르시오.

As more and more leaders work remotely or with teams scattered around the nation or the globe, as well as with consultants and freelancers, you'll have to give them more _____. The more trust you bestow, the more others trust you. I am convinced that there is a direct correlation between job satisfaction and how empowered people are to fully execute their job without someone shadowing them every step of the way. Giving away responsibility to those you trust can not only make you organization run more smoothly but also free up more of your time so you can focus on larger issues.

① work
② rewards
③ restrictions
④ autonomy

기출문제 학습 해설

어휘정리

scattered 흩어진, 분산된 consultant 상담가, 자문 위원 bestow 수여하다, 주다 convinced 확신에 찬
empower 권한을 주다, 자율권을 주다 correlation 연관성, 상관관계 execute 실행하다 autonomy 자율성, 자치권

장대영어 Flow

1. 글 초반부 빈칸은 글 전체의 주제를 포함할 가능성이 매우 높다.
2. 빈칸 이후에 문장이 남아있다면 여기에서 빈칸에 대한 단서를 찾아야 하는데 빈칸 직후 문장이 'The + 비교급, the + 비교급'으로 이를 활용하여 빈칸을 찾을 수 있다.

끊어읽기

As more and more leaders work remotely / or with teams scattered around the nation or the globe,
점점 더 많은 리더들이 원격으로 일하면서 / 혹은 전국이나 전세계에 흩어져 있는 팀과 함께

/ as well as with consultants and freelancers, // you'll have to give them more autonomy.
/ 컨설턴트와 프리랜서뿐만 아니라 // 당신은 그들에게 더 많은 자율성을 주어야 할 것이다.

The more trust you bestow, // the more others trust you.
당신이 더 많은 신뢰를 줄수록 // 다른 사람들은 당신을 더 신뢰한다.

I am convinced // that there is a direct correlation
나는 확신한다 // 직접적인 상관관계가 있다고

/ between job satisfaction / and how empowered people are to fully execute their job
/ 직무 만족과 / 사람들이 얼마나 그들의 직무에 권한을 부여받는지

/ without someone / shadowing them every step of the way.
/ 누군가가 없이 / 모든 단계마다 그들을 따라다니는

Giving away responsibility / to those [you trust] / can not only make you organization run more smoothly
책임을 맡기는 것은 / 당신이 신뢰하는 사람에게 / 조직을 보다 원활하게 운영할 수 있을 뿐만 아니라

/ but also free up more of your time / so you can focus on larger issues.
/ 당신에게 더 많은 시간을 만들어 낸다 // 그래서 더 큰 문제에 집중할 수 있도록 한다

전체해석

점점 더 많은 리더들이 원격으로 일하거나, 컨설턴트와 프리랜서뿐만 아니라 전국이나 전세계에 흩어져 있는 팀과 함께 일하면서, 그들에게 더 많은 자율성을 주어야 할 것이다. 당신이 더 많은 신뢰를 줄수록, 다른 사람들은 당신을 더 신뢰한다. 나는 직무 만족과 모든 단계마다 따라다니는 누군가가 없이 일을 완전히 수행할 수 있도록 사람들이 얼마나 그들의 직무에 권한을 부여받는지 사이에 직접적인 상관관계가 있다고 확신한다. 당신이 신뢰하는 사람에게 책임을 맡기는 것은 조직을 보다 원활하게 운영할 수 있을 뿐만 아니라 당신에게 더 많은 시간을 만들어 내어 더 큰 문제에 집중할 수 있도록 한다.

① 작업
② 보상
③ 규제
④ 자율성

정답 20 ④

Chapter 02 MDTS

1 MDTS

MDTS | Methods of Developing Topic Sentence
〈전개 방식〉

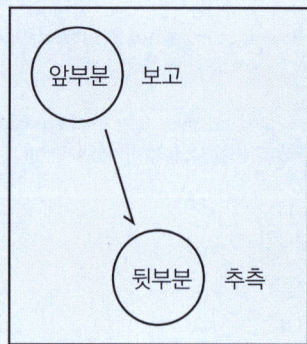

'시간 단축' 효과

1 연구 – 실험의 인용

1. 연구 – 실험

study (연구) / experiment (실험) / research (연구) / etc

→ 과정
→ 결과 (STS 12 연구 – 실험의 결과)

2. 실험자 – 피실험자

* 연구자 / 실험자
  – Experimenter
    Researcher
  – 실험자 이름 (人 이름)
    etc

* 피실험자
  – subject(s)
    participant(s)
    volunteer(s)
    group
    etc

3. 연구 과정
- A ask B / B be asked

A : 연구자 / 실험자   B : 피실험자

4. 연구 결과

Ⓢ	Ⓥ
Study (studies) (연구)	find (found) (발견했다)
Experiment (experiments) (실험)	suggest (suggested) (제안했다)
Research (researches) (연구)	show (showed) (보여줬다)
Analysis (analyses) (분석)	tell (told) (말했다)
Test (tests) (테스트, 검사)	indicate (indicated) (나타냈다, 보여줬다)
Statistics (통계수치)	confirm (confirmed) (입증했다)
etc	etc

According to ┌ study / experiment (연구 / 실험에 따르면) …
                  └ researcher / experimenter (연구자 / 실험자에 따르면) …

---

2 권위자

* 권위자 / 전문가
→ 말, 주장 (STS 13 권위자 - 말, 주장)

The professor (교수),   학자,   says(said) ~
The doctor (박사, 의사),   대학,   insists(insisted) ~
Experts (전문가들),   기관,   etc
* 人 이름   etc

cf 人 이름
① 권위자, 전문가   → 말, 주장 - STS
② Story - 등장인물   → episode
③ 예시 〈특히, 人 이름 열거〉 → 앞문장 중요

3 의문문의 활용

1. 첫 문장이 의문문

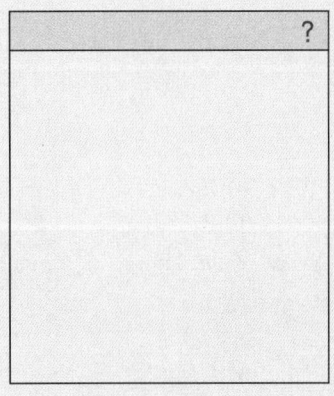

→ 흥미유발, 소재 제시
　 중간 의문문 역할

예 Can beauty be measured?

2. 중간 의문문*

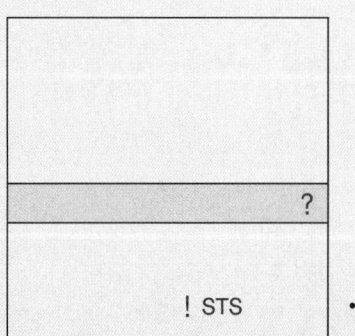

→ 답 (STS 14 의문문 + 답)

• ! : 의문문의 답

3. 마지막 문장이 의문문

예 Who can say it was foolish of her to say so?
　 (누가 그녀가 그렇게 이야기한다고 해서 멍청했다고 말할 수 있겠는가?)
　 = No one can say it was foolish of her to say so.
　　 (어떤 누구도 그녀가 그렇게 이야기한다고 해서 멍청했다고 말할 수 없다.)

예 Who can't make such a simple bookshelf?
　 (누가 그와 같이 간단한 책 선반을 만들 수 없겠는가?)
　 = Anyone can make such a simple bookshelf.
　　 (어떤 사람이든 그와 같이 간단한 책 선반을 만들 수 있다.)

→ 수사의문문　(모양)　→　(의미)
　　　　　　　 긍정　 →　 부정
　　　　　　　 부정　 →　 긍정

4. 통념비판의 원리

└─ STS 15 통념에 대한 비판

*1st

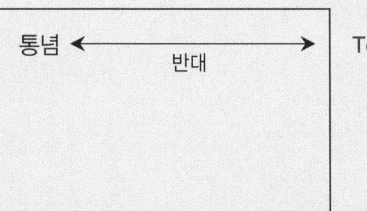

*통념 I : '통념'이라는 의미를 가진 단어가 직접 제시되는 경우

conventional wisdom
common ― idea
        └ notion
myth
etc

*통념 II : '통념'임을 보여주는 여러가지 문장의 모양틀

① 일반인 주어   We (우리는), They (그들은), One (어떤 사람이), Some people (몇몇 사람들이), (Most) people((대부분의) 사람들이), etc
② 동사   say (말한다), believe (믿는다), think (생각한다), insist (주장한다), argue (주장한다), look upon (간주한다), regard(간주한다), assume(가정한다), etc
③ 명사   saying (말), belief (신념), thought (생각), argument (주장), notion (관념), idea (생각), etc
④ 형용사/부사   common (흔한), widespread (널리 퍼진), prevalent (널리 퍼져 있는), frequently (자주, 흔히), often (자주, 흔히), etc

문장 형식   a) S① V② that –
           b) It be V② –p.p that –
           c) 소유격① N③ is that –
           d) It be 형④ that –

        통념 ←→ Topic

예
a) Most people think that Won-young is more attractive than Karina.
   (대부분의 사람들은 원영이 카리나보다 더 매력적이라고 생각한다.)
b) It is thought that Won-young is more attractive than Karina.
   (원영이 카리나보다 더 매력적이라고 생각되어진다.)
c) Most people's thought is that Won-young is more attractive than Karina.
   (대부분의 사람들의 생각은 원영이 카리나보다 더 매력적이라는 것이다.)
d) It is widespread that Won-young is more attractive than Karina.
   (원영이 카리나보다 더 매력적이라는 것이 널리 퍼져있는 생각이다.)

* 2nd – 통념에 대한 비판이 등장

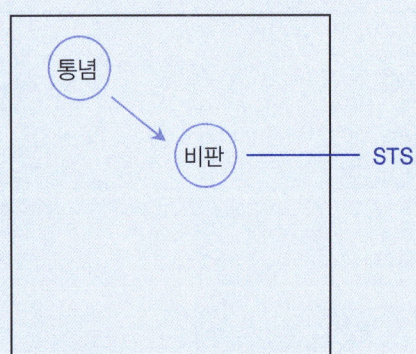

① 연결사　　But (그러나), However (그러나), In fact (사실상, 실제로), In reality (사실상, 실제로), Actually (사실상, 실제로), etc

② 단어　　　misconception (오해), misunderstanding (오해), etc

③ 문장 표현　This (it) is not true.
　　　　　　(이것은 (그것은) 진실이 아니다.)
　　　　　　This (it) is not the case.
　　　　　　(이것은 (그것은) 사실이 아니다.)
　　　　　　This (it) is not so.
　　　　　　(이것은 (그것은) 그렇지가 않다.)
　　　　　　This (it) is an absurd opinion (idea).
　　　　　　(이것은 (그것은) 터무늬 없는 의견(생각)이다.)
　　　　　　They are wrong (mistaken).
　　　　　　(그들은 옳지 않다 (잘못되었다).)

④ 기타 표현　untrue (진실이 아닌), false (거짓의), error (오류), biased (편향된), prejudiced (선입견에 찬),
　　　　　　inconsistent (일관성이 없는), etc

5 문제점 발생 — 해결책 제시

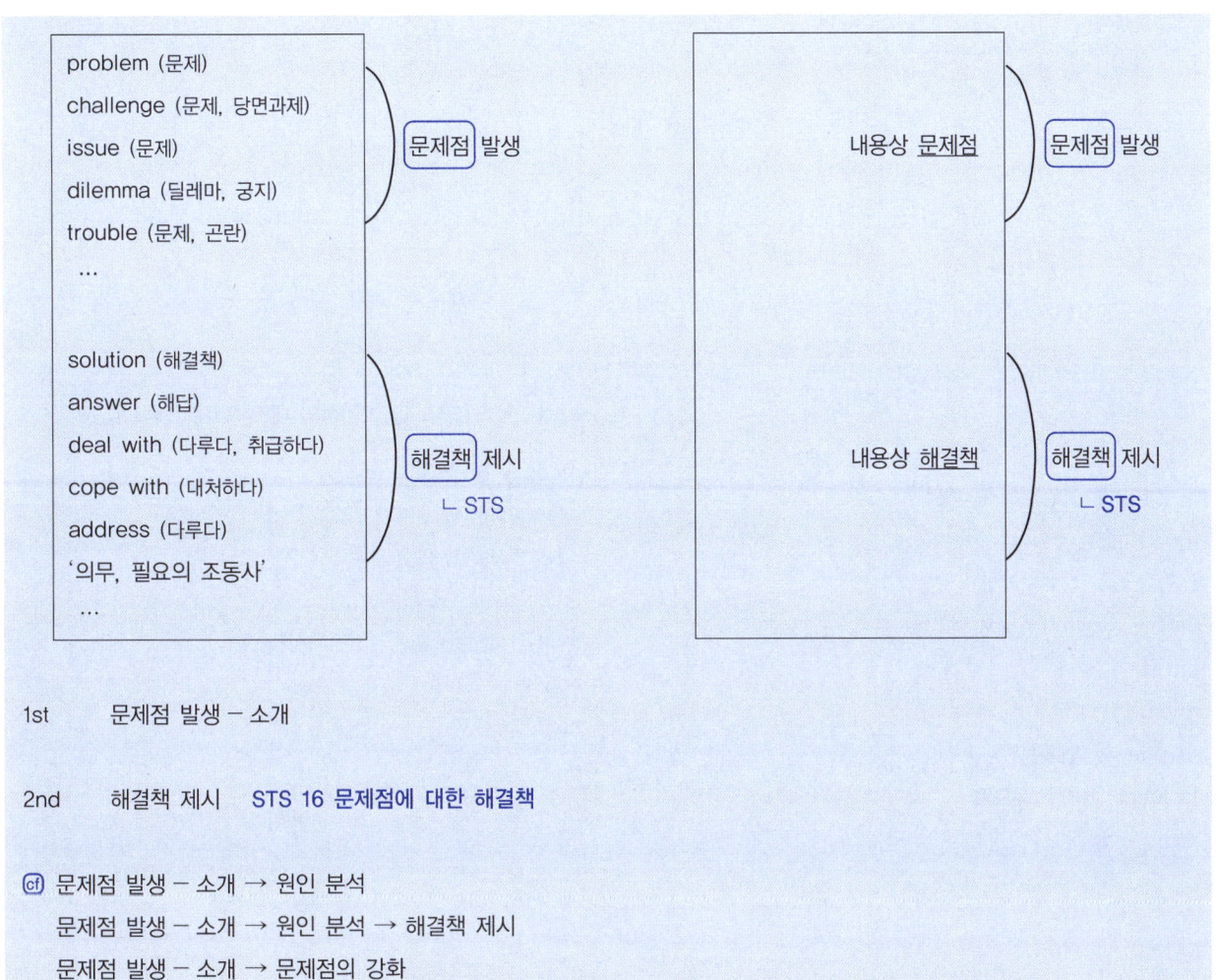

1st   문제점 발생 – 소개

2nd   해결책 제시   STS 16 문제점에 대한 해결책

cf) 문제점 발생 – 소개 → 원인 분석
   문제점 발생 – 소개 → 원인 분석 → 해결책 제시
   문제점 발생 – 소개 → 문제점의 강화

6 시간상의 대조

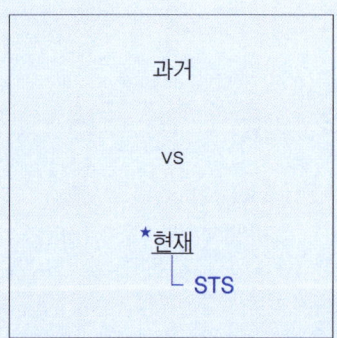
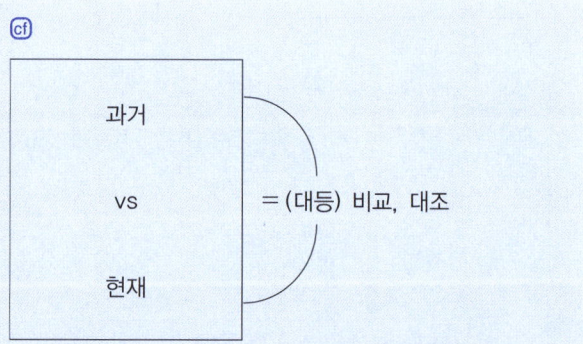

1st 과거

- ago (-전에)
in (과거) 연도 ((과거 연도)에)
then (그때)
those days (그 당시에)
used to V원형 (~하곤 했다) / 동사-과거시제
old (오래된)
once (예전에)
traditional (전통적인)
historically (역사적으로)
etc

vs **2nd 현재** {STS 17 시간상의 대조 (현재가 중요)}

recently (최근에)
lately (최근에)
nowadays (요즈음에)
these days (요즈음에)
today (오늘날) / 동사-현재시제
new (새로운)
now (지금)
etc

7 예시

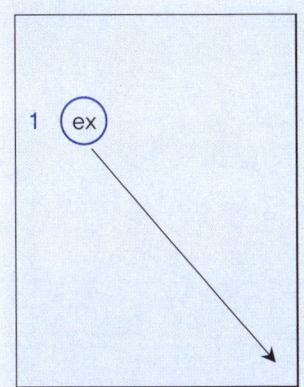

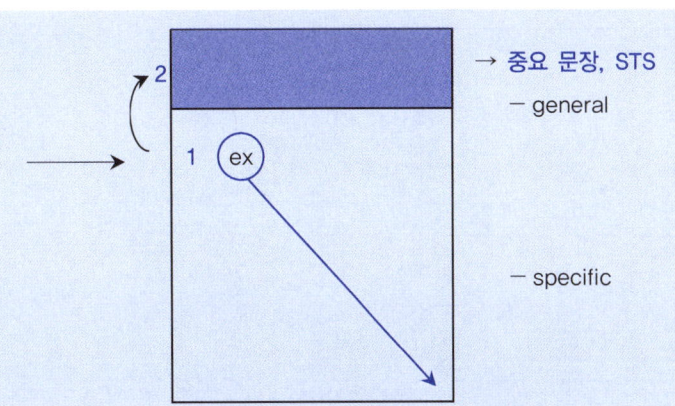

→ 중요 문장, STS
- general
- specific

* STS 18 예시가 시작되는 문장 앞 문장

* 예시 표현 (앞 문장 / 앞 부분)
① For example (예를 들어서) / For instance (예를 들어서)/etc
② Imagine (상상해 봅시다) / Suppose (가정해 봅시다) /
   Consider (고려해 봅시다) / Let's say (말해 봅시다) /etc
③ 고유 N
④ 人 이름
⑤ If S V / When S V
⑥ 수치 나열
⑦ a(n) + 사람

* 예시표현 (문장 내 앞 부분)
such as = like (~와 같은)
including (~을 포함하여)

예 There are writing tools such as pencil, ball-pen, fountain pen, and highlight pen.
연필, 볼펜, 만년필, 그리고 형광펜과 같은 필기도구가 있다.

8. Story/일화

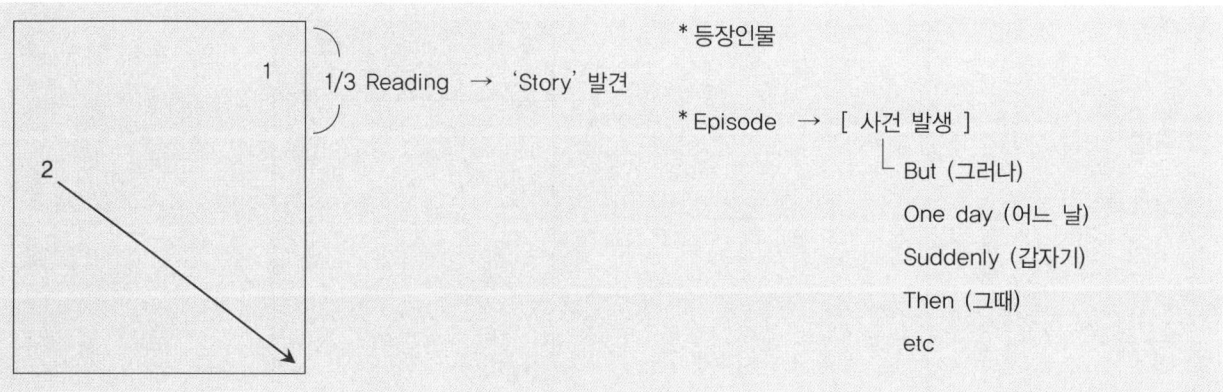

9. 설명문

1. T.S / 필자 생각 - 없는 경우

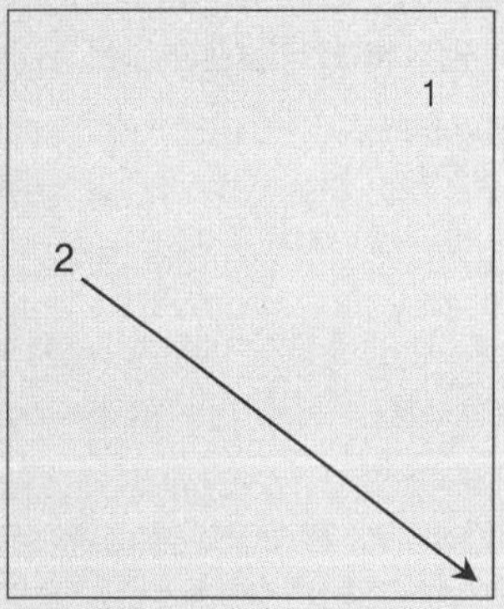

1/3 Reading → '설명문' 발견
원리, 현상, 방법 …

2. T.S / 필자 생각 - 있는 경우

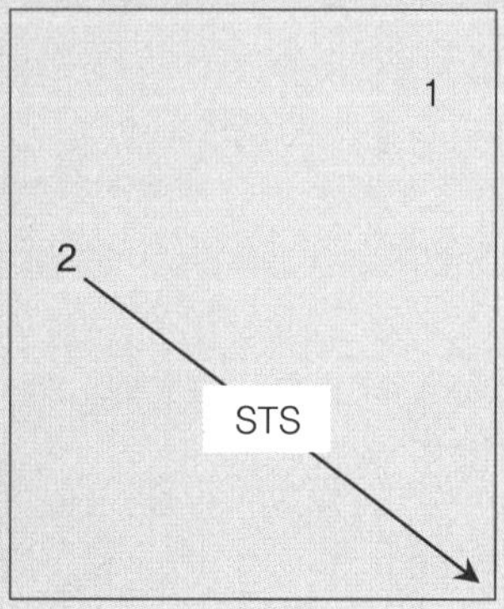

1/3 Reading → '설명문' 발견

STS

10　열거

1. '열거'할 것을 시사하는 구체적인 표현이 있는 경우
– 주로 [두괄식]

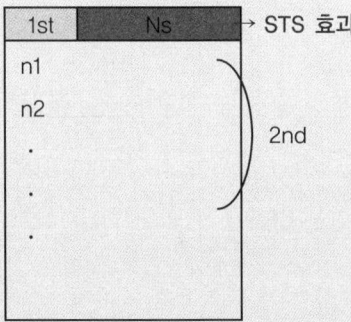

• Ns → 복수명사

1st 수적인 개념의 표현들 등장　　　　　　+　　　　**2nd 구체적인 열거**
{STS 19 구체적인 열거의 앞 부분(문장)}

– many, a lot of, lots of, a number of, → 많은
　several, → (몇)몇의, 여러 개의
　various, a variety of, diverse, → 다양한　　+ Ns
　different, → 다른, 여러 개의
　etc
– two (둘), three (셋), four (넷), etc

– some (몇은), others (다른 사람들(것)은),
　still others (또 다른 사람들(것)은)
– the first (첫 번째는), the second (두 번째는),
　the third (세 번째는 … , the last (마지막은)
– one (첫째는), another (또 다른 것은), the next
　(그 다음은) … , the final (마지막은)
– also (또한),
　in addition, additionally, moreover, what is
　more, furthermore, besides (게다가, 더욱이)
　etc

2. '열거'할 것을 시사하는 구체적인 표현이 없는 경우
– 주로 [미괄식]

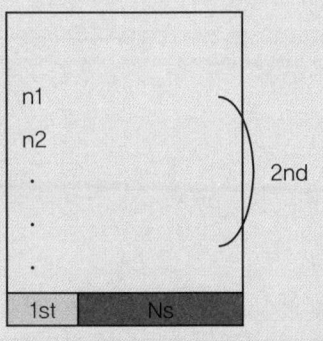

└ 필자가 앞에서 열거한 내용들을 정리

11　나열식 구조

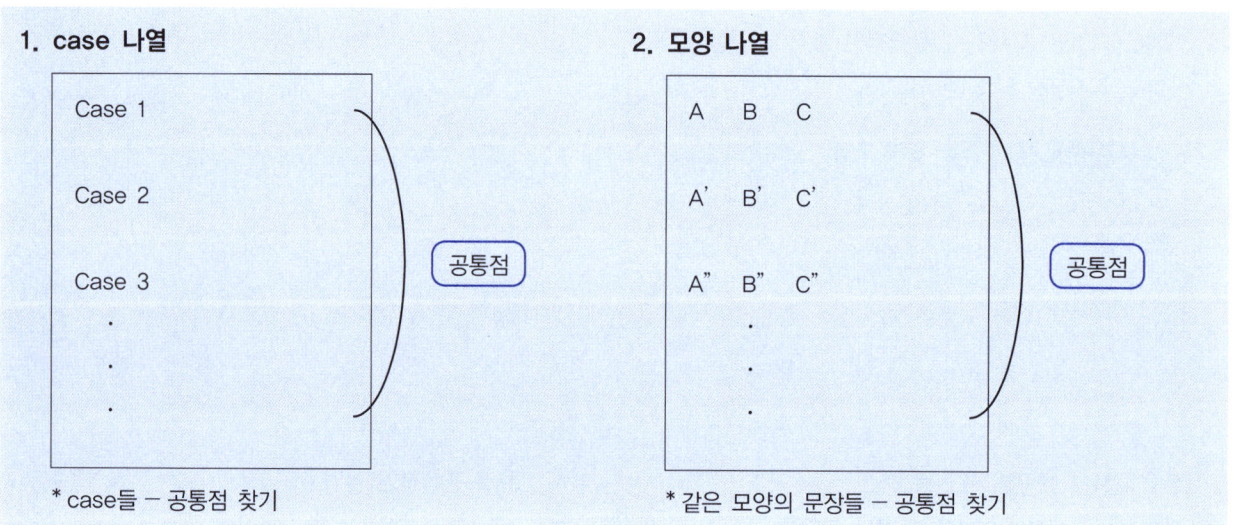

12　인과관계

- **원인**(cause)과 **결과**(effect) 사이의 관계를 밝히는 전개 방식
- [최초 **원인**(cause)과 최종 **결과**(effect)] 상대적 중요

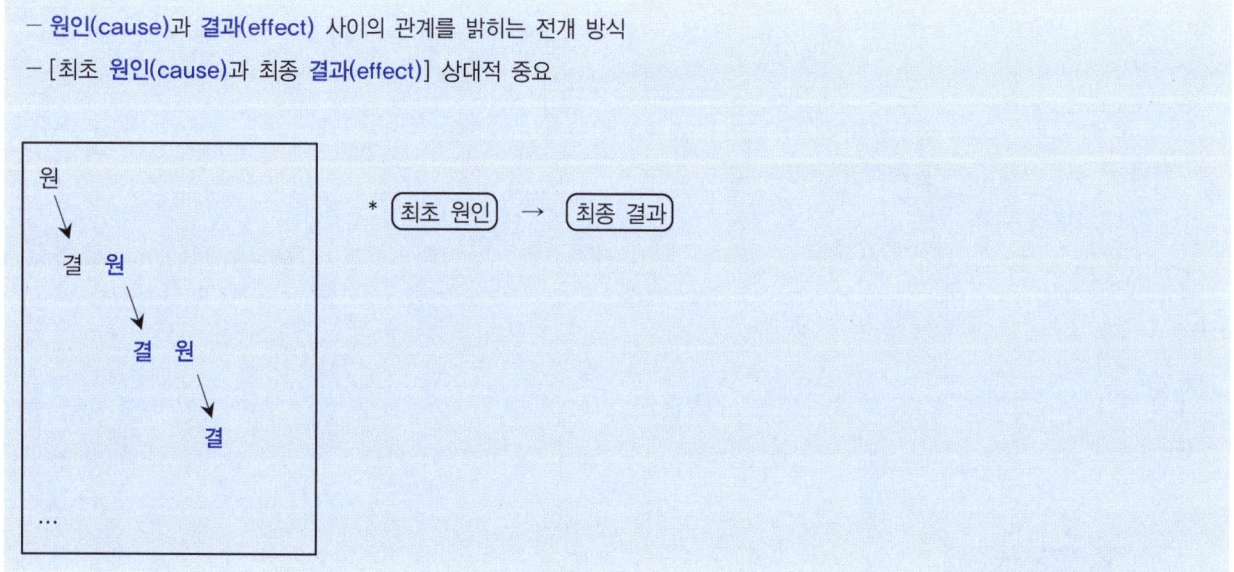

MEMO

21

주어진 문장으로 시작하여 다음 글을 문맥에 맞게 순서대로 연결한 것은?

> When asked to make a donation, even those who would like to support the charity in some way say no, because they assume the small amount they can afford won't do much to help the cause.

A : After introducing himself, the researcher asked the residents, "Would you be willing to help by giving a donation?" For half of the residents, the request ended there. For the other half, however, he added, "Even a penny will help."

B : Based on this reasoning, a researcher thought that one way to urge people to donate would be to inform them that even a small sum would be helpful. To test this hypothesis, he went to door-to-door to request donations for the American Cancer Society.

C : When he analyzed the results, the researcher found that, consistent with his hypothesis, people in the "even-a-penny-will-help" condition were almost twice as likely as those in the other condition to donate to the cause.

① A － B － C
② A － C － B
③ B － A － C
④ C － A － B

기출문제 학습 해설

어휘정리

donation 기부   charity 자선단체   assume 가정하다   afford 제공하다   cause 대의명분   resident 거주자
urge 촉구하다, 권고하다   hypothesis 가설   consistent 일관된, 변함없는

장대영어 Flow

순서배열을 위한 지시사, 연결사를 찾기 어려운 문항이지만, (B)를 통해 실험이 진행된다는 것을 알아차리고 실험 전개방식을 활용하여 순서를 쉽게 배열할 수 있다.

끊어읽기

When asked to make a donation, / even those [who would like to support the charity / in some way] say no,
기부하라는 요청을 받을 때 / 사람들조차 [자선활동을 지지하는 사람들 / 어떤 면에서는] 거절하는데

// because they assume // the small amount [they can afford] / won't do much to help the cause.
왜냐하면 그들은 생각하기 때문이다 // 적은 금액[그들이 낼 수 있는]은 / 대의를 이루는 데 많은 보탬이 되지 않을 것이라고

B: Based on this reasoning, / a researcher thought // that one way (to urge people to donate) would be / to inform them
이러한 추론에 근거하여 / 한 연구자는 생각했다 // 방법(기부를 촉구하는)이 된다고 / 그들에게 알려주는 것이

// that even a small sum would be helpful.
적은 금액도 도움이 된다는 것을

To test this hypothesis, / he went to door-to-door / to request donations / for the American Cancer Society.
이 가설을 시험하기 위해 / 그는 집집마다 찾아다녔다. / 기부 요청을 위해 / 미국 암 협회를 위한

A: After introducing himself, / the researcher asked the residents,
자신을 소개한 후 / 그 연구자는 주민들에게 물었다.

// "Would you be willing to help by giving a donation?" For half of the residents, / the request ended there.
기부를 함으로써 기꺼이 도와주시겠습니까? 주민들 절반에 대해서는 / 요청이 거기서 끝났다.

For the other half, however, / he added, // "Even a penny will help."
하지만 나머지 절반에 대해서 / 덧붙였다 // 단 돈 1페니라도 도움이 될 것이다.

C: When he analyzed the results, // the researcher found // that, consistent with his hypothesis,
결과를 분석했을 때 // 그 연구자는 발견하기를 // 그의 가설과 일치하였는데

/ people (in the "even-a-penny-will-help" condition)
단돈 1페니라도 도움이 될 것이라는 조건에 있던 사람들은

/ were almost twice as likely / as those in the other condition / to donate to the cause.
거의 두 배에 달했다 / 다른 조건에 있던 사람들보다 / 대의를 위해 기부하는

전체해석

기부하라는 요청을 받을 때, 자선활동을 지지하는 사람들조차 어떤 면에서는 거절하는데, 그들은 자신들이 낼 수 있는 적은 금액은 대의를 이루는 데 많은 보탬이 되지 않을 것이라 생각하기 때문이다. B: 이런 추론에 근거하여, 한 연구자는 사람들로 하여금 기부를 촉구하는 하나의 방법은 그들에게 적은 금액도 도움이 된다는 점을 알려주는 것이라고 생각했다. 이 가설을 시험하기 위해, 그는 미국 암 협회를 위한 기부 요청을 위해 집집마다 찾아다녔다. A: 자신을 소개한 후, 그 연구자는 주민들에게 물었다. "기부를 함으로써 기꺼이 도와주시겠습니까?" 주민들 절반에 대해서는 요청이 거기서 끝났다. 하지만 그는 나머지 절반에 대해서 덧붙였다. "단돈 1페니라도 도움이 될 것이다." C: 결과를 분석했을 때, 그 연구자는 발견하기를, 그의 가설과 일치하였는데, "단돈 1페니라도 도움이 될 것"이라는 조건에 있던 사람들은 그 대의를 위해 기부하는 다른 조건에 있던 사람들보다 가능성이 거의 두 배에 달했다.

정답 21 ③

22

다음 글의 제목으로 가장 적절한 것은?

Do people from different cultures view the world differently? A psychologist presented realistic animated scenes of fish and other underwater objects to Japanese and American students and asked them to report what they had seen. Americans and Japanese made about an equal number of references to the focal fish, but the Japanese made more than 60 percent more references to background elements, including the water, rocks, bubbles, and inert plants and animals. In addition, whereas Japanese and American participants made about equal number of references to movement involving active animals, the Japanese participants made almost twice as many references to relationships involving inert, background objects. Perhaps most tellingly, the very first sentence from the Japanese participants was likely to be one referring to the environment, whereas the first sentence from Americans was three times as likely to be one referring to the focal fish.

① Language Barrier Between Japanese and Americans
② Associations of Objects and Backgrounds in the Brain
③ Cultural Differences in Perception
④ Superiority of Detail-oriented People

기출문제 학습 해설

어휘정리

psychologist 심리학자   present 주다, 제시하다, 발표하다   reference 언급   element 요소, 요인
inert 기력이 없는, 비활성의   tellingly 강력하게   refer to 언급하다

장대영어 Flow

1. 첫 문장에서 글 전체의 소재를 제시한다.
2. 첫 문장에 제시된 소재에 대한 실험내용임을 고려하여 읽어야 하고 미국인－일본인 두 집단을 비교하는 실험내용이므로 이에 대한 분류를 하며 읽어야 한다.
3. 실험의 시사점이 첫 문장으로 먼저 제시된 형태의 글이다.

끊어읽기

Do people from different cultures view the world differently?
다른 문화권의 사람들은 세상을 다르게 보는가?

A psychologist presented realistic animated scenes / (of fish and other underwater objects)
한 심리학자는 사실적인 애니메이션 장면을 보여주었다 / (물고기와 다른 수중 물체의)

/ to Japanese and American students / and asked them / to report what they had seen.
일본인과 미국인 학생들에게 / 그리고 그들에게 요구했다 / 그들이 본 것을 보고하도록

Americans and Japanese made about an equal number of references / to the focal fish,
미국인과 일본인 학생들은 거의 같은 수로 언급했다 / 초점 대상인 물고기를

/ but the Japanese made more than 60 percent more references / to background elements,
그러나 일본학생들은 60% 더 많이 언급했다 / 배경요소들에 대해

/ including the water, rocks, bubbles, and inert plants and animals.
물, 바위, 거품 그리고 비활동적인 식물과 동물들을 포함하여

In addition, whereas Japanese and American participants made about equal number of references
또 일본인과 미국인 참가자들이 대략 같은 수를 언급한 반면

/ to movement involving active animals,
활동적인 동물을 포함한 움직임을

// the Japanese participants made almost twice as many references to relationships
일본인 참가자들은 관계에 대해 거의 두 배 가까이 언급했다

/ involving inert, background objects.
비활동적인 배경 물체를 포함하여

Perhaps most tellingly, the very first sentence from the Japanese participants / was likely to be one referring to the environment,
아마, 일본인 참가자들의 첫 번째 문장은 / 환경을 나타내는 문장이었을 수 있다.

whereas the first sentence from Americans / was three times as likely to be one referring / to the focal fish.
반면에 미국인의 첫 번째 문장은 / 문장이었을 가능성이 세 배 높았다 / 초점 대상인 물고기에 대한

전체해석

다른 문화권의 사람들은 세상을 다르게 보는가? 한 심리학자는 일본과 미국 학생들에게 물고기와 다른 수중 물체의 사실적인 애니메이션 장면을 보여주며 그들이 본 것을 보고하도록 요구했다. 미국인들과 일본인들은 이 초점 대상인 물고기를 거의 같은 수로 언급했지만, 일본인들은 물, 바위, 거품, 그리고 비활동적인 식물과 동물들을 포함한 배경 요소들에 대해 60% 이상 언급했다. 또, 일본과 미국의 참가자가 대략 같은 수의 활동적인 동물을 포함한 움직임을 언급했던 반면, 일본 참가자는 비활동적인 배경 물체와 관련된 관계에 대해 거의 두 배 가까이 언급했다. 아마 일본인 참가자의 첫 번째 문장은 환경을 나타내는 문장이었던 반면, 미국인의 첫 번째 문장은 초점 대상인 물고기를 나타내는 문장이었을 가능성이 3배 높았다.

① 일본인과 미국인 사이의 언어 장벽
② 뇌에서 물체와 배경을 관련짓는 것
③ 인지에 있어서의 문화적 차이
④ 꼼꼼한 사람들의 우월성

정답 22 ③

23

다음 글의 요지로 가장 적절한 것은?

In one study, done in the early 1970s when young people tended to dress in either "hippie" or "straight" fashion, experimenters donned hippie or straight attire and asked college students on campus for a dime to make a phone call. When the experimenter was dressed in the same way as the student, the request was granted in more than two-thirds of the instances; when the student and requester were dissimilarly dressed, the dime was provided less than half the time. Another experiment showed how automatic our positive response to similar others can be. Marchers in an antiwar demonstration were found to be more likely to sign the petition of a similarly dressed requester and to do so without bothering to read it first.

① People are more likely to help those who dress like themselves.
② Dressing up formally increases the chance of signing the petition.
③ Making a phone call is an efficient way to socialize with other students.
④ Some college students in the early 1970s were admired for their unique fashion.

기출문제 학습 해설

어휘정리

don (옷 등을) 입다   attire 의복, 복장   dime 10센트짜리 동전   grant 인정하다, 승인하다   dissimilarly 다르게   demonstration 시위   petition 탄원(서)

장대영어 Flow

1. 처음부터 실험의 내용이 제시된다.
2. 두 집단에 대한 실험 내용을 바탕으로 글 전체의 요지를 추론해야 하는 형태의 대의파악 문제이다.

끊어읽기

In one study, done in the early 1970s
1970년대 초에 이루어진 한 연구에서

// when young people tended to dress / in either "hippie" or "straight" fashion,
젊은이들이 입는 경향이 있었을 때 / 히피나 스트레이트 패션으로

// experimenters donned hippie or straight attire / and asked college students on campus / for a dime
실험자들은 히피나 스트레이트 복장을 한 채 / 그리고 대학생들에게 요구했다 / 10센트짜리 동전을

/ to make a phone call.
전화를 걸기 위해

When the experimenter was dressed in the same way / as the student,
실험자가 같은 방식으로 입었을 때 / 학생과 같은 방식으로

// the request was granted in more than two-thirds of the instances;
// 그 요청은 3분의 2 이상 허락되었다

// when the student and requester were dissimilarly dressed,
// 학생과 요청자가 다르게 입었을 때

// the dime was provided / less than half the time. Another experiment showed
// 10센트짜리 동전은 제공되었다 / 절반 미만으로. 또다른 실험은 보여주었다

// how automatic our positive response / to similar others can be.
// 우리의 긍정적인 반응이 얼마나 자동적인지 / 비슷한 타인에 대한

Marchers in an antiwar demonstration / were found to be more likely to sign the petition
반전 시위에 참여한 시위자들은 / 탄원서에 서명할 가능성이 더 큰 것으로 밝혀졌다

/ of a similarly dressed requester / and to do so / without bothering to read it first.
/ 비슷하게 입은 요청자의 / 그리고 서명할 가능성이 더 큰 것으로 밝혀졌다 / 우선 읽어보려하지도 않고 서명할

전체해석

젊은이들이 "히피"나 "스트레이트" 패션으로 입는 경향이 있던 1970년대 초에 행해진 한 연구에서, 실험자들은 히피나 스트레이트 복장을 하고 대학생들에게 전화를 걸기 위한 10센트짜리 동전을 요구했다. 실험자가 학생과 같은 방식으로 입었을 때, 그 요청은 3분의 2 이상 허락되었고, 학생과 요청자가 서로 다르게 입었을 때, 10센트짜리 동전은 절반 미만으로 제공되었다. 또 다른 실험은 비슷한 타인에 대한 우리의 긍정적인 반응이 얼마나 자동적인지를 보여주었다. 반전 시위에 참여한 시위자들은 비슷한 복장을 한 요청자의 탄원서에 서명할 가능성이 더 크고, 그것을 우선 읽어보려 하지도 않고 서명할 가능성이 더 큰 것으로 밝혀졌다.

① 사람들은 그들처럼 입는 사람들을 도울 가능성이 더 크다.
② 정장을 하는 것은 탄원서 서명의 가능성을 높인다.
③ 전화를 거는 것은 다른 학생들과 교제하는 효율적인 방법이다.
④ 1970년대 초반의 몇몇 대학생들은 독특한 패션으로 동경 받았다

정답 23 ①

24

다음 글의 요지로 알맞은 것은?

Many parents have been misguided by the "self-esteem movement," which has told them that the way to build their children's self-esteem is to tell them how good they are at things. Unfortunately, trying to convince your children of their competence will likely fail because life has a way of telling them unequivocally how capable or incapable they really are through success and failure. Research has shown that how you praise your children has a powerful influence on their development. Some researchers found that children who were praised for their intelligence, as compared to their effort, became overly focused on results. Following a failure, these same children persisted less, showed less enjoyment, attributed their failure to a lack of ability, and performed poorly in future achievement efforts. Praising children for intelligence made them fear difficulty because they began to equate failure with stupidity.

① Frequent praises increase self-esteem of children.
② Compliments on intelligence bring about negative effect.
③ A child should overcome fear of failure through success.
④ Parents should focus on the outcome rather than the process.

끊어읽기

Many parents have been misguided / by the "self-esteem movement,"
많은 부모들이 잘못 인도되어왔다 / 자존감 운동에 의해

[which has told them // that the way (to build their children's self-esteem)
그들(부모들)이 말해온 // 그들의 아이들의 자존감을 형성하는 방법이

/ is to tell them // how good they are at things.]
그들(자녀들)에게 말하는 것이라고 // 아이들이 일을 얼마나 잘하는지

Unfortunately, trying to convince your children of their competence
안타깝게도, 아이들에게 그들의 능력을 납득시키려는 것은

/ will likely fail // because life has a way (of telling them unequivocally
실패할 가능성이 크다 // 왜냐하면 인생은 방법이기 때문에 (그들에게 명백하게 알려주는

// how capable or incapable they really are / through success and failure.)
// 그들이 실제로 얼마나 유능하거나 무능한지를 / 성공과 실패를 통해

Research has shown // that how you praise your children / has a powerful influence on their development.
연구는 보여줬다 // 당신이 아이들을 칭찬하는 방식이 / 아이들의 발달에 강력한 영향력을 미친다는 것을

Some researchers found // that children [who were praised for their intelligence, (as compared to their effort,)]
몇몇 연구는 발견했다 // 아이들 [그들의 지능으로 칭찬받은 (그들의 노력으로 칭찬받은 아이들에 비해)]

/ became overly focused on results.
/ 결과에 지나치게 집중하게 된다는 것을

Following a failure, these same children persisted less, / showed less enjoyment,
실패 이후, 이 같은 아이들은 덜 끈기있고, / 덜 즐거워하고

/ attributed their failure to a lack of ability, / and performed poorly in future achievement efforts.
/ 실패를 능력이 부족한 탓으로 돌리고 / 향후 성취를 위한 노력에서 저조한 성과를 보였다.

Praising children for intelligence / made them fear difficulty // because they began to equate failure with stupidity.
아이들을 지능으로 칭찬하는 것은 / 그들이 어려움을 두려워하게 만들었다 // 왜냐하면 그들이 실패를 멍청함과 동일시하기 시작하기 때문에.

전체해석

많은 부모가 자녀의 자존감을 형성하는 방법이 자녀에게 그들이 얼마나 일을 잘하는지 알려주는 것이라고 말해온 '자존감 운동'에 잘못 인도되어 왔다. 안타깝게도, 인생은 아이들에게 성공과 실패를 통해 그들이 실제로 얼마나 유능하거나 무능한지를 명백히 알려주는 법이기에, 아이들에게 그들의 능력을 납득시키려는 것은 실패할 가능성이 크다. 연구는 자녀를 칭찬하는 방식이 자녀의 발달에 강력한 영향을 미친다는 것을 보여준다. 일부 연구자들은 노력보다는 지능으로 칭찬받은 아이들이 결과에 지나치게 집중하게 된다는 것을 발견했다. 이 같은 아이들은 실패 이후 덜 끈기 있고, 덜 즐거워하고, 실패를 능력이 부족한 탓으로 돌리고, 향후 성취를 위한 노력에서 저조한 성과를 보였다. 아이들을 지능으로 칭찬하는 것은 그들이 실패를 멍청함과 동일시하기 시작하기에 그들로 하여금 어려움을 두려워하게 만들었다.

① 잦은 칭찬이 아이들의 자존감을 키운다.
② 지능에 대한 칭찬은 부정적인 효과를 일으킨다.
③ 아이는 성공을 통해 실패에 대한 두려움을 극복해야 한다.
④ 부모들은 과정보다 결과에 집중해야 한다.

정답 24 ②

25

다음 글의 제목으로 가장 적절한 것은?

Warming temperatures and loss of oxygen in the sea will shrink hundreds of fish species — from tunas and groupers to salmon, thresher sharks, haddock and cod — even more than previously thought, a new study concludes. Because warmer seas speed up their metabolisms, fish, squid and other waterbreathing creatures will need to draw more oxygen from the ocean. At the same time, warming seas are already reducing the availability of oxygen in many parts of the sea. A pair of University of British Columbia scientists argue that since the bodies of fish grow faster than their gills, these animals eventually will reach a point where they can't get enough oxygen to sustain normal growth. "What we found was that the body size of fish decreases by 20 to 30 percent for every 1 degree Celsius increase in water temperature," says author William Cheung.

① Fish Now Grow Faster than Ever
② Oxygen's Impact on Ocean Temperatures
③ Climate Change May Shrink the World's Fish
④ How Sea Creatures Survive with Low Metabolism

기출문제 학습 해설

어휘정리

shrink 줄어들다   tuna 참치   salmon 연어   cod 대구   metabolism 신진대사   squid 오징어   creature 생물
at the same time 동시에   availability 이용 가능성   gill 아가미   sustain 유지하다

장대영어 Flow

1. 첫 문장에서 연구 결과가 제시되었다.
2. 대의파악 유형의 첫 문장에서 연구가 인용되었다는 것은 글 전체의 주제가 제시된 것과 같기에 첫 문장을 읽고 바로 선택지를 살펴본 다음 나머지 부분을 읽어야 한다.

끊어읽기

Warming temperatures and loss of oxygen in the sea / will shrink hundreds of fish species
해수면의 온난화와 산소손실은 / 수백 종의 어종을 더 위축시킬 것이다

(— from tunas and groupers to salmon, thresher sharks, haddock and cod —) even more than previously thought,
(참치, 농어에서 연어, 진환도상어, 해덕대구 그리고 대구에 이르는) 그 이전에 생각했던 것보다 훨씬 더 많은

/ a new study concludes.
/ 라고 새로운 연구가 결론을 내렸다

Because warmer seas speed up / their metabolisms, // fish, squid and other waterbreathing creatures
따듯한 바다가 그들의 신진대사를 가속화시키기 때문에 // 물고기, 오징어 그리고 다른 물 호흡 생물들은

/ will need to draw more oxygen from the ocean.
/ 바다에서 더 많은 산소를 끌어내야 할 것이다.

At the same time, warming seas are already reducing the availability of oxygen / in many parts of the sea.
동시에, 따뜻해지는 바다는 이미 산소의 이용 가능성을 줄이고 있다 / 많은 부분에서

A pair of University of British Columbia scientists argue // that since the bodies of fish grow faster than their gills,
브리티시 컬럼비아 대학의 과학자들은 주장한다 // 물고기의 몸이 아가미보다 더 빨리 자라기 때문에

// these animals eventually will reach a point [where they can't get enough oxygen to sustain normal growth.]
// 이 동물은 결국 어떤 지경에 이를 것이라고 [정상적인 성장을 지속하기에 충분한 산소를 얻을 수 없는]

"What we found / was that the body size of fish decreases by 20 to 30 percent
"우리가 발견한 것은 / 물고기의 몸집이 20에서 30%씩 줄어든다는 것이다

/ for every 1 degree Celsius increase in water temperature," // says author William Cheung.
/ 수온이 섭씨 1도 증가할 때마다 // 라고 저자 William Cheung은 말한다.

전체해석

해수면의 온난화와 산소 손실은 참치와 농어에서 연어, 진환도상어, 해덕대구 그리고 대구에 이르는 이전에 생각했던 것보다 훨씬 더 많은 수백 종의 어종을 더 위축시킬 것이라고 새로운 연구가 결론을 내렸다. 따뜻한 바다가 그들의 신진대사를 가속화하기 때문에, 물고기, 오징어 그리고 다른 물 호흡 생물들은 바다에서 더 많은 산소를 끌어내야 할 것이다. 동시에, 따뜻해지는 바다는 이미 바다의 많은 부분에서 산소의 이용 가능성을 줄이고 있다. 두 명의 브리티시컬럼비아 대학 과학자들은 물고기의 몸이 아가미보다 더 빨리 자라기 때문에, 이 동물들은 결국 정상적인 성장을 지속하기에 충분한 산소를 얻을 수 없는 지경에 이르게 될 것이라고 주장한다. "우리가 발견한 것은 수온이 섭씨 1도 증가할 때마다 물고기의 몸집이 20에서 30퍼센트씩 줄어든다는 것이다." 라고 저자 William Cheung은 말한다.

① 지금 물고기는 이전보다 더 빨리 성장하고 있다
② 해양 온도에 미치는 산소의 영향
③ 기후 변화가 세계 어종의 크기를 줄어들게 할 수 있다
④ 해양 생물은 낮은 신진대사로 어떻게 생존하는가

정답 25 ③

26

다음 글의 제목으로 가장 적절한 것은?

Well-known author Daniel Goleman has dedicated his life to the science of human relationships. In his book Social Intelligence he discusses results from neuro-sociology to explain how sociable our brains are. According to Goleman, we are drawn to other people's brains whenever we engage with another person. The human need for meaningful connectivity with others, in order to deepen our relationships, is what we all crave, and yet there are countless articles and studies suggesting that we are lonelier than we ever have been and loneliness is now a world health epidemic. Specifically, in Australia, according to a national Lifeline survey, more than 80% of those surveyed believe our society is becoming a lonelier place. Yet, our brains crave human interaction.

① Lonely People
② Sociable Brains
③ Need for Mental Health Survey
④ Dangers of Human Connectivity

기출문제 학습 해설

어휘정리

author 작가　dedicate A to B A를 B에 전념시키다, 몰두시키다　sociable 사교성이 있는　connectivity 연결성
crave 열망하다　loneliness 외로움　epidemic 유행(병)

장대영어 Flow

1. 설명문의 형태로 저서의 내용에 대한 설명이 진행되고 있다.
2. 설명이 끝난 이후 마지막 문장에서 글 전체 주제가 제시된다.

끊어읽기

Well-known author Daniel Goleman has dedicated his life / to the science of human relationships.
저명한 작가 Daniel Goleman은 평생을 바쳐왔다 / 인간관계의 과학에

In his book Social Intelligence / he discusses results / from neuro-sociology / to explain how sociable our brains are.
그의 저서 '사회지능'에서 / 그는 결과들을 논한다 / 신경사회학에서 나온 / 우리의 뇌가 얼마나 사교적인지 설명하는

According to Goleman, / we are drawn to other people's brains // whenever we engage with another person.
Goleman에 따르면 / 우리는 다른 사람의 뇌에 이끌린다 // 우리가 다른 사람과 교류할 때마다

The human need (for meaningful connectivity with others,) / in order to deepen our relationships,
인간의 욕구 (타인과의 유의미한 연결성에 대한)는 / 우리의 관계들을 깊게 하기 위한 /

/ is what we all crave, // and yet there are countless articles and studies
/ 우리 모두가 갈망하는 것이다 // 그러나 수많은 기사와 연구들이 있다.

/ (suggesting that we are lonelier // than we ever have been / and loneliness is now a world health epidemic.)
/ 우리가 더 외롭다고 시사하는 // 어느 때보다 더 / 그리고 외로움은 지금 전세계 건강을 위협하는 유행이 된다고)

Specifically, in Australia, according to a national Lifeline survey, / more than 80% of those surveyed
특히, 호주의 경우, 전국적인 라이프라인 설문조사에 따르면 / 조사 대상자의 80% 이상이

/ believe // our society is becoming a lonelier place. Yet, our brains crave human interaction.
/ 믿는다 // 우리 사회가 더 외로운 곳이 되어가고 있다고. 하지만 우리의 뇌는 인간 간 상호작용을 갈망한다.

전체해석

저명한 작가 Daniel Goleman은 인간관계의 과학에 평생을 바쳐 왔다. 그의 저서 『사회지능』에서 그는 신경 사회학에서 나온 결과를 통해 인간의 뇌가 얼마나 사교적인지를 논한다. Goleman에 따르면, 우리는 다른 사람과 교류할 때마다 다른 사람의 뇌에 이끌린다. 우리의 관계들을 깊게 하기 위한 타인과의 의미 있는 연결성에 대한 인간의 욕구는 우리 모두가 갈망하는 것이지만, 우리는 그 어느 때보다 외로우며 외로움은 이제 전 세계적으로 건강을 위협하는 유행이 되었다고 시사하는 수많은 기사와 연구가 있다. 특히 호주에서, 전국적인 라이프라인 설문 조사에 따르면 조사 대상자의 80% 이상이 우리 사회가 더 외로운 곳이 되어가고 있다고 믿는다. 하지만 우리의 뇌는 인간 간 상호작용을 갈망한다.

① 외로운 사람들
② 사교적인 두뇌
③ 정신 건강 조사의 필요성
④ 인간의 연결됨의 위험

27

밑줄 친 부분에 들어갈 말로 가장 적절한 것을 고르시오.

> We live in the age of anxiety. Because being anxious can be an uncomfortable and scary experience, we resort to conscious or unconscious strategies that help reduce anxiety in the moment — watching a movie or TV show, eating, video-game playing, and overworking. In addition, smartphones also provide a distraction any time of the day or night. Psychological research has shown that distractions serve as a common anxiety avoidance strategy. _____, however, these avoidance strategies make anxiety worse in the long run. Being anxious is like getting into quicksand — the more you fight it, the deeper you sink. Indeed, research strongly supports a well-known phrase that "What you resist, persists."

① Paradoxically
② Fortunately
③ Neutrally
④ Creatively

기출문제 학습 해설

어휘정리

anxiety 불안, 걱정   anxious 걱정하는, 열망하는   scary 무서운   resort to ~에 의존하다
distraction 집중을 방해하는 것, 오락거리   serve as ~역할을 하다   avoidance 회피   strategy 전략
in the long run 결국에, 마침내   quicksand 유사(流沙), 헤어나기 힘든 상황

장대영어 Flow

1. 빈칸 포함 문장이 '역접'을 포함하고 있으므로 중요한 문장임을 알 수 있다(STS 2).
2. 빈칸 이후 문장에 'The + 비교급, the + 비교급'(STS 11)과 연구의 인용이 같이 제시되어 있다.

끊어읽기

We live in the age of anxiety.
우리는 불안의 시대에 살고 있다.

Because being anxious can be an uncomfortable and scary experience,
불안해하는 것은 불편하고 무서운 경험이 될 수 있기 때문에

// we resort to conscious or unconscious strategies
// 우리는 의식적 또는 무의식적 전략들에 의지한다.

[that help reduce anxiety in the moment / — watching a movie or TV show, eating, video-game playing, and overworking.]
[순간의 불안을 줄이는 데 도움이 되는 / — 영화나 TV 쇼 시청하기, 먹기, 비디오 게임 하기, 과로하기와 같이]

In addition, smartphones also provide a distraction any time of the day or night.
또한, 스마트폰은 낮이든 밤이든 언제든지 주의를 산만하게 만들기도 한다.

Psychological research has shown // that distractions serve as a common anxiety avoidance strategy.
심리학 연구는 보여주었다 // 주의를 산만하게 하는 것들이 일반적인 불안 회피 전략으로 작용한다는 것을

Paradoxically, however, these avoidance strategies / make anxiety worse / in the long run.
그러나 역설적으로 이러한 회피 전략은 / 불안을 악화시킨다 / 장기적으로

Being anxious is like getting into quicksand — the more you fight it, the deeper you sink.
불안해하는 것은 유사(流砂)에 빠지는 것과 같다 — 당신은 그것에 맞서 싸울수록 더 깊이 가라앉는다.

Indeed, research strongly supports a well-known phrase [that "What you resist, persists."]
실제로, 연구는 잘 알려진 문구를 강력하게 뒷받침한다 [당신이 저항하는 것은 지속된다]라는

전체해석

우리는 불안의 시대에 살고 있다. 불안해하는 것은 불편하고 무서운 경험이 될 수 있기에, 우리는 영화나 TV 쇼 시청하기, 먹기, 비디오 게임하기, 과로하기와 같이 순간의 불안을 줄이는 데 도움이 되는 의식적 또는 무의식적 전략들에 의지한다. 또한, 스마트폰은 낮이든 밤이든 언제든지 주의를 산만하게 만들기도 한다. 심리학 연구는 주의를 산만하게 하는 것들이 일반적인 불안 회피 전략으로 작용한다는 것을 보여주었다. 그러나 <u>역설적으로</u>, 이러한 회피 전략은 장기적으로 불안을 악화시킨다. 불안해하는 것은 유사(流砂)에 빠지는 것과 같아서, 당신은 그것에 맞서 싸울수록 더 깊이 가라앉는다. 실제로, 연구는 "당신이 저항하는 것은 지속된다"라는 잘 알려진 문구를 강력하게 뒷받침한다.

① 역설적이게도
② 다행이게도
③ 중립적으로
④ 창의적이게

28

다음 글에서 전체 흐름과 관계없는 문장은?

Can an old cell phone help save the rainforests? As a matter of fact, it can. Illegal logging in the rainforests has been a problem for years, but not much has been done about it because catching illegal loggers is difficult. ① To help solve this problem, an American engineer, Topher White, invented a device called RFCx with discarded cell phones. ② When the device, which is attached to a tree, picks up the sound of chainsaws, it sends an alert message to the rangers' cell phones. ③ This provides the rangers with the information they need to locate the loggers and stop the illegal logging. ④ Destruction of the rainforest is caused by logging, farming, mining, and other human activities and among these, logging is the main reason for the nature's loss. The device has been tested in Indonesia and has proven to work well. As a result, it is now being used in the rainforests in Africa and South America.

기출문제 학습 해설

어휘정리

rainforest 열대 우림   as a matter of fact 사실상, 실제로   illegal 불법적인   logging 벌목   device 장비, 장치
discard 버리다   chainsaw 사슬톱   alert 경계하는   ranger 삼림 관리원   destruction 파괴   mining 채광, 광산(업)

장대영어 Flow

1. 첫 문장 의문문을 읽고 그에 대한 답이 바로 제시되어 글의 주제를 바로 파악할 수 있다.
2. 오래된 휴대전화가 '어떻게' 도움을 주는지를 중심으로 읽는 것이 관건이다.
3. 첫 문장 의문문에 대한 대답이 되는지 아닌지 여부만 따지더라도 관계없는 문장을 고를 수 있다.

끊어읽기

Can an old cell phone help save the rainforests?
오래된 휴대전화가 열대 우림을 보존하도록 도울 수 있을까?

As a matter of fact, it can. Illegal logging (in the rainforests) / has been a problem for years,
사실상, 그것은 가능하다. 불법적인 벌목은 (열대 우림에서) / 몇 년 간 문제가 되어 왔다.

// but not much has been done about it // because catching illegal loggers is difficult.
// 하지만 그것에 대해서 많은 것이 행해지지 않았다. // 불법 벌목자들을 잡는 것이 어렵기 때문에

To help solve this problem, / an American engineer, Topher White, / invented a device (called RFCx)
이러한 문제를 해결하는 것을 돕기 위해, / 미국 기술자인 Topher White가 / RFCx라 불리는 기계를 발명했다.
/ with discarded cell phones.
/ 버려진 휴대전화들을 가지고

When the device, [which is attached to a tree,] picks up the sound of chainsaws, //
그 장치 [나무에 붙은] 전기톱의 소리를 포착할 때 //
it sends an alert message / to the rangers' cell phones.
그것은 경계 메시지를 보낸다. / 관리원들의 휴대전화로

This provides the rangers with the information [they need] to locate the loggers / and stop the illegal logging.
이는 관리원들에게 정보를 제공한다 [그들이 필요로 하는] 벌목자들의 위치를 파악하고 / 불법적인 벌목을 멈추기 위해서

Destruction of the rainforest / is caused / by logging, farming, mining, and other human activities
열대우림의 파괴는 / 발생된다 / 벌목, 농사, 채광 그리고 다른 인간의 활동에 의해서

// and among these, logging is the main reason / for the nature's loss.
// 그리고 이러한 것들 중에서 벌목은 주된 이유이다 / 자연의 손실에 대한

The device has been tested in Indonesia / and has proven to work well.
그 장치는 인도네시아에서 테스트되었다 / 그리고 잘 작동하는 것으로 드러났다

As a result, / it is now being used / in the rainforests in Africa and South America.
그 결과 / 그것은 지금 사용되고 있다 / 아프리카와 남아메리카의 열대 우림에서.

전체해석

오래된 휴대전화가 열대 우림을 보존하도록 도울 수 있을까? 사실상, 그것은 가능하다. 열대 우림에서 불법적인 벌목은 몇 년 간 문제가 되어 왔지만 불법 벌목자들을 잡는 것이 어렵기 때문에 그것에 대해서 많은 것이 행해지지 않았다. 이러한 문제를 해결하는 것을 돕기 위해, 미국 기술자인 Topher White가 버려진 휴대전화들을 가지고 RFCx라 불리는 기계를 발명했다. 나무에 붙은 그 장치가 전기톱의 소리를 포착하면 그것은 경계 메시지를 관리원들의 휴대전화로 보낸다. 이는 관리원들에게 그들이 벌목자들의 위치를 파악하고 불법적인 벌목을 멈추기 위해서 필요로 하는 정보를 제공한다. 열대 우림의 파괴는 벌목, 농사, 채광 그리고 다른 인간의 활동에 의해서 유발되며 이러한 것들 중에서 벌목은 자연의 손실에 대한 주된 이유이다. 그 장치는 인도네시아에서 테스트되었고, 잘 작동하는 것으로 드러났다. 그 결과, 그것은 지금 아프리카와 남아메리카의 열대 우림에서 사용되고 있다.

정답 29 ④

29

다음 글의 주제로 가장 적절한 것은?

Do you want to be a successful anchor? If so, keep this in mind. As an anchor, the individual will be called upon to communicate news and information to viewer during newscasts, special reports and other types of news programs. This will include interpreting news events, adlibbing, and communicating breaking news effectively when scripts are not available. Anchoring duties also involve gathering and writing stories. The anchor must be able to deliver scripts clearly and effectively. Strong writing skills, solid news judgement and a strong sense of visual storytelling are essential skills. This individual must be a self-starter who cultivates sources and finds new information as a regular part of job. Live reporting skills are important, as well as the ability to adlib and describe breaking news as it takes place.

① difficulties of producing live news
② qualifications to become a news anchor
③ the importance of the social role of journalists
④ the importance of forming the right public opinion

기출문제 학습 해설

어휘정리

anchor 뉴스 앵커   keep A in mind A를 명심하다   interpret 해석하다   script 원고   gather 모으다   deliver 전달하다
cultivate 기르다   take place 일어나다, 발생하다

장대영어 Flow

첫 문장 의문문으로 글의 소재를 제시, 이에 대한 답으로 명령문(STS 6)을 활용한다.

끊어읽기

Do you want to be a successful anchor?
당신은 성공적인 앵커가 되고 싶습니까?

If so, // keep this in mind. As an anchor, / the individual will be called upon to communicate news and information
그렇다면 // 이 점을 명심하라. 앵커로서 / 개인은 뉴스와 정보를 전달하도록 요청받을 것이다

/ to viewer / during newscasts, special reports and other types of news programs.
/ 시청자에게 / 뉴스 방송, 특별 보도 및 기타 유형의 뉴스 프로그램 동안

This will include / interpreting news events, / adlibbing, / and communicating breaking news effectively
여기에는 포함될 것이다 / 뉴스 이벤트 해석을 해석하는 것 / 애드리브 / 속보를 효과적으로 전달하는 것

// when scripts are not available. Anchoring duties also involve gathering and writing stories.
// 스크립트를 사용할 수 없을 때. 앵커업무는 또한 이야기를 모으고 쓰는 것을 포함한다.

The anchor must be able to deliver scripts clearly and effectively.
앵커는 스크립트를 명확하고 효과적으로 전달할 수 있어야 한다.

Strong writing skills, solid news judgement and a strong sense of visual storytelling / are essential skills.
강한 글쓰기 능력, 탄탄한 뉴스 판단력, 그리고 시각적 스토리텔링의 강한 감각은 / 필수적인 기술이다.

This individual must be a self-starter [who cultivates sources and finds new information / as a regular part of job.]
이 사람은 스스로 시작하는 사람이어야 한다. [정보원을 양성하고 새로운 정보를 찾는 / 직업의 정기적인 부분으로]

Live reporting skills are important, / as well as the ability to adlib and describe breaking news // as it takes place.
생방송 보도기술이 중요하다. / 속보를 애드리브하고 설명하는 능력뿐만 아니라 // 그것이 발생했을 때.

전체해석

당신은 성공적인 앵커가 되고 싶습니까? 그렇다면 이 점을 명심하라. 앵커로서, 개인은 뉴스 방송, 특별 보도 및 기타 유형의 뉴스 프로그램 동안 시청자에게 뉴스와 정보를 전달하도록 요청받을 것이다. 여기에는 뉴스 이벤트 해석, 애드리브 및 스크립트를 사용할 수 없을 때 속보를 효과적으로 전달하는 것이 포함된다. 앵커 업무는 또한 이야기를 모으고 쓰는 것을 포함한다. 앵커는 스크립트를 명확하고 효과적으로 전달할 수 있어야 한다. 강한 글쓰기 능력, 탄탄한 뉴스 판단력, 그리고 시각적 스토리텔링의 강한 감각은 필수적인 기술이다. 이 사람은 정보원을 양성하고 새로운 정보를 직업의 정기적인 부분으로 찾는 스스로 시작하는 사람이어야 한다. 그것이 발생했을 때 속보를 애드립하고 설명할 수 있는 능력뿐만 아니라 생방송 보도 기술이 중요하다.

① 생방송 뉴스 제작의 어려움
② 뉴스 앵커가 되기 위한 자격
③ 언론인의 사회적 역할의 중요성
④ 올바른 여론 형성의 중요

정답 29 ②

30

다음 빈칸에 들어갈 말로 가장 적절한 것은?

> Much is now known about natural hazards and the negative impacts they have on people and their property. It would seem obvious that any logical person would avoid such potential impacts or at least modify their behavior or their property to minimize such impacts. However, humans are not always rational. Until someone has a personal experience or knows someone who has such an experience, most people subconsciously believe "It won't happen here" or "It won't happen to me." Even knowledgeable scientists who are aware of the hazards, the odds of their occurrence, and the costs of an event _____.

① refuse to remain silent
② do not always act appropriately
③ put the genetic factor at the top end
④ have difficulty in defining natural hazards

기출문제 학습 해설

어휘정리

hazard 위험   impact 영향, 충격   property 재산, 속성   modify 변경(수정)하다   minimize 최소화하다   rational 합리적인   subconsciously 잠재 의식적으로   knowledgeable 아는 것이 많은   odds 가능성   appropriately 적절하게

장대영어 Flow

1. 첫 번째, 두 번째 문장까지 읽고 글의 초반부가 통념임을 판단할 수 있다.
2. 빈칸을 포함하는 문장은 중요 문장이므로 이후 부분을 읽지 않고 통념비판에 해당하는 선택지를 고르는 방식으로 풀 수도 있다.
3. 그렇지 않다면 However를 포함하는 문장을 근거로 빈칸에 들어갈 말을 고를 수 있다.

끊어읽기

Much is now known / about natural hazards and the negative impacts [they have on people and their property.]
현재 잘 알려져 있다 / 자연재해와 부정적 영향에 대해 [그것이 인간과 재산에 미치는]

It would seem obvious // that any logical person would avoid such potential impacts
당연하다고 볼 수 있다 // 논리적인 사람이라면 그런 잠재적 충격을 피하거나,

/ or at least modify their behavior or their property to minimize such impacts.
적어도 그들의 행동이나 성격을 수정하는 것이

However, humans are not always rational.
그러나 인간이 항상 이성적인 것은 아니다.

Until someone has a personal experience
누군가 개인적인 경험을 겪거나

/ or knows someone [who has such an experience],
그런 경험을 겪은 사람을 알기 전까지

/ most people subconsciously believe // "It won't happen here" or "It won't happen to me."
대부분의 사람들은 무의식적으로 믿는다 // "여기엔 일어나지 않아" 혹은 "나에겐 일어나지 않아".라고

Even knowledgeable scientists [who are aware of the hazards, the odds of their occurrence, and the costs of an event]
심지어 똑똑한 과학자들 조차 [위험성, 발생 가능성, 사고의 피해액을 잘 아는]

/ do not always act appropriately.
항상 합리적으로 처신하는 것은 아니다.

전체해석

현재 자연재해와 그것이 인간과 재산에 미치는 부정적 영향에 대해 잘 알려져 있다. 논리적인 사람이라면 그런 잠재적 충격을 피하거나 적어도 그들의 행동이나 성격을 수정하는 것이 당연하다고 볼 수 있다. 그러나 인간이 항상 이성적인 것은 아니다. 누군가 개인적인 경험을 겪거나 그런 경험을 겪은 사람을 알기 전까지 대부분의 사람들은 무의식적으로 "여기엔 일어나지 않아." 혹은 '나에겐 일어나지 않아'라고 믿는다. 심지어 위험성, 발생 가능성, 사고의 피해액을 잘 아는 똑똑한 과학자들 조차 <u>항상 합리적으로 처신하는 것은 아니다</u>.

① 침묵하기를 거부하다
② 합리적으로 행동하다
③ 유전적 요인을 우선시한다
④ 자연재해를 정의하는 데 어려움을 겪는다

정답 30 ②

31

다음 글의 내용을 한 문장으로 요약하고자 한다. 빈칸 (A), (B)에 들어갈 말로 가장 적절한 것은?

The myth of the taste map, which claims that different sections of the tongue are responsible for specific tastes, is incorrect, according to modern science. The taste map originated from the experiments of German scientist David Hanig in the early 1900s, which found that the tongue is most sensitive to tastes along the edges and not so much at the center. However, this has been misinterpreted over the years to claim that sweet is at the front of the tongue, bitter is at the back, and salty and sour are at the sides. In reality, different tastes are sensed by *taste buds all over the tongue. Taste buds work together to make us crave or dislike certain foods, based on our long-term learning and association. For example, our ancestors needed fruit for nutrients and easy calories, so we are naturally drawn to sweet tastes, while bitterness in some plants serves as a warning of toxicity. Of course, different species in the animal kingdom also have unique taste abilities: carnivores do not eat fruit and therefore do not crave sugar like humans do.

* taste bud 미뢰

↓

The claim that different parts of the tongue are responsible for specific tastes has been proven to be __(A)__ by modern science, and the taste preferences are influenced by the __(B)__ history.

     (A)   (B)
① correct … evolutionary
② false … evolutionary
③ false … psychological
④ correct … psychological

기출문제 학습 해설

어휘정리

myth 신화, 잘못된 생각   tongue 혀   specific 구체적인   originate from ~로부터 나오다, 유래하다
sensitive to ~에 민감한   edge 가장자리   misinterpret 잘못 해석하다   bitter 쓴   association 연계, 연관   ancestor 조상
nutrient 영양분   warning 경고   toxicity 유독성   carnivore 육식 동물

장대영어 Flow

1. 요약문을 먼저 확인해야 한다.
2. 첫 문장에서부터 통념에 대한 비판이 제시되었으므로 주제문이라고 볼 수 있으며, 따라서 (A)를 바로 찾을 수 있다.
3. 보충 설명문들의 내용도 통념-비판형으로 제시되어 첫 문장과 요약문을 기준으로 이것이 통념인지 이에 대한 비판인지 구별하며 읽어야 한다.

끊어읽기

The myth of the taste map, [which claims that different sections of the tongue / are responsible for specific tastes,]
맛 지도의 신화는 [혀의 다른 부분이 주장하는 / 특정한 맛에 책임이 있다고]

/ is incorrect, / according to modern science.
/ 부정확하다 / 현대 과학에 따르면

The taste map / originated from the experiments of German scientist David Hanig / in the early 1900s,
맛 지도는 / 독일 과학자 데이비드 하니그의 실험에서 유래되었다. / 1900년대 초에

// [which found that the tongue is most sensitive to tastes / along the edges / and not so much at the center.]
// [혀가 맛에 가장 민감하다는 것을 발견한 / 가장자리를 따라 / 중심이 아니라

However, this has been misinterpreted / over the years / to claim that sweet is at the front of the tongue,
그러나, 이것은 잘못 해석되었다 / 수년 간 / 단맛이 혀의 앞쪽에 있고,

// bitter is at the back, // and salty and sour are at the sides.
// 쓴 맛은 뒤쪽에 있고 // 그리고 짠맛과 신맛이 옆에 있다고

In reality, / different tastes are sensed / by taste buds all over the tongue.
실제로 / 다른 맛들이 감지된다 / 혀 전체에 있는 미뢰에 의해서

Taste buds work together / to make us crave or dislike certain foods, / based on our long-term learning and association.
미뢰는 함께 일한다 / 우리가 특정한 음식을 갈망하거나 싫어하도록 만들기 위해 / 우리의 장기적인 학습과 연관성에 근거하여

For example, our ancestors needed fruit for nutrients and easy calories,
예를 들어 우리의 조상들은 영양소와 쉬운 칼로리를 위해 과일이 필요했다.

// so we are naturally drawn to sweet tastes, // while bitterness in some plants / serves as a warning of toxicity.
// 그래서 우리는 자연스럽게 달콤한 맛에 끌린다 // 반면에 몇몇 식물들의 쓴맛은 / 독성의 경고로 작용한다.

Of course, different species in the animal kingdom / also have unique taste abilities
물론, 동물계의 다른 종들도 / 독특한 맛 능력을 가지고 있다.

: carnivores do not eat fruit // and therefore do not crave sugar // like humans do.
: 육식동물들은 과일을 먹지 않는다 // 그래서 설탕을 갈망하지 않는다 // 사람들처럼

→ The claim // that different parts of the tongue are responsible for specific tastes
주장은 // 혀의 다른 부분들이 특정한 맛에 책임이 있다는

/ has been proven to be false by modern science, // and the taste preferences are influenced by the evolutionary history.
/ 현대과학에 의해 거짓으로 증명되었다 // 그리고 맛 선호는 진화 역사에 의해 영향을 받는다.

전체해석

현대 과학에 따르면 혀의 다른 부분이 특정한 맛에 책임이 있다고 주장하는 맛 지도의 신화는 부정확하다. 맛 지도는 혀가 중심이 아니라 가장자리를 따라 있는 맛에 가장 민감하다는 것을 발견한 1900년대 초 독일 과학자 데이비드 하니그의 실험에서 유래되었다. 하지만, 이것은 단맛이 혀의 앞쪽에 있고, 쓴맛이 뒤쪽에 있으며, 짠맛과 신맛이 옆에 있다고 주장하는 것으로 수년간 잘못 해석되어 왔다. 실제로, 혀 전체에 있는 미뢰에 의해서 다른 맛들이 감지된다. 미뢰는 우리의 장기적인 학습과 연관성에 근거하여, 우리가 특정한 음식을 갈망하거나 싫어하도록 만들기 위해 함께 일한다. 예를 들어, 우리의 조상들은 영양소와 쉬운 칼로리를 위해 과일이 필요했기 때문에, 우리는 자연스럽게 달콤한 맛에 끌리는 반면, 몇몇 식물들의 쓴맛은 독성의 경고로 작용한다. 물론, 동물계의 다른 종들도 독특한 맛 능력을 가지고 있다: 육식동물들은 과일을 먹지 않기 때문에 사람들처럼 설탕을 갈망하지 않는다.

→ 혀의 다른 부분들이 특정한 맛에 책임이 있다는 주장은 현대 과학에 의해 <u>거짓</u>으로 증명되었고, 맛 선호는 <u>진화</u> 역사에 의해 영향을 받는다.

① 옳은 … 진화적인
② 거짓인 … 진화적인
③ 거짓인 … 심리적인
④ 옳은 … 심리적인

정답 32 ②

MEMO

32 ──────────────────── 2020 국가직 9급

주어진 글 다음에 이어질 글의 순서로 가장 적절한 것은?

Past research has shown that experiencing frequent psychological stress can be a significant risk factor for cardiovascular disease, a condition that affects almost half of those aged 20 years and older in the United States.

(A) Does this mean, though, that people who drive on a daily basis are set to develop heart problems, or is there a simple way of easing the stress of driving?

(B) According to a new study, there is. The researchers noted that listening to music while driving helps relieve the stress that affects heart health.

(C) One source of frequent stress is driving, either due to the stressors associated with heavy traffic or the anxiety that often accompanies inexperienced drivers.

① (A) − (C) − (B)
② (B) − (A) − (C)
③ (C) − (A) − (B)
④ (C) − (B) − (A)

기출문제 학습 해설

어휘정리
cardiovascular 심혈관의   ease 완화시키다   according to ~에 따르면   due to ~ 때문에   stressor 스트레스 요인
accompany 동반하다

장대영어 Flow
1. 연구 결과가 곧 문제점 제시로 나타나고 있다.
2. (C)에서 문제점을 제시한다.
3. 해결책을 제시하기 전 이를 유도하는 의문문을 활용(MDTS 3)하고 이에 대한 대답으로 해결책을 제시한다.

끊어읽기
Past research has shown // that experiencing frequent psychological stress / can be a significant risk factor
이전의 연구는 보여왔다 // 빈번한 심리적 스트레스를 경험하는 것이 / 주요 위험 요소가 될 수 있다고

/ for cardiovascular disease, a condition [that affects almost half of those aged 20 years and older in the United States.]
심혈관 질환에 대해서, 그 질환은 [미국에서 20세 이상인 사람들의 거의 절반에게 발생하는]

(C) One source of frequent stress is driving, / either due to the stressors (associated with heavy traffic)
빈번한 스트레스의 한 가지 근원은 운전이다 / 스트레스 요인이든 (교통체증과 관련된)

/ or the anxiety [that often accompanies inexperienced drivers.]
불안으로 인한 것이든 [경험이 부족한 운전자에게 종종 동반하는]

(A) Does this mean, though, // that people [who drive on a daily basis] are set to develop heart problems,
그러나 이것이 의미하는가 // 사람들 [매일 운전하는]이 심장 질환이 발생할 예정이라는 것을

/ or is there a simple way of easing the stress of driving?
혹은 운전 관련 스트레스를 완화시키는 간단한 방법이 있는가?

(B) According to a new study, there is. The researchers noted // that listening to music while driving /
새로운 연구에 따르면 있다. 연구원들이 언급했는데 // 운전 중 음악을 듣는 것이 /

/ helps relieve the stress [that affects heart health.]
스트레스를 완화하는 데 도움이 된다고 [심장 건강에 영향을 미치는]

전체해석
이전의 연구는 빈번한 심리적 스트레스를 경험하는 것이 미국에서 20세 이상인 사람들의 거의 절반에게 발생하는 질환인 심혈관 질환의 주요 위험 요소가 될 수 있음을 보여 왔다.
(C) 빈번한 스트레스의 한 가지 근원은, 교통체증과 관련된 스트레스 요인 때문이든 경험이 부족한 운전자에게 종종 동반하는 불안으로 인한 것이든, 운전이다.
(A) 이것은 매일 운전하는 사람들에게 심장 질환이 발생할 예정이라는 것을 의미하는가? 혹은 운전 관련 스트레스를 완화시키는 간단한 방법이 있는가?
(B) 새로운 연구에 따르면, 방법이 있다. 연구원들은 운전 중에 음악을 듣는 것이 심장 건강에 영향을 미치는 스트레스를 완화하는 데 도움이 된다고 언급했다.

33

글의 흐름으로 보아, 주어진 문장이 들어가기에 가장 적절한 곳은?

Healthcare chatbots have been purposed to solve this problem and ensure proper diagnosis and advice for people from the comfort of their homes.

People have grown hesitant to approach hospitals or health centers due to the fear of contracting a disease or the heavy sum of consultation fees. (①) This leads them to self-diagnose themselves based upon unverified information sources on the Internet. (②) This often proves harmful effects on the person's mental and physical health if misdiagnosed and improper medicines are consumed. (③) Based upon the severity of the diagnosis, the chatbot prescribes over the counter treatment or escalates the diagnosis to a verified healthcare professional. (④) Interactive chatbots that have been trained on a large and wide variety of symptoms, risk factors, and treatment can handle user health queries with ease, especially in the case of COVID-19.

기출문제 학습 해설

어휘정리

purposed 의도하다, 목표로 하다   diagnosis 진단   hesitant 망설이는   contract (병에) 걸리다   consultation 상담, 합의
unverified 검증되지 않은   improper 부적절한   severity 엄격함, 가혹   prescribe 처방하다   escalate 확대되다, 증가되다
symptom 증상

장대영어 Flow

1. 주어진 문장의 'to solve this problem'을 통해 글의 전개방식이 문제점-해결책임을 알 수 있다.
2. 이를 통해 주어진 문장의 앞 부분에는 문제점이, 뒷 부분에는 해결책이 제시됨을 알 수 있다.

끊어읽기

People have grown hesitant / to approach hospitals or health centers
망설이는 사람들이 많아졌다 / 병원이나 보건소에 가는 것을

/ due to the fear / of contracting a disease / or the heavy sum of consultation fees.
/ 두려움 때문에 / 질병에 걸리는 것 / 혹은 막대한 진료비에 대한

This leads them / to self-diagnose themselves / based upon unverified information sources / on the Internet.
이는 그들을 이끈다 / 자가진단으로 / 검증되지 않은 정보원에 근거하는 / 인터넷상에서

This often proves harmful effects / on the person's mental and physical health
이는 해로운 영향을 미친다는 것을 종종 증명한다 / 사람의 정신적, 신체적 건강에

// if misdiagnosed and improper medicines are consumed.
// 오진되고 부적절한 약이 소비될 경우

Healthcare chatbots have been purposed / to solve this problem / and ensure proper diagnosis
헬스케어 챗봇은 목적으로 해왔다 / 이 문제를 해결하는 것을 / 그리고 적절한 진단과

and advice / for people / from the comfort of their homes.
조언을 보장하는 것을 / 사람들을 위해 / 집에서 편안하게 사용할 수 있는

Based upon the severity of the diagnosis, / the chatbot prescribes over the counter treatment
진단의 심각도에 따라 / 챗봇은 처방전 없이 살 수 있는 약을 처방한다

/ or escalates the diagnosis / to a verified healthcare professional.
혹은 진단을 확대한다 / 검증된 의료 전문가에게

Interactive chatbots [that have been trained on a large and wide variety of symptoms, risk factors, and treatment]
대화형 챗봇은 [크고 다양한 증상, 위험 요인 및 치료에 대해 교육을 받은]

/ can handle user health queries / with ease, / especially in the case of COVID-19.
/ 사용자 건강 문의를 처리할 수 있다 / 쉽게 / 특히 COVID-19의 경우

전체해석

질병에 걸릴까 봐 혹은 막대한 진료비 때문에 병원이나 보건소에 가는 것을 망설이는 사람들이 많아졌다. 이것은 그들로 하여금 인터넷상에서 검증되지 않은 정보원에 근거하여 스스로 자가 진단하게 한다. 이것은 종종 오진되고 부적절한 약이 소비될 경우 사람의 정신적, 신체적 건강에 해로운 영향을 미친다는 것을 종종 증명한다. 헬스케어 챗봇은 이 문제를 해결하고 집에서 편안하게 사용할 수 있는 사람들을 위한 적절한 진단과 조언을 보장하는 것을 목적으로 해왔다. 챗봇은 진단의 심각도에 따라 처방전 없이 살 수 있는 약을 처방하거나 검증된 의료 전문가에게 진단을 확대한다. 크고 다양한 증상, 위험 요인 및 치료에 대해 교육을 받은 대화형 챗봇은 특히 COVID-19의 경우 사용자 건강 문의를 쉽게 처리할 수 있다.

정답 33 ③

34

2022 지방직 9급

주어진 글 다음에 이어질 글의 순서로 가장 적절한 것은?

For people who are blind, everyday tasks such as sorting through the mail or doing a load of laundry present a challenge.

(A) That's the thinking behind Aira, a new service that enables its thousands of users to stream live video of their surroundings to an on-demand agent, using either a smartphone or Aira's proprietary glasses.
(B) But what if they could "borrow" the eyes of someone who could see?
(C) The Aira agents, who are available 24/7, can then answer questions, describe objects or guide users through a location.

① (A) - (B) - (C)
② (A) - (C) - (B)
③ (B) - (A) - (C)
④ (C) - (A) - (B)

기출문제 학습 해설

어휘정리
sort 분류하다　surroundings 환경　proprietary 등록상표가 붙은　what if~? ~하면 어쩌나?　borrow 빌리다
available 이용 가능한

장대영어 Flow
1. 주어진 글을 읽고 이것이 문제점이라는 것을 파악할 수 있어야 하고 (A) ~ (C)를 읽으면서 해당 문장이 문제점인지 해결책인지 구별하면 내용상 흐름을 맞출 수 있다.
2. (A) ~ (C)가 모두 해결책에 해당한다고 볼 수 있는데 (B)에서 해결책이 시작됨을 의문문 형태로 제시하고 있다.
3. (C)의 'The'를 활용하여 나머지 순서를 맞출 수 있다.

끊어읽기
For people [who are blind], everyday tasks (such as sorting through the mail / or doing a load of laundry)
사람들에게 [시각장애가 있는], 일상적인 일 (우편물을 분류하는 것과 같은 / 혹은 한 무더기의 빨래를 하는 것과 같은)은

/ present a challenge.
어려운 일이다.

(B) But what if they could "borrow" the eyes of someone [who could see]?
하지만 만약 그들이 누군가의 눈을 "빌릴" 수 있다면 어떨까 [볼 수 있는] ?

(A) That's the thinking behind Aira,
그것은 Aira의 배경이 되는 생각이다.

/ a new service [that enables its thousands of users / to stream live video of their surroundings / to an on-demand agent,
새로운 서비스인 [수천 명의 사람들이 할 수 있도록 해주는 / 주변 환경의 실시간 영상을 스트리밍할 수 있게 / 맞춤형 에이전트에게]

/ using either a smartphone or Aira's proprietary glasses.]
/ 스마트폰이나 Aira의 전매특허 안경을 이용하여

(C) The Aira agents, [who are available 24/7,] / can then answer questions, / describe objects / or guide users
Aira 에이전트들은 [연중무휴로 이용할 수 있는] / 그리고 질문에 답할 수 있다 / 사물을 설명하는 것 / 혹은 사용자를 안내하는 것

/ through a location.
위치를

전체해석
시각 장애인들에게 우편물을 분류하거나 한 무더기의 빨래를 하는 것과 같은 일상적인 일은 어려운 일이다.
(B) 하지만 만약 그들이 볼 수 있는 누군가의 눈을 "빌릴" 수 있다면 어떨까?
(A) 그것은 수천 명의 사용자들이 스마트폰이나 Aira의 전매특허 안경을 사용하여 그들 주변 환경의 실시간 영상을 맞춤형 에이전트 (직원)에게 스트리밍할 수 있게 해주는 새로운 서비스인 Aira의 배경이 되는 생각이다.
(C) 연중무휴로 이용할 수 있는 Aira 에이전트들은 그리고 질문에 답하거나, 사물을 설명하거나, 사용자에게 위치를 안내할 수 있다.

정답　34 ③

35

글의 흐름으로 보아, 주어진 문장이 들어가기에 가장 적절한 곳은?

Nowadays, it is much easier to find out where you are and which way to go because you have one of the world's greatest inventions at your fingertips.

For thousands of years, humans had difficulty trying to figure out where they were. (①) So, they devoted a great deal of time and effort to resolving this problem. (②) They drew complicated maps, constructed great landmarks to keep themselves on the right path, and even learned to navigate by looking up at the stars. (③) As long as you have a Global Positioning System(GPS) receiver, you never have to worry about taking a wrong turn. (④) Your GPS receiver can tell you your exact location and give you directions to wherever you need to go, no matter where you are on the planet!

기출문제 학습 해설

어휘정리

nowadays 요즈음에   fingertip 손가락 끝   figure out 이해하다, 파악하다   a great deal of 많은   as long as ~하는 한
planet 행성, 지구

장대영어 Flow

1. 주어진 문장에 포함된 Nowadays를 보자마자 시간상 대조의 가능성을 생각해야 한다.
2. 첫 문장 For thousands of years를 보자마자 시간상 대조임을 판단하고 과거 얘기가 끝난 다음 주어진 문장이 들어갈 것이라고 풀이방향을 설정해야 한다.

끊어읽기

For thousands of years, / humans had difficulty trying to figure out // where they were.
수천 년 동안 / 인간은 알아내려고 노력하는 데에 어려움을 겪었다 // 그들이 어디에 있는지

So, they devoted a great deal of time and effort / to resolving this problem.
그래서 그들은 엄청난 양의 시간과 노력을 썼다 / 이러한 문제를 해결하기 위해서

They drew complicated maps, / constructed great landmarks / to keep themselves on the right path,
그들은 복잡한 지도를 그렸다 / 훌륭한 지형지물을 건설했다 / 그들 자신을 올바른 길 위에 유지하기 위해서

/ and even learned to navigate / by looking up at the stars.
그리고 심지어 길을 찾는 법을 배웠다 / 별을 올려다봄으로써

Nowadays, / it is much easier / to find out where you are and which way to go
요즘 / 훨씬 더 쉽다 / 당신이 어디에 있는지 그리고 어디로 가야할 지를 알아내는 것이

// because you have one of the world's greatest inventions / at your fingertips.
// 왜냐하면 세계의 훌륭한 발명품들 중 하나를 가지고 있기 때문에 / 손가락 끝에

As long as you have a Global Positioning System(GPS) receiver,
당신이 GPS수신기를 가지고 있는 한

// you never have to worry about taking a wrong turn.
// 길을 잘못 들었는지에 대해서 전혀 걱정할 필요가 없다.

Your GPS receiver can tell you your exact location / and give you directions to wherever you need to go,
당신의 GPS 수신기는 당신에게 당신의 정확한 위치를 말해줄 수 있다 / 그리고 가야 하는 곳이면 어디든지 방향을 알려줄 수 있다.

// no matter where you are on the planet!
// 당신이 지구에서 어디에 있든 간에!

전체해석

수천 년 동안, 인간은 그들이 어디에 있는지를 알아내려고 노력하는 데에 어려움을 겪었다. 그래서 그들은 엄청난 양의 시간과 노력을 이러한 문제를 해결하는 데에 썼다. 그들은 그들 자신을 올바른 길 위에 유지하기 위해서 복잡한 지도를 그렸고, 훌륭한 주요 지형지물을 건설했고, 심지어 별을 올려다보며 길을 찾는 법을 배웠다. 요즘, 당신은 세계의 훌륭한 발명품들 중 하나를 손가락 끝에 가지고 있기 때문에, 당신이 어디에 있는지 그리고 어느 길로 가야 할지를 알아내는 것은 훨씬 더 쉽다. 당신이 GPS 수신기를 가지고 있는 한, 길을 잘못 들었는지에 대해서 전혀 걱정할 필요가 없다. 당신의 GPS 수신기는 당신이 지구에서 어디에 있든 간에, 당신의 정확한 위치를 말해줄 수 있고 가야 하는 곳이면 어디든지 방향을 알려줄 수 있다!

정답 35 ③

36

글의 흐름상 가장 어색한 문장은?

Children's playgrounds throughout history were the wilderness, fields, streams, and hills of the country and the roads, streets, and vacant places of villages, towns, and cities. ① The term playground refers to all those places where children gather to play their free, spontaneous games. ② Only during the past few decades have children vacated these natural playgrounds for their growing love affair with video games, texting, and social networking. ③ Even in rural America few children are still roaming in a free-ranging manner, unaccompanied by adults. ④ When out of school, they are commonly found in neighborhoods digging in sand, building forts, playing traditional games, climbing, or playing ball games. They are rapidly disappearing from the natural terrain of creeks, hills, and fields, and like their urban counterparts, are turning to their indoor, sedentary cyber toys for entertainment.

기출문제 학습 해설

어휘정리

wilderness 황무지, 야생 stream 시내 vacant 텅 빈 spontaneous 자발적인 decade 10년 vacate 비우다, 떠나다 roam 돌아다니다, 배회하다 free-ranging 자유분방한 terrain 지역, 지형 creek 개울, 시내 urban 도시의 counterpart 상대방

장대영어 Flow

1. 첫 문장의 'throughout history'를 통해 시간의 흐름과 대조가 있을 수 있음을 예측해야 한다.
2. 'Only during the past few decades'를 통해 글의 중심이 현재의 모습을 알 수 있다.
3. 이후 문장을 읽으면서 과거에 해당하는 내용인지 현재에 해당하는 내용인지 구별해야 한다.

끊어읽기

Children's playgrounds (throughout history) / were the wilderness, fields, streams, and hills of the country
아이들의 놀이터는 (역사를 통틀어) / 그 지역의 야생, 들판, 개울 그리고 동산이었다.

/ and the roads, streets, and vacant places of villages, towns, and cities.
그리고 도로, 거리 그리고 동네, 마을, 도시의 공터였다.

① The term playground refers to / all those places [where children gather to play their free, spontaneous games.]
'놀이터'라는 용어는 일컫는데 / 모든 장소를 [아이들이 모여 자유롭고 자발적인 놀이를 하는]

② Only during the past few decades / have children vacated / these natural playgrounds
불과 지난 몇십 년 동안 / 아이들은 떠났다 / 이런 자연의 놀이터를

/ for their growing love affair / with video games, texting, and social networking.
늘어나는 열광으로 / 비디오 게임, (휴대전화) 문자 주고받기, 그리고 소셜 네트워킹에 대해

③ Even in rural America / few children are still roaming / in a free-ranging manner, unaccompanied by adults.
미국 시골에서조차 / 돌아다니는 아이들이 거의 없다 / 어른의 동행 없이 자유분방한 방식으로

④ When out of school, // they are commonly found in neighborhoods / digging in sand, building forts,
학교를 마치고 // 그들(아이들)은 동네 인근에서 발견된다 / 모래를 파고, 요새를 세우고

playing traditional games, climbing, or playing ball games.
전통 게임을 하고, 오르거나 공놀이는 하면서

They are rapidly disappearing / from the natural terrain of creeks, hills, and fields,
그들은 빠르게 사라지고 있다 / 계곡, 언덕, 그리고 들판의 자연 지형에서

// and (like their urban counterparts), are turning / to their indoor, sedentary cyber toys / for entertainment.
그리고 (도시 상대방(아이들)과 마찬가지로) 향한다 / 실내로, 한자리에 머무는 사이버장난감으로 / 놀이를 위해서

전체해석

역사를 통틀어 아이들의 놀이터는 그 지역의 야생, 들판, 개울 그리고 동산이었고 도로, 거리 그리고 동네, 마을, 도시의 공터였다. '놀이터'라는 용어는 아이들이 모여 자유롭고 자발적인 놀이를 하는 모든 장소를 일컫는다. 불과 지난 몇십 년 동안 아이들은 비디오 게임, (휴대전화) 문자 주고받기, 그리고 소셜 네트워킹에 대해 늘어나는 열광으로 이 자연의 놀이터를 떠났다. 미국 시골에서조차 어른의 동행 없이 자유분방한 방식으로 돌아다니는 아이들은 여전히 거의 없다. (학교를 마치고, 아이들이 동네 인근에서 모래를 파고, 요새를 세우고 전통 게임을 하고, 오르거나 공놀이를 하는 것이 흔히 보인다.) 그들은 빠르게 계곡, 언덕, 그리고 들판의 자연 지형에서 사라지고 있으며 도시 상대방(아이들)과 마찬가지로 실내로 돌아가 한 자리에 머무는 사이버 장난감(컴퓨터 등)으로 논다.

정답 36 ④

37

주어진 글 다음에 이어질 글의 순서로 가장 적절한 것은?

Just a few years ago, every conversation about artificial intelligence (AI) seemed to end with an apocalyptic prediction.

(A) More recently, however, things have begun to change. AI has gone from being a scary black box to something people can use for a variety of use cases.

(B) In 2014, an expert in the field said that, with AI, we are summoning the demon, while a Nobel Prize winning physicist said that AI could spell the end of the human race.

(C) This shift is because these technologies are finally being explored at scale in the industry, particularly for market opportunities.

① (A) − (B) − (C)
② (B) − (A) − (C)
③ (B) − (C) − (A)
④ (C) − (A) − (B)

기출문제 학습 해설

어휘정리

apocalyptic 종말론적   expert 전문가   summon 소환하다   demon 악령, 악마   physicist 물리학자
spell (나쁜) 결과를 가져오다   explore 탐구하다   industry 산업

장대영어 Flow

1. 첫 문장 'few years ago'를 단서로 과거에 대한 내용만 제시되거나, 과거와 현재를 대조할 수 있음을 예측할 수 있다.
2. (A)의 More recently, however, (B) In 2014,(시간 순서) (C)의 This shift(지시사 활용)를 활용하여 순서 배열이 가능하다.

끊어읽기

Just a few years ago, / every conversation (about artificial intelligence (AI)) / seemed to end with an apocalyptic prediction.
몇 년 전만 해도 / 모든 대화는 (인공지능에 대한) / 종말론적인 예측으로 끝나는 것 같았다

(B) In 2014, / an expert in the field said // that, (with AI,) we are summoning the demon,
2014년에 / 이 분야의 한 전문가는 말했다 // (AI를 통해) 우리는 악마를 소환하고 있다고

// while a Nobel Prize winning physicist said // that AI could spell the end of the human race.
// 반면에 노벨상을 수상한 물리학자는 말했다 // AI가 인류의 종말을 불러올 수 있다고

(A) More recently, however, / things have begun to change.
하지만 최근에는 / 상황이 달라지기 시작했다 /

AI has gone / from being a scary black box / to something [people can use / for a variety of use cases.]
AI는 바뀌었다 / 무서운 블랙박스에서 / 무언가로 [사람들이 이용할 수 있는 / 다양한 활용 사례에]

(C) This shift / is because these technologies are finally being explored / at scale in the industry,
이러한 변화는 / 이 기술들이 마침내 탐색되고 있기 때문이다 / 업계에서 적절한 규모로

/ particularly for market opportunities.
특히 시장 기회를 위해

전체해석

몇 년 전만 해도 인공지능(AI)에 대한 모든 대화는 종말론적인 예측으로 끝나는 것 같았다.
(B) 2014년에 이 분야의 한 전문가는 AI를 통해 우리는 악마를 소환하고 있다고 말한 반면 노벨상을 수상한 한 물리학자는 AI가 인류의 종말을 불러올 수 있다고 말했다.
(A) 하지만 최근에는 상황이 달라지기 시작했다. AI는 무서운 블랙박스에서 사람들이 다양한 활용 사례에 이용할 수 있는 무언가로 바뀌었다.
(C) 이러한 변화는 이 기술들이 마침내 업계에서 적절한 규모로, 특히 시장 기회를 위해 탐색되고 있기 때문이다.

정답 37 ②

38

다음 글의 주제로 가장 적절한 것은?

Many animals are not loners. They discovered, or perhaps nature discovered for them, that by living and working together, they could interact with the world more effectively. For example, if an animal hunts for food by itself, it can only catch, kill, and eat animals much smaller than itself — but if animals band together in a group, they can catch and kill animals bigger than they are. A pack of wolves can kill a horse, which can feed the group very well. Thus, more food is available to the same animals in the same forest if they work together than if they work alone. Cooperation has other benefits: The animals can alert each other to danger, can find more food (if they search separately and then follow the ones who succeed in finding food), and can even provide some care to those who are sick and injured. Mating and reproduction are also easier if the animals live in a group than if they live far apart.

① benefits of being social in animals
② drawbacks of cooperative behaviors
③ common traits of animals and humans
④ competitions in mating and reproduction

기출문제 학습 해설

어휘정리

loner 혼자 지내는 사람 feed (먹을 것을) 주다, 제공하다 available 이용 가능한 cooperation 협력하다 alert 경고하다 mating 짝짓기 reproduction 번식, 생식

장대영어 Flow

1. For example 앞 문장에 주제문이 제시되는 전형적인 형태이다.
2. 처음 두 문장을 통해 바로 정답을 도출할 수 있다.

끊어읽기

Many animals are not loners. They discovered, / or perhaps nature discovered for them,
많은 동물들은 외롭지 않다. 그들은 발견했다 / 혹은 어쩌면 자연이 그들을 위해 발견했다

// that (by living and working together,) they could interact with the world more effectively.
// (함께 살고 일함으로써) 그들이 더 효과적으로 세계와 상호작용할 수 있다는 것을

For example, if an animal hunts for food by itself, // it can only catch, kill, and eat animals much smaller than itself
예를 들어, 만약 동물이 스스로 먹이를 사냥한다면 // 그것은 자신보다 훨씬 작은 동물들만 잡고, 죽이고, 먹을 수 있다

— but if animals band together in a group, // they can catch and kill animals bigger than they are.
그러나 만약 동물들이 한 무리로 뭉친다면 // 그들은 자신보다 더 큰 동물들을 잡고 죽일 수 있다.

A pack of wolves can kill a horse, [which can feed the group very well.]
늑대 무리는 말을 죽일 수 있다 [이것은 그 그룹을 매우 잘 먹일 수 있다.]

Thus, more food is available / to the same animals / in the same forest
그러므로 더 많은 음식을 제공할 수 있다 / 같은 동물들에게 / 같은 숲에 있는

// if they work together / than if they work alone.
// 만약 그들이 함께 일한다면 / 혼자 일하는 것보다

Cooperation has other benefits: // The animals can alert each other to danger, / can find more food
협력에는 다른 이점이 있다 // 동물들은 서로에게 위험을 경고할 수 있고 / 더 많은 먹이를 찾을 수 있다

// if they search separately / and then follow the ones [who succeed in finding food]
// 만약 따로따로 탐색한다면 / 그런 다음 동물을 따라간다면 [음식을 찾는 데 성공한]

/ and can even provide some care / to those who are sick and injured.
/ 심지어 약간의 보살핌을 제공할 수 있다 / 아프고 다친 동물들에게

Mating and reproduction are also easier // if the animals live in a group / than if they live far apart.
짝짓기와 번식이 더 쉽다 // 동물들이 무리를 지어사는 것이 / 멀리 떨어져 사는 것보다

전체해석

많은 동물들은 외롭지 않다. 그들은, 어쩌면 자연이 그들을 위해 발견한, 함께 살고 일함으로써, 더 효과적으로 세계와 상호작용할 수 있다는 것을 발견했다. 예를 들어, 만약 동물이 스스로 먹이를 사냥한다면, 그것은 자신보다 훨씬 작은 동물들만 잡고, 죽이고, 먹을 수 있지만, 만약 동물들이 한 무리로 뭉친다면, 그들은 자신보다 더 큰 동물들을 잡고 죽일 수 있다. 늑대 무리는 말을 죽일 수 있고, 이것은 그 그룹을 매우 잘 먹일 수 있다. 그러므로, 그들이 혼자 일하는 것보다 함께 일한다면 같은 숲에 있는 같은 동물들에게 더 많은 음식을 제공할 수 있다. 협력에는 다른 이점이 있다. 동물들은 서로에게 위험을 경고할 수 있고, (만약 따로따로 탐색한 다음 음식을 찾는 데 성공한 동물을 따라간다면) 더 많은 먹이를 찾을 수 있으며, 심지어 아프고 다친 동물들에게도 약간의 보살핌을 제공할 수 있다. 동물들이 멀리 떨어져 사는 것보다 무리를 지어 사는 것이 짝짓기와 번식이 더 쉽다.

① 동물의 무리 지음이 주는 장점
② 협조적 행위의 단점
③ 동물과 인간의 공통적 특성
④ 짝짓기와 재생산을 위한 경쟁

정답 38 ①

39
2018 국회직 9급

다음 밑줄 친 부분에 들어갈 가장 적절한 문장은?

A person's handwriting has long been recognized as a form of human identification. This fact is the reason people are required to sign checks, wills, and contracts. _____. For example, the serial killer Ted Bundy used several methods of killing his victims. Authorities first thought they were dealing with several different killers. With the help of handwriting identification, officials later realized they were seeking one serial killer. The Nazi war criminal, Josef Mengele, traveled to South America, and took the identity of another German man. After his death it was discovered that the handwriting of this man matched the handwriting of Mengele. Mengele had altered everything including his name, profession, and fingerprints, but he could not change his handwriting.

① Handwriting identification has played important roles in some criminal cases.
② Questioned handwriting may be found on a will, a contract, or a letter.
③ Handwriting identification is developed by forensic document examiners.
④ One type of a questioned signature is a deliberately altered signature.
⑤ There are two types of writing, request writing and non-request writing.

기출문제 학습 해설

어휘정리

handwriting 친필, 필체   identification 식별, 확인   check 수표   will 유언장   contract 계약   victim 희생자
authorities 당국, 관계부서   identity 신원, 신분   profession 직업   fingerprint 지문
play … role(s) in ~에서 …한 역할을 하다

장대영어 Flow

1. 빈칸에 이어지는 문장이 예시의 연결사로 시작되는 것을 통해 빈칸이 주제문임을 알 수 있다.
2. 이어지는 예시의 내용을 종합하여 빈칸에 들어갈 말을 골라야 한다.

끊어읽기

A person's handwriting has long been recognized / as a form of human identification.
한 사람의 필체는 오랫동안 인식되었다 / 신원 확인의 한 형태로

This fact is the reason [people are required / to sign checks, wills, and contracts].
이 사실이 이유다 [사람들이 요구받는 / 수표, 유언장, 그리고 계약서에 서명을 하도록]

Handwriting identification has played important roles in some criminal cases.
필체 확인은 일부 범죄 사건들에서 중요한 역할을 해왔다.

For example, / the serial killer Ted Bundy used / several methods (of killing his victims).
예를 들어 / 연쇄살인범 테드 번디는 사용했다 / 여러 가지 방법을 (희생자들을 살해하는 데에)

Authorities first thought // they were dealing with several different killers.
당국은 처음에 생각했다 // 자신들이 여러 다른 살인자들을 다루고 있다고

With the help of handwriting identification, / officials later realized // they were seeking one serial killer.
필체 확인의 도움으로 / 관계자들은 나중에 알았다 // 자신들이 한 명의 연쇄살인범을 쫓고 있음을

The Nazi war criminal, Josef Mengele, / traveled to South America, / and took the identity of another German man.
나치 전범인 요제프 멩겔레는 / 남미로 갔다 / 그리고 다른 독일남자의 신원을 확보했다

After his death / it was discovered // that the handwriting of this man / matched the handwriting of Mengele.
그가 죽은 이후 / 발견되었다 // 이 남자의 필체가 / 멩겔레의 필체와 일치한다는 점이

Mengele had altered everything / including his name, profession, and fingerprints,
멩겔레는 모든 것을 바꾸었다 / 이름, 직업, 그리고 지문을 포함하여

// but he could not change his handwriting.
// 그러나 자신의 필체를 바꿀 수는 없었다.

전체해석

한 사람의 필체는 오랫동안 신원 확인의 한 형태로 인식되어 왔다. 이 사실이 수표, 유언장, 그리고 계약서에 사람들이 서명을 하도록 요구되는 이유다. 필체 확인은 일부 범죄 사건들에서 중요한 역할을 해왔다. 예를 들어, 연쇄살인범 테드 번디는 여러 가지 방법들을 사용해서 희생자들을 살해했다. 당국은 처음에 자신들이 여러 다른 살인자들을 다루고 있다고 생각했다. 필체 확인의 도움으로, 관계자들은 자신들이 한 명의 연쇄살인범을 쫓고 있음을 나중에 알았다. 나치 전범인 요제프 멩겔레는, 남미로 가서 다른 독일 남자의 신원을 확보했다. 그가 죽은 후 이 남자의 필체가 멩겔레의 필체와 일치한다는 점이 발견되었다. 멩겔레는 이름, 직업, 그리고 지문을 포함한 모든 것을 바꾸었지만, 자신의 필체를 바꿀 수는 없었다.

① 필체 확인은 일부 범죄 사건들에서 중요한 역할을 해왔다.
② 의심이 가는 필체는 유언장, 계약서, 혹은 편지에서 발견될 수 있다.
③ 필체 확인은 법의학적인 서류 조사관들에 의해 개발된다.
④ 의심이 가는 서명의 한 유형은 의도적으로 변형된 서명이다.
⑤ 글에는 두 가지 유형이 있는데, 요청 글과 요청이 아닌 글이다.

정답 39 ①

40

다음 글의 주제로 가장 적절한 것은?

As the digital revolution upends newsrooms across the country, here's my advice for all the reporters. I've been a reporter for more than 25 years, so I have lived through a half dozen technological life cycles. The most dramatic transformations have come in the last half dozen years. That means I am with increasing frequency, making stuff up as I go along. Much of the time in the news business, we have no idea that we are doing. We show up in the morning and some one says, "Can you write a story about (pick one) tax policy/immigration/climate change?" When newspapers had once-a-day deadlines, we said a reporter would learn in the morning and teach at night — write a story that could inform tomorrow's readers on a topic the reporter knew nothing about 24 hours earlier. Now it is more like learning at the top of the hour and teaching at the bottom of the same hour. I'm also running a political podcast, for example, and during the presidential conventions, we should be able to use it to do real-time interviews anywhere. I am just increasingly working without a script.

① fields of journalism and technology
② technology in politics
③ a reporter and improvisation
④ a reporter as a teacher

기출문제 학습 해설

어휘정리

revolution 혁명   upend 뒤집다   dozen 12개   frequency 빈도   show up 나타나다, 등장하다   immigration 이민, 이주
political 정치적인   presidential convention 대통령 후보 정당 대회

장대영어 Flow

1. 첫 줄 'my advice'를 보고 직접적으로 충고가 제시되는지 여부를 확인해야 한다.
2. 직접 제시가 아닌 story가 이어지고 있음을 알 수 있다. 글의 마지막에 가서야 그때까지 이어진 story들을 'with out a script'로 요약하여 시사점을 제시한다.

끊어읽기

As the digital revolution upends newsrooms / across the country,
디지털 혁명이 뉴스편집실을 뒤집어놓고 있으면서 / 나라 전역에 걸쳐

here's my advice / for all the reporters. I've been a reporter / for more than 25 years,
저의 조언을 드린다. / 모든 기자들을 위한. 저는 기자로 일해오고 있다 / 25년 이상 동안

// so I have lived / through a half dozen technological life cycles.
// 그래서 거쳐왔다. / 6번 이상의 기술적인 생애 주기들을

The most dramatic transformations / have come in the last half dozen years.
가장 극적인 변화는 / 6년 동안 일어났다.

That means // I am with increasing frequency, / making stuff up as I go along.
그것은 의미한다 // 내가 늘어나는 빈도와 함께 있다는 것을 / 일을 진행하면서

Much of the time in the news business, / we have no idea // that we are doing.
뉴스 업무의 대부분의 시간에 / 우리는 알지 못한다 // 우리가 무엇을 하고 있는지

We show up in the morning and some one says,
우리는 아침에 출근하고 // 누군가가 말한다

// "Can you write a story about (pick one) tax policy/immigration/climate change?"
// "세금 정책/이민/날씨 변화에 대해 (하나 골라서) 기사를 써줄 수 있나요?" 라고

When newspapers had once-a-day deadlines, // we said // a reporter would learn in the morning and teach at night
신문이 하루 한 번 마감이 있었을 때 // 우리는 말했다 // 기자가 아침에 배워서 밤에 가르친다고
/ — write a story // [that could inform tomorrow's readers] / on a topic [the reporter knew nothing about 24 hours earlier.]
즉 이야기를 쓴다고 [내일의 구독자들에게 알릴 수 있는] / 주제에 대해서 [기자가 약 24시간 전에는 아무것도 몰랐던]

Now it is more like / learning at the top of the hour / and teaching / at the bottom of the same hour.
지금은 더 비슷한데 / 한 시간의 초반에 배우고 / 가르치는 것과 / 그 시간의 말미에

I'm also running a political podcast, / for example, / and during the presidential conventions,
나는 또한 정치 팟캐스트를 운영하고 있다 / 예를 들어 / 그리고 대통령 후보 정당 대회 동안

we should be able to use it / to do real-time interviews anywhere. I am just increasingly working / without a script.
우리는 이를 활용해야만 한다 / 어디에서든 실시간 인터뷰를 하기 위해. 나는 점점 더 그냥 일하고 있다 / 대본 없이

전체해석

디지털 혁명이 나라 전역에 걸쳐 뉴스 편집실을 뒤집어놓고 있기에 모든 기자들을 위한 나의 조언을 여기 제시한다. 나는 25년 이상 기자로 일해오고 있기에 6번의 기술적인 생애 주기를 지나왔다. 가장 극적인 변화는 최근 6년 동안 일어났다. 그것은 내가 늘어나는 빈도로 일을 진행하면서 이야기를 만들어내고 있는 것을 의미한다. 뉴스 업무의 대부분의 시간에 우리는 우리가 무엇을 하고 있는지 모른다. 우리는 아침에 출근해서 누군가가 "세금 정책/이민/날씨 변화에 대해 (하나 골라서) 기사를 써줄 수 있나요?"라고 말한다. 신문이 하루 한 번 마감이 있었을 때, 우리는 기자가 아침에 배워서 밤에 가르친다, 즉 기자가 24시간 전에는 아무것도 몰랐던 주제에 관해 내일의 구독자들에게 알릴 수 있는 이야기를 쓴다고 말했다. 지금은 한 시간의 초반에서 배워서 그 같은 시간 말미에 가르치는 것과 더 같다. 예를 들어, 나는 또한 정치 팟캐스트를 운영하고 있는데, 대통령 후보 정당 대회 동안 우리는 어디에서든 실시간 인터뷰를 하기 위해 이것을 이용할 줄 알아야 한다. 나는 점점 더 대본 없이 그냥 일하고 있다.

① 저널리즘 및 기술 분야
② 정치 속의 기술
③ 기자와 즉흥 연주
④ 교사로서의 기자

정답 40 ③

41

다음 글의 요지로 가장 적절한 것은?

In the early days of my first web hosting company, I was often criticized for not sticking with plans. If I saw a better opportunity, I would often divert all energy to the new opportunity and let the other one go. It's like being on a busy sidewalk and seeing a dollar bill a few yards away; you start to walk toward it with the intent to pick it up, and then you see a ten-dollar bill that is even closer. How could you not change the course and pick up the ten-dollar bill instead? Let someone else get the one-dollar bill, or if it is still there, get it after you pick up the ten-dollar bill. It was not long before those on my team began to realize the method to my madness.

① 상황 변화에 대처하는 유연성을 가져라.
② 새로운 기회를 다른 사람에게 양보하는 미덕을 가져라.
③ 단기적인 계획보다 장기적인 계획을 세워라.
④ 자신의 계획들에 집착하기보다는 타인의 조언을 경청하라.

기출문제 학습 해설

어휘정리
criticize 비판하다   divert A to B A를 B로 돌리다   sidewalk 인도   intent 의도(성)

장대영어 Flow
1. 특별한 STS 없이 글쓴이의 행동이 나열되고 있다. 이야기의 시사점을 찾는 것이 중요하다.
2. 명령문(STS 6)을 통하여 Story 속에서도 시사점을 분명히 하고 있다.

끊어읽기
In the early days of my first web hosting company, / I was often criticized / for not sticking with plans.
나의 웹호스팅 회사 초기 시절에 / 나는 비난을 받았다 / 계획을 계속하지 않는다고

If I saw a better opportunity, // I would often divert all energy to the new opportunity / and let the other one go.
내가 더 나은 기회를 보면 // 나는 자주 내 모든 에너지를 새로운 기회로 방향을 바꾸고 / 남은 에너지는 그냥 놓아버리곤 했다.

It's like being on a busy sidewalk / and seeing a dollar bill / a few yards away;
그것은 복잡한 인도에 있는 것과 같다 / 그리고 1달러 지폐를 본 것과 같다 / 몇 야드 떨어진 데 있는

// you start to walk toward it / with the intent (to pick it up),
당신은 거기를 향해 걷기 시작한다 / 작정으로 (그것을 집어들)

// and then you see a ten-dollar bill [that is even closer].
// 그러다 10달러 지폐를 보게 된다 [훨씬 더 가까이에 있는]

How could you not change the course / and pick up the ten-dollar bill instead?
어떻게 진로를 바꾸지 않을 수 있겠는가 / 그리고 10달러 지폐를 대신 줍지 않을 수 있겠는가?

Let someone else get the one-dollar bill, // or if it is still there, // get it // after you pick up the ten-dollar bill.
1달러는 다른 사람이 줍도록 하라 // 아니면 그것이 아직 거기 있다면 // 주워라 // 10달러 지폐를 주운 후에

It was not long // before those on my team began / to realize the method to my madness.
얼마 지나지 않아서였다 // 나의 팀원들이 시작한지 / 나의 이상한 행동 방식을 깨닫는 것을

전체해석
나의 웹 호스팅 회사 초기 시절에, 나는 종종 계획을 계속하지 않는다고 비난을 받았다. 더 나은 기회를 보면, 나는 자주 내 모든 에너지를 새로운 기회로 방향을 바꾸고 남은 에너지는 그냥 놓아 버리곤 했다. 그것은 복잡한 인도에서 몇 야드 떨어진 데 있는 1달러 지폐를 본 것과 같다. 당신은 그걸 집어들 작정으로 거기를 향해 걷기 시작하는데 그러다 훨씬 더 가까이에 있는 10달러 지폐를 보게 된다. 어떻게 진로를 바꾸어 대신 10달러 지폐를 줍지 않을 수 있겠는가? 1달러는 다른 사람이 줍도록 하라, 아니면 그것이 아직 거기 있다면, 10달러를 주운 후에 가져라. 나의 팀원들이 나의 이상한 행동 방식을 깨닫기 시작한 것은 얼마 지나지 않아서였다.

정답 41 ①

42

다음 글의 흐름상 어색한 문장은?

I once took a course in short-story writing and during that course a renowned editor of a leading magazine talked to our class. ① He said he could pick up any one of the dozens of stories that came to his desk every day and after reading a few paragraphs he could feel whether or not the author liked people. ② "If the author doesn't like people," he said, "people won't like his or her stories." ③ The editor kept stressing the importance of being interested in people during his talk on fiction writing. ④ Thurston, a great magician, said that every time he went on stage he said to himself, "I am grateful because I'm successful." At the end of the talk, he concluded, "Let me tell you again. You have to be interested in people if you want to be a successful writer of stories."

기출문제 학습 해설

어휘정리
renowned 유명한　editor 편집자　stress 강조하다　grateful 감사하다　conclude 결론을 내리다

장대영어 Flow
글의 첫 부분을 통해 논설문이나 설명문이 아닌 단순 Story임을 확인하고 Story와 관련없는 것을 골라야 한다.

끊어읽기
I once took a course in short-story writing // and during that course / a renowned editor of a leading magazine
나는 한 번 단편 소설 쓰기 강좌를 들은 적이 있다 // 그리고 그 강좌 중에 / 선두적인 잡지의 유명한 편집장이

talked to our class. ① He said // he could pick up any one of the dozens of stories
우리 반에게 이야기를 해준 적이 있다. 그가 말하길 // 그는 수십 편의 이야기 중 하나를 골랐다

[that came to his desk every day] / and after reading a few paragraphs
[매일 자신의 책상에 오는] / 그리고 몇 단락을 읽은 후에

/ he could feel // whether or not the author liked people. ② "If the author doesn't like people," // he said,
/ 그는 느낄 수 있었다 // 그 저자가 사람들을 좋아하는지 아닌지를. "만약 그 저자가 사람을 좋아하지 않는다면" // 그는 말했다

// "people won't like his or her stories."
// "사람들은 그 또는 그녀의 이야기를 좋아하지 않을 것이다"라고

③ The editor kept stressing / the importance of being interested in people
그 에디터는 계속 강조했다 / 사람에게 관심을 가지는 것의 중요성을

/ during his talk on fiction writing.
/ 소설 쓰기에 대한 강연에서.

④ Thurston, a great magician, said
위대한 마술사 Thurston은 말했다

// that every time he went on stage / he said to himself, // "I am grateful because I'm successful."
// 그가 무대에 오를 때마다 / 그 스스로에게 말했다 // "나는 성공했으니 감사하다"라고

At the end of the talk, / he concluded, // "Let me tell you again.
강연이 끝날 무렵 / 그는 끝맺었다 // "다시 한번 말씀드리겠다.

You have to be interested in people // if you want to be a successful writer of stories."
당신은 사람들에게 관심을 가져야 한다 // 성공적인 이야기 작가가 되고 싶다면"이라고

전체해석
나는 한 번 단편 소설 쓰기 강좌를 들은 적이 있는데, 그 강좌 중에 한 선두적인 잡지의 유명한 편집장이 우리 반에게 이야기를 해준 적이 있다. 그는 매일 자신의 책상에 오는 수십 편의 이야기 중 어느 하나든 골라 몇 단락만 읽어도 그 저자가 사람들을 좋아하는지 아닌지를 느낄 수 있다고 말했다. "저자가 사람들을 좋아하지 않는다면, 사람들은 그 또는 그녀의 이야기를 좋아하지 않을 것"이라고 그는 말했다. 그 편집장은 소설 쓰기에 대한 강연에서 사람에게 관심을 갖는 것의 중요성을 계속해서 강조했다. (위대한 마술사 Thurston은 그가 무대에 오를 때마다 스스로에게 "나는 성공했으니 감사하다"라고 말했다고 했다.) 강연이 끝날 무렵, 그는 "다시 한번 말씀드리겠다. 성공적인 이야기 작가가 되고 싶다면 사람들에게 관심을 가져야 한다."라며 끝맺었다.

정답　42 ④

43

2020 지방직 9급

다음 글의 주제로 가장 적절한 것은?

> The e-book applications available on tablet computers employ touchscreen technology. Some touchscreens feature a glass panel covering two electronically-changed metallic surfaces lying face-to-face. When the screen is touched, the two metallic surfaces feel the pressure and make contact. This pressure sends an electrical signal to the computer, which translates the touch into a command. This version of the touchscreen is known as a resistive screen because the screen reacts to pressure from the finger. Other tablet computers feature a single electrified metallic layer under the glass panel. When the user touches the screen, some of the current passes through the glass into the user's finger. When the charge is transferred, the computer interprets the loss in power as a command and carries out the function the user desires. This type of screen is known as a capacitive screen.

① how users learn new technology
② how e-books work on tablet computers
③ how touchscreen technology works
④ how touchscreens have evolved

기출문제 학습 해설

어휘정리

employ 이용하다   feature 특징으로 하다   translate 변환시키다, 번역하다   command 명령   layer 층   current 흐름, 전류   charge 전하   transfer 옮기다   carry out 수행하다

장대영어 Flow

1. 처음 두 문장 정도를 읽었을 때 특별한 주장이 나타나지 않으므로 설명문이라고 판단해야 한다.
2. 글 초반에 e-book과 터치스크린 두 개의 대상이 제시되었는데 두 번째 문장을 읽고 둘 중 글 전체의 화제가 터치스크린임을 판단할 수 있어야 한다.

끊어읽기

The e-book applications (available on tablet computers) / employ touchscreen technology.
전자책 애플리케이션은 (태블릿 컴퓨터에서 사용할 수 있는) / 터치스크린 기술을 이용한다.

Some touchscreens feature a glass panel / covering two electronically-changed metallic surfaces / lying face-to-face.
일부 터치스크린은 유리패널을 특징으로 한다 / 두 개의 전자적으로 변화된 금속표현을 덮는 / 마주 보고 누운

When the screen is touched, // the two metallic surfaces feel the pressure and make contact.
화면을 터치하면 // 두 금속의 표면이 압력을 느끼고 접촉한다

This pressure sends an electrical signal / to the computer, [which translates the touch into a command.]
이러한 압력은 전기신호를 보낸다 / 컴퓨터로 [그 터치를 명령으로 변환시키는]

This version of the touchscreen is known as a resistive screen
이 버전의 터치스크린은 저항성 스크린으로 알려져 있다.

// because the screen reacts to pressure from the finger.
// 손가락의 압력에 반응하기 때문에

Other tablet computers feature a single electrified metallic layer / under the glass panel.
다른 태블릿 컴퓨터들은 하나의 전기가 통하는 금속층을 특징으로 한다 / 유리 패널 아래에

When the user touches the screen, // some of the current passes / through the glass into the user's finger.
사용자가 화면을 터치하면 // 일부 전류가 통과한다 / 유리를 통해 사용자의 손가락 안으로

When the charge is transferred, // the computer interprets the loss in power as a command
전하가 전달되면 // 컴퓨터는 전력 상실을 명령으로 해석한다

// and carries out the function the user desires. This type of screen is known as a capacitive screen.
// 그리고 사용자가 원하는 기능을 수행한다. 이러한 유형의 화면을 용량성 스크린이라고 한다.

전체해석

태블릿 컴퓨터에서 사용할 수 있는 전자책 애플리케이션은 터치스크린 기술을 이용한다. 일부 터치스크린은 전자적으로 변화된 마주 보고 누운 두 개의 금속 표면을 덮는 유리 패널을 특징으로 한다. 화면을 터치하면 두 금속 표면이 압력을 느끼고 접촉한다. 이러한 압력은 컴퓨터로 전기 신호를 보내서 그 터치를 명령으로 변환시킨다. 터치스크린의 이 버전은 화면이 손가락의 압력에 반응하기 때문에 저항성 스크린으로 알려져 있다. 다른 태블릿 컴퓨터들은 유리 패널 아래에 하나의 전기가 통하는 금속 층을 특징으로 한다. 사용자가 화면을 터치하면 일부 전류가 유리를 통해 사용자의 손가락 안으로 들어간다. 전하가 전달되면 컴퓨터는 전력 상실을 명령어로 해석하고 사용자가 원하는 기능을 수행한다. 이러한 유형의 화면을 용량성 스크린이라고 한다.

① 사용자가 새로운 기술을 배우는 방식
② 전자책이 태블릿 컴퓨터에서 작동하는 방식
③ 터치스크린 기술이 작동하는 방식
④ 터치스크린이 어떻게 진화해 왔는가

정답 43 ③

44

다음 글의 제목으로 가장 적절한 것은?

The definition of 'turn' casts the digital turn as an analytical strategy which enables us to focus on the role of digitalization within social reality. As an analytical perspective, the digital turn makes it possible to analyze and discuss the societal meaning of digitalization. The term 'digital turn' thus signifies an analytical approach which centers on the role of digitalization within a society. If the linguistic turn is defined by the epistemological assumption that reality is constructed through language, the digital turn is based on the assumption that social reality is increasingly defined by digitalization. Social media symbolize the digitalization of social relations. Individuals increasingly engage in identity management on social networking sites(SNS). SNS are polydirectional, meaning that users can connect to each other and share information.

※ epistemological : 인식론의

① Remaking Identities on SNS
② Linguistic Turn Versus Digital Turn
③ How to Share Information in the Digital Age
④ Digitalization Within the Context of Social Reality

끊어읽기

The definition of 'turn' casts / the digital turn / as an analytical strategy
전환의 정의는 제시한다 / 디지털 전환을 / 분석 전략으로

[which enables us to focus on the role of digitalization / within social reality.]
[우리가 디지털화의 역할에 집중할 수 있도록 하는 / 사회적 현실에서]

As an analytical perspective,
분석적 관점으로서

the digital turn makes it possible / to analyze and discuss the societal meaning of digitalization.
디지털 전환은 가능하게 한다 / 디지털화의 사회적 의미를 분석하고 토론하는 것을

The term 'digital turn' thus signifies an analytical approach [which centers on the role of digitalization within a society.]
따라서 디지털 전환이라는 용어는 분석적 접근방식을 말한다 [한 사회 내에서 디지털화의 역할에 초점을 맞춘]

If the linguistic turn is defined by the epistemological assumption [that reality is constructed through language],
만약 언어적 전환이 인신론적 가정에 의해 정의된다면 [언어를 통해 현실이 구성된다는]

// the digital turn is based on the assumption [that social reality is increasingly defined by digitalization.]
// 디지털 전환은 가정에 기초한다 [사회적 현실이 점점 디지털화에 의해 정의된다는]

Social media symbolize the digitalization of social relations.
소셜미디어는 사회적 관계의 디지털화를 상징한다

Individuals increasingly engage in identity management / on social networking sites(SNS).
개인들이 신원관리를 하는 경우가 늘고 있다. / 소셜 네트워킹 사이트에서

SNS are polydirectional, / meaning that users can connect to each other / and share information.
SNS는 다방향적이다 / 그것은 의미한다 사용자가 서로 접속할 수 있는 것을 / 그리고 정보를 공유할 수 있는 것을

전체해석

'전환'의 정의는 디지털 전환을 우리가 사회적 현실에서 디지털화의 역할에 집중할 수 있도록 하는 분석 전략으로 제시한다. 분석적 관점으로서, 디지털 전환은 디지털화의 사회적 의미를 분석하고 토론하는 것을 가능하게 한다. 따라서 '디지털 전환'이라는 용어는 한 사회 내에서 디지털화의 역할에 초점을 맞춘 분석적 접근 방식을 의미한다. 만약 언어적 전환이 언어를 통해 현실이 구성된다는 인식론적 가정에 의해 정의된다면, 디지털 전환은 사회적 현실이 점점 디지털화에 의해 정의된다는 가정에 기초한다. 소셜 미디어는 사회적 관계의 디지털화를 상징한다. 개인들이 소셜 네트워킹 사이트(SNS)에서 신원 관리를 하는 경우가 늘고 있다. SNS는 다방향적인데, 그것은 사용자가 서로 접속해 정보를 공유할 수 있는 것을 의미한다.

① SNS에서의 신원 재구축
② 언어적 전환과 디지털 전환
③ 디지털 시대의 정보 공유방법
④ 사회현실의 맥락 안에서의 디지털화

45

다음 글의 제목으로 알맞은 것은?

> The feeling of being loved and the biological response it stimulates is triggered by nonverbal cues: the tone in a voice, the expression on a face, or the touch that feels just right. Nonverbal cues — rather than spoken words — make us feel that the person we are with is interested in, understands, and values us. When we're with them, we feel safe. We even see the power of nonverbal cues in the wild. After evading the chase of predators, animals often nuzzle each other as a means of stress relief. This bodily contact provides reassurance of safety and relieves stress.

① How Do Wild Animals Think and Feel?
② Communicating Effectively Is the Secret to Success
③ Nonverbal Communication Speaks Louder than Words
④ Verbal Cues : The Primary Tools for Expressing Feelings

기출문제 학습 해설

어휘정리

stimulate 자극하다   trigger 촉발하다   nonverbal 비언어적인   cue 신호   evade 피하다   chase 뒤쫓다, 추적하다
predator 포식자   nuzzle 코를 비비다   reassurance 안심시키다   relieve 완화시키다, 덜다

장대영어 Flow

1. 거의 각 문장마다 첫 문장에 언급된 'nonverbal cues'가 포함되어 있음을 통해 설명문임을 확인할 수 있다.
2. 대의파악 유형에 설명문이 출제된 경우 소재와 이에 대한 속성을 모두 포함할 수 있는 선택지를 고르는 것이 핵심이다.

끊어읽기

The feeling (of being loved / and the biological response [it stimulates]) / is triggered by nonverbal cues
느낌은 (사랑받는 것 / 그리고 생체 응답[그것(사랑받는 것)이 자극하는]) / 비언어적 신호로 유발된다

: the tone in a voice, the expression on a face, or the touch [that feels just right.]
목소리의 톤, 얼굴의 표정, 또는 촉감 [딱 맞는 느낌의] 같은

Nonverbal cues (— rather than spoken words —) make us feel
비언어적 신호는 (발화되는 말보다) 우리를 느끼게 해준다

// that the person [we are with] / is interested in, understands, and values us.
// 사람이 [우리와 함께 있는] 우리에게 관심이 있고, 우리를 이해하고, 우리를 소중히 느낀다고

When we're with them, // we feel safe. We even see the power of nonverbal cues / in the wild.
우리는 그들과 있을 때 // 안전하다고 느낀다. 우리는 심지어 비언어적 신호의 힘을 확인할 수 있다 / 야생에서도

After evading the chase of predators, / animals often nuzzle each other / as a means of stress relief.
포식자의 추격을 피한 후 / 동물들은 종종 서로 코를 비빈다 / 스트레스 해소의 수단으로

This bodily contact provides reassurance of safety / and relieves stress.
이러한 신체 접촉은 안전에 대한 확신을 준다 / 그리고 스트레스를 해소해준다

전체해석

사랑받는 것과 그것이 자극하는 생체 응답의 느낌은 목소리의 톤, 얼굴의 표정, 또는 딱 맞는 느낌의 촉감 같은 비언어적 신호로 유발된다. 비언어적 신호는 발화되는 말보다, 우리가 함께 있는 사람이 우리에게 관심이 있고, 우리를 이해하며 소중히 여긴다고 느끼게 해준다. 우리는 그들과 있을 때 안전하다고 느낀다. 비언어적 신호의 힘은 야생에서도 확인할 수 있다. 동물들은 포식자의 추격을 피한 후 종종 스트레스 해소의 수단으로 서로 코를 비빈다. 이러한 신체 접촉은 안전에 대한 확신을 주고 스트레스를 해소해 준다.

① 야생 동물들은 어떻게 생각하고 느끼는가
② 효과적인 소통이 성공의 비결이다
③ 비언어적 소통이 말보다 더 크게 말한다
④ 언어적 신호: 감정을 표현하는 주요 수단

정답 45 ③

46

다음 글의 제목으로 가장 적절한 것은?

Mapping technologies are being used in many new applications. Biological researchers are exploring the molecular structure of DNA ("mapping the genome"), geophysicists are mapping the structure of the Earth's core, and oceanographers are mapping the ocean floor. Computer games have various imaginary "lands" or levels where rules, hazards, and rewards change. Computerization now challenges reality with "virtual reality," artificial environments that stimulate special situations, which maybe useful in training and entertainment. Mapping techniques are being used also in the realm of ideas. For example, relationships between ideas can be shown using what are called concept maps. Starting from a general or "central" idea, related ideas can be connected, building a web around the main concept. This is not a map by any traditional definition, but the tools and techniques of cartography are employed to produce it, and in some ways it resembles a map.

① Computerized Maps vs. Traditional Maps
② Where Does Cartography Begin?
③ Finding Ways to DNA Secrets
④ Mapping New Frontiers

기출문제 학습 해설

끊어읽기

geophysicist 지구 물리학자   oceanographer 해양학자   imaginary 가상의   artificial 인공적인   realm 영역
general 일반적인   cartography 지도제작(법)

전체해석

1. 첫 문장 'many new applications'에서 열거를 시사하고 있다.
2. 이후 DNA, 해양학자, 컴퓨터 게임, 전산화라는 영역들을 구체적 사례로 제시하고 있다.
3. 첫 문장만으로 정답을 도출하지 못했다면, 나머지 모두를 포괄하는 선택지를 골라야 한다.

끊어읽기

Mapping technologies are being used / in many new applications.
매핑 기술들은 사용되고 있다 / 많은 새로운 응용 분야에서

Biological researchers are exploring the molecular structure of DNA ("mapping the genome"), // geophysicists are mapping the structure of the Earth's core, // and oceanographers are mapping the ocean floor.
생물학 연구자들은 DNA의 분자 구조를 탐구하고(게놈을 매핑하는) // 지구물리학자들은 지구 핵의 구조를 매핑하며 // 해양학자들은 해저를 매핑하고 있다

Computer games have various imaginary "lands" or levels [where rules, hazards, and rewards change.]
컴퓨터 게임에는 다양한 가상의 '땅' 또는 레벨이 있다 [규칙, 위험, 보상이 바뀌는]

Computerization now challenges reality / with "virtual reality", artificial environments / [that stimulate special situations, / which may be useful in training and entertainment.]
전산화는 이제 현실에 도전하고 있다 ('가상 현실'과 인공적인 환경들과 함께) [특수한 상황을 자극하는 / 훈련과 엔터테인먼트에 유용할 수 있는]

Mapping techniques are being used also / in the realm of ideas.
매핑 기술들은 또한 사용된다 / 아이디어의 영역에서도

For example, relationships between ideas can be shown / using what are called concept maps.
예를 들어, 아이디어 간의 관계를 보여줄 수 있다 / 개념지도라고 불리는 것을 사용함으로써

Starting from a general of "central" idea, // related ideas can be connected, / building a web around the main concept.
일반적인 '중심' 아이디어에서 시작하여 // 관련 아이디어들이 연결되고 // 주요 개념을 중심으로 웹을 구축할 수 있다.

This is not a map by any traditional definition, // but the tools and techniques of cartography are employed to produce it, // and in some ways it resembles a map.
이것은 전통적인 의미의 지도가 아니라 // 지도를 제작하기 위한 도구들과 기법이 사용되었다. // 어떤 면에서는 지도와 유사하다.

전체해석

매핑(도식화) 기술은 많은 새로운 응용분야에 사용되고 있다. 생물학자들은 DNA의 분자구조("게놈 지도")를 분석하고, 지구물리학자들은 지구 핵의 구조를, 해양학자들은 해저를 매핑하고 있다. 컴퓨터 게임은 다양한 상상 속의 "땅"이나 규칙, 위험, 보상이 변하는 수준을 가지고 있다. 전산화는 이제 훈련과 오락에 유용할 수도 있는 특수한 상황을 자극하는 인위적인 환경인 "가상현실"로 현실에 도전한다. 이는 훈련과 오락에 유용할 것이다. 예를 들어, 아이디어 간의 관계가 개념지도라 불리는 것에 의해 보일 수 있다. "중심" 생각의 일반으로부터 출발하여, 주요 개념 주위에 웹을 구축하면서, 관련된 생각들은 연결될 수 있다. 이것은 어떠한 전통적인 정의에 의한 지도가 아니지만, 그것을 생산하기 위해 지도제작의 도구와 기법을 채용하고 있으며, 어떤 면에서는 지도를 닮았다.

① 컴퓨터화된 지도들 VS. 전통적인 지도들
② 지도학은 어디서 시작되었는가
③ DNA 비밀을 발견하는 방법들의 발견
④ 매핑, 새로운 개척자들

정답 46 ④

47

다음 글의 흐름상 가장 어색한 문장은?

The term burnout refers to a "wearing out" from the pressures of work. Burnout is a chronic condition that results as daily work stressors take their toll on employees. ① The most widely adopted conceptualization of burnout has been developed by Maslach and her colleagues in their studies of human service workers. Maslach sees burnout as consisting of three interrelated dimensions. The first dimension — emotional exhaustion — is really the core of the burnout phenomenon. ② Workers suffer from emotional exhaustion when they feel fatigued, frustrated, used up, or unable to face another day on the job. The second dimension of burnout is a lack of personal accomplishment. ③ This aspect of the burnout phenomenon refers to workers who see themselves as failures, incapable of effectively accomplishing job requirements. ④ Emotional labor workers enter their occupation highly motivated although they are physically exhausted. The third dimension of burnout is depersonalization. This dimension is relevant only to workers who must communicate interpersonally with others (e.g. clients, patients, students) as part of the job.

기출문제 학습 해설

어휘정리

chronic 만성적인   take one's toll 피해, 타격을 주다   adopt 채택하다   conceptualization 개념화
consist of ~로 구성되다   dimension 차원   exhaustion 탈진, 고갈   phenomenon 현상   fatigued 피로한
accomplishment 성취   occupation 직업, 일   depersonalization 몰개인화, 객관화   relevant 관련있는

장대영어 Flow

1. 글 초반부 '번아웃'에 대한 개념 정의가 이루어지고 이것의 특성 세 가지를 열거하고 있다.
2. 열거항목(세 가지 측면)이 제시된 이후의 문장을 읽을 때에는 각 문장이 세 가지 중 하나에 해당하는지 여부를 판단하며 읽어야 한다.

끊어읽기

The term burnout refers to a "wearing out" / from the pressures of work.
번아웃이라는 용어는 "마모"를 가리킨다 / 일의 압박으로 인한

Burnout is a chronic condition [that results // as daily work stressors take their toll on employees.]
번아웃은 만성 질환이다 [발생하는 // 일상적인 업무 스트레스 요인이 직원에게 피해를 입힐 때]

① The most widely adopted conceptualization of burnout / has been developed by Maslach and her colleagues
가장 널리 채택된 번아웃의 개념적인 해석은 / Maslach와 그녀의 동료들이 전개했다.

/ in their studies of human service workers.
인간 서비스 근로자들에 대한 연구에서

Maslach sees burnout / as consisting of three interrelated dimensions.
Maslach는 번아웃을 간주한다 / 서로 밀접하게 연관된 세 가지 차원으로 구성되어 있다고

The first dimension — emotional exhaustion — / is really the core of the burnout phenomenon.
첫 번째 차원인 정서적 피로는 / 실제로 번아웃 현상의 핵심이다.

② Workers suffer from emotional exhaustion
근로자들은 정서적 피로를 겪는다

// when they feel fatigued, frustrated, used up, or unable to face another day on the job.
// 그들이 피로감, 좌절감, 기진맥진함을 느끼거나 직장에서 또 다른 하루를 맞이할 수 없을 때

The second dimension of burnout is a lack of personal accomplishment.
두 번째 차원은 개인적인 성취의 부족이다

③ This aspect of the burnout phenomenon / refers to workers
번아웃 현상의 이러한 측면은 / 근로자들을 나타낸다

[who see themselves as failures, / incapable of effectively accomplishing job requirements.]
[스스로를 실패자로 여기는 / 업무 요구사항을 효과적으로 달성할 수 없는]

④ Emotional labor workers enter their occupation highly motivated
감정 노동자들은 왕성한 의욕을 가지고 업무를 시작한다

// although they are physically exhausted.
// 육체적으로 지쳤을 지라도

The third dimension of burnout is depersonalization.
번아웃의 세 번째 측면은 몰개인화이다.

This dimension is relevant / only to workers [who must communicate interpersonally with others]
이 차원은 관련된다. / 근로자들에게만 [다른 사람들과 대인관계를 맺어야 하는]

(e.g. clients, patients, students) / as part of the job.
(예를 들면 고객, 환자 학생) / 직무의 일부로

전체해석

번아웃이라는 용어는 일의 압박으로 인한 "마모"를 의미한다. 번아웃은 일상적인 업무 스트레스 요인이 직원에게 피해를 입힐 때 발생하는 만성 질환이다. 가장 널리 채택된 번아웃의 개념적인 해석은 Maslach와 그녀의 동료들이 인간 서비스 근로자들에 대한 연구에서 전개했다. Maslach는 번아웃이 서로 밀접하게 연관된 세 가지 차원으로 구성되어 있다고 간주한다. 첫 번째 차원인 정서적 피로는 실제로 번아웃 현상의 핵심이다. 근로자들은 피로감, 좌절감, 기진맥진함을 느끼거나 직장에서 또 다른 하루를 맞이할 수 없을 때 정서적 피로를 겪는다. 번아웃의 두 번째 차원은 개인적인 성취의 부족이다. 번아웃 현상의 이러한 측면은 스스로를 업무 요구 사항을 효과적으로 달성할 수 없는 실패자로 여기는 근로자들을 나타낸다. (감정 노동자들은 육체적으로 지쳤을지라도 왕성한 의욕을 가지고 그들의 업무를 시작한다.) 번아웃의 세 번째 차원은 몰개인화다. 이 차원은 직무의 일부로 다른 사람들(예를 들면 고객, 환자, 학생)과 대인 관계를 맺어야 하는 근로자들에게만 관련된다.

정답 47 ④

48

2021 지방직 9급

주어진 문장이 들어갈 위치로 가장 적절한 것은?

And working offers more than financial security.

Why do workaholics enjoy their jobs so much? Mostly because working offers some important advantages. (①) It provides people with paychecks — a way to earn a living. (②) It provides people with self-confidence; they have a feeling of satisfaction when they've produced a challenging piece of work and are able to say, "I made that". (③) Psychologists claim that work also gives people an identity; they work so that they can get a sense of self and individualism. (④) In addition, most jobs provide people with a socially acceptable way to meet others. It could be said that working is a positive addiction; maybe workaholics are compulsive about their work, but their addiction seems to be a safe — even an advantageous — one.

기출문제 학습 해설

어휘정리

financial 재정적인   paycheck 급료   individualism 개인화   addiction 중독   compulsive 강박적인

장대영어 Flow

1. 두 번째 문장의 'some important advantages'를 통해 이후에는 '이점'들이 열거될 것임을 예측할 수 있다.
2. 각 문장을 읽으면서 단순 해석보다 주어진 문장이 어떤 이점에 포함되는지 생각하는 것에 중점을 두어야 한다.

끊어읽기

Why do workaholics enjoy their jobs so much?
왜 일중독자들은 일을 그렇게나 즐기는가?

Mostly because working offers some important advantages.
주로 일하는 것이 몇 가지 중요한 이점들을 제공하기 때문이다.

It provides people with paychecks / — a way to earn a living. And working offers more than financial security.
그것은 사람들에게 봉급을 지급한다 / 생계를 유지할 수 있는 방법인. 그리고 일은 재정적 보상 이상을 제공한다

It provides people with self-confidence;
그것은 사람들에게 자신감을 준다

they have a feeling of satisfaction // when they've produced a challenging piece of work
그들은 만족감을 느낀다. // 그들이 힘든 작업물들을 만들어 냈을 때

// and are able to say, "I made that".
// 그리고 "내가 만든거야"라고 말할 수 있을 때

Psychologists claim // that work also gives people an identity;
심리학자들은 주장한다 // 일은 또한 사람에게 정체성을 준다고

// they work so that they can get a sense of self and individualism.
//그들은 자의식과 개성을 느낄 수 있도록 일한다.

In addition, most jobs provide people / with a socially acceptable way / to meet others.
게다가, 대부분의 직업들은 사람에게 제공한다 / 사회적으로 용인되는 방법을 / 다른 사람들을 만나는

It could be said // that working is a positive addiction;
아마도 말할 수 있다 // 일하는 것은 긍정적인 중독이라고

// maybe workaholics are compulsive about their work,
// 아마도 일 중독자들은 그들의 일에 강박적일 수 있다.

// but their addiction seems to be a safe — even an advantageous — one.
// 그러나 그들의 중독은 안전한 — 심지어 이로운 — 것으로 보인다.

전체해석

왜 일 중독자들은 그들의 일을 그렇게나 즐기는가? 주로 일하는 것이 몇 가지 중요한 이점들을 제공하기 때문이다. 그것은 사람들에게 생계를 유지할 수 있는 방법인 봉급을 지급한다. 그리고 일은 재정적 보장 이상을 제공한다. 그것은 사람들에게 자신감을 준다. 그들이 힘든 작업물을 만들어내고 "내가 만든 거야"라고 말할 수 있을 때, 그들은 만족감을 느낀다. 심리학자들은 일은 또한 사람에게 정체성을 준다고 주장한다. 그들은 자의식과 개성을 느낄 수 있도록 일한다. 게다가, 대부분의 직업은 사람들에게 사회적으로 용인되는 다른 사람들을 만나는 방법을 제공한다. 일하는 것은 긍정적인 중독이라고 말할 수 있다. 아마도 일 중독자들은 그들의 일에 대해 강박적일 수 있지만, 그들의 중독은 안전한, 심지어 이로운 것으로 보인다.

정답 48 ②

49

주어진 문장이 들어갈 위치로 가장 적절한 곳은?

Thus, blood, and life-giving oxygen, are easier for the heart to circulate to the brain.

People can be exposed to gravitational force, or g-force, in different ways. It can be localized, affecting only a portion of the body, as in getting slapped on the back. It can also be momentary, such as hard forces endured in a car crash. A third type of g-force is sustained, or lasting for at least several seconds. (①) Sustained, body-wide g-forces are the most dangerous to people. (②) The body usually withstands localized or momentary g-force better than sustained g-force, which can be deadly because blood is forced into the legs, depriving the rest of the body of oxygen. (③) Sustained g-force applied while the body is horizontal, or lying down, instead of sitting or standing tends to be more tolerable to people, because blood pools in the back and not the legs. (④) Some people, such as astronauts and fighter jet pilots, undergo special training exercises to increase their bodies' resistance to g-force.

끊어읽기

People can be exposed to gravitational force, or g-force, / in different ways.
사람들은 중력에 노출될 수 있다 / 다양한 방식으로

It can be localized, / affecting only a portion of the body, / as in getting slapped on the back.
그것은 국부적일 수 있다 / 신체 한 부위에만 영향을 미치면서 / 등이 두드려지는 것처럼

It can also be momentary, / such as hard forces endured in a car crash.
그것은 또한 순간적일 수 있다 / 자동차 충돌사고 시 겪는 강한 힘처럼

A third type of g-force is sustained, / or lasting for at least several seconds.
중력의 세 번째 유형은 지속된다 / 계속되거나 최소 몇 초동안

Sustained, body-wide g-forces / are the most dangerous to people.
지속적이고 전신에 걸친 중력이 / 사람들에게 가장 위험하다

The body usually withstands localized or momentary g-force / better than sustained g-force,
신체는 보통 국부적이거나 순간적인 중력을 견딘다 / 지속적인 중력보다

// which can be deadly // because blood is forced into the legs, / depriving the rest of the body of oxygen.
// 이는 치명적일 수 있다 // 피가 다리로 몰려 / 신체 나머지에서 산소를 빼앗기 때문에

Sustained g-force (applied while the body is horizontal, or lying down, / instead of sitting or standing)
지속적인 중력은 (신체를 수평으로 하거나 누울 때 가해지는 / 앉거나 서 있는 대신)

/ tends to be more tolerable to people, // because blood pools in the back and not the legs.
사람들에게 더 허용가능한 경향이 있다 // 피가 다리가 아닌 등에 고이기 때문에

(Thus, blood, and life-giving oxygen, / are easier / for the heart to circulate to the brain.)
그리하여 피와 생명을 주는 산소는 / 더 쉽다 / 심장이 뇌로 순환시키기

Some people, / such as astronauts and fighter jet pilots, / undergo special training exercises
몇몇 사람들은 / 우주비행사와 전투기 조종사와 같은 / 특별한 훈련 연습을 받는다

/ to increase their bodies' resistance to g-force.
/ 중력에 대한 신체 저항을 증가시키기 위해

전체해석

사람들은 다양한 방식으로 중력(g-force)에 노출될 수 있다. 그것은 등이 두드려지는 것처럼 신체의 한 부위에만 영향을 미치면서 국부적일 수 있다. 그것은 또한 자동차 충돌사고 시 겪는 강한 힘처럼 순간적일 수 있다. 중력의 세 번째 유형은 계속되거나 최소 몇 초 동안 지속된다. 지속적이고 전신에 걸친 중력이 사람들에게 가장 위험하다. 신체는 보통 국부적이거나 순간적인 중력을 지속적인 중력보다 더 잘 견뎌내는데, 이는 피가 다리로 몰려 신체 나머지에서 산소를 빼앗기 때문에 치명적일 수 있다. 앉거나 서 있는 대신 신체를 수평으로 하거나 누울 때 가해지는 지속적인 중력은 피가 다리가 아닌 등에 고이기 때문에 사람들에게 더 허용 가능한 경향이 있다. 그리하여 피와, 생명을 주는 산소는 심장이 뇌로 순환시키기 더 쉽다. 우주 비행사와 전투기 조종사와 같은 몇몇 사람들은 중력에 대한 신체 저항을 증가시키기 위해 특별한 훈련 연습을 받는다.

정답 49 ④

50

2014 기상직

아래 글의 저자가 주장하는 점은 무엇인가?

Americans have paid $15 trillion in a noble but misguided effort to use government agencies and statist policies over the past 50 years. Yet, the poverty rate never fell below 10.5 percent and is now near 15.1 percent. Americans have lost 55 percent of their wealth in the past five years, and nearly 50 million Americans are struggling to make a living. Meanwhile, 126 agencies spending $1 trillion a year cannot seem to gain any ground. Statistics, however, fail to show the reality of the daily suffering endured by single mothers, working parents, and children in inner cities. Some serious flaws in the poverty rate's calculation exist and are worth addressing. However, no one seriously doubts the prevalence or the destructive nature of poverty on both the national and international scale. For decades, progressive policies have trapped generations of Americans in poverty, bad schools and crime-ridden neighborhoods.

① It's time for a better war on poverty.
② Economic statistics has been effective in political decision.
③ American government agencies have been successful in helping those who are in need.
④ Tax reform is necessary to mitigate the poverty.

기출문제 학습 해설

어휘정리

trillion 조   noble 고귀한, 숭고한   statist 국가 통제주의자   million 백만   meanwhile 그동안에, 한편   flaw 결함, 결점
calculation 계산, 추정   address 다루다   prevalence 널리 퍼짐, 유행   progressive 진보적인

장대영어 Flow

1. 글 중간에 역접이 제시되긴 하지만 명확한 STS가 제시되지 않았다.
2. 지문을 끝까지 읽었을 때 단순 사실의 나열만 있음을 확인했다면 이를 종합한 글쓴이의 주장을 찾아야 한다.

끊어읽기

Americans have paid $15 trillion / in a noble but misguided effort
미국은 15조 달러를 지출해왔다 / 숭고하지만 잘못 인도된 노력으로

(to use government agencies and statist policies) / over the past 50 years.
(정부기관과 국가 통제주의 정책을 사용하기 위한) / 50년 동안

Yet, the poverty rate never fell below 10.5 percent / and is now near 15.1 percent.
그러나 빈곤율은 결코 10.5% 아래로 떨어지지 않았다 / 그리고 지금은 거의 15.1%이다

Americans have lost 55 percent of their wealth / in the past five years,
미국인들은 부의 55%를 잃어버렸다 / 지난 5년 동안

// and nearly 50 million Americans are struggling / to make a living. Meanwhile, 126 agencies
// 그리고 거의 5천만 미국인들이 고군분투 중이다 / 생계를 위해. 한편, 126개 기관들은

(spending $1 trillion a year) / cannot seem to gain any ground.
(1년에 1조 달러를 쓰고 있는) / 어떤 성과를 얻은 것 같지도 않다.

Statistics, however, fail to show / the reality of the daily suffering (endured by single mothers, working parents, and children)
그러나 통계자료는 보여주는 데 실패한다 / 고통스러운 현실을 (미혼모, 맞벌이 부부, 그리고 아이들이 견디는)

/ in inner cities. Some serious flaws (in the poverty rate's calculation) / exist and are worth addressing.
/ 도심 안에. 일부 심각한 결함들 (빈곤율 계산에) / 존재한다 그리고 고심할 가치가 있다.

However, no one seriously doubts / the prevalence or the destructive nature of poverty
하지만 아무도 심각하게 의심하지 않는다 / 가난의 만연함이나 가난의 파괴적인 속성을

(on both the national and international scale).
(국가적이고 국제적 규모 둘 다에 있는)

For decades, / progressive policies have trapped / generations of Americans
수십 년 동안 / 진보적인 정책들은 빠뜨렸다 / 미국인 여러 세대들을

/ in poverty, bad schools and crime-ridden neighborhoods.
/ 가난, 좋지 않은 학교, 그리고 범죄에 시달리는 이웃들에

전체해석

미국인들은 지난 50년 동안 정부 기관과 국가 통제주의 정책들을 사용하기 위한, 숭고하지만 잘못 인도된 노력의 일환으로 15조 달러를 지출해 왔다. 그러나 빈곤율은 결코 10.5% 아래로 떨어지지 않았고, 지금은 거의 15.1%다. 미국인들은 지난 5년 동안 부(富)의 55%를 잃어버렸고, 거의 5천만 미국인들이 생계를 위해 고군분투 중이다. 한편, 1년에 1조 달러를 쓰고 있는 126개의 기관들은 어떤 성과를 얻은 것 같지도 않다. 그러나 통계자료는 도심 안에 미혼모, 맞벌이 부부, 그리고 아이들이 견디는 매일의 고통스러운 현실을 보여주는 데 실패한다. 일부 심각한 결함들이 빈곤율 계산에 존재하며, 고심할 가치가 있다. 하지만, 아무도 국가적이고 국제적 규모 둘 다에 있는 가난의 만연함이나 그 파괴적인 속성을 심각하게 의심하지 않는다. 수십 년 동안, 진보적인 정책들은 미국인 여러 세대들을 가난, 좋지 않은 학교, 그리고 범죄에 시달리는 이웃들에 빠뜨렸다.

① 빈곤에 대한 더 나은 전쟁을 할 때다.
② 경제 통계학은 정치적 결정에 효과적이었다.
③ 미국 정부 기관들은 어려움에 처한 사람들을 돕는 데 성공적이었다.
④ 세금 개혁이 가난을 완화시키는 데 필요하다.

51 ──────────── 2019 국가직 9급

밑줄 친 부분 중 글의 흐름상 가장 어색한 것은?

Wall Street banks had grown to such staggering sizes, and had become so central to the health of the financial system, that no rational government could ever let them fail. ① <u>Aware of their protected status, banks made excessively risky bets on housing markets and invented ever more complicated derivatives.</u> ② <u>New virtual currencies such as bitcoin and ethereum have radically changed our understanding of how money can and should work.</u> ③ <u>The result was the worst financial crisis since the breakdown of our economy in 1929.</u> ④ <u>In the years since 2007, we have made great progress in addressing the too-big-to-fail dilemma.</u> Our banks are better capitalized than ever. Our regulators conduct regular stress tests of large institutions.

끊어읽기

Wall Street banks had grown to such staggering sizes,
월 스트리트 은행들은 엄청난 규모로 성장했고

// and had become so central to the health of the financial system, // that no rational government could ever let them fail.
// 금융 시스템에서 매우 중요하게 되었으며 // 어떠한 이상적인 정부도 그들을 실패하게 둘 수 없었다

① Aware of their protected status, // banks made excessively risky bets on housing markets
보호받는 지위를 의식하면서 // 은행들은 주택시장에서 지나치게 위험을 무릅쓰게 되었고

// and invented ever more complicated derivatives.
// 더욱 복잡한 파생상품을 개발했다.

② New virtual currencies such as bitcoin and Ethereum / have radically changed our understanding
비트코인과 이더리움같은 새로운 가상 통화들이 / 우리의 이해를 근본적으로 변화시켰다

// of how money can and should work.
// 어떻게 돈이 작용할 수 있고 작용해야 하는지

③ The result was the worst financial crisis // since the breakdown of our economy in 1929.
그 결과는 최악의 금융위기였다 // 1929년 우리 경제가 붕괴된 이후로

④ In the years since 2007, // we have made great progress (in addressing the too-big-to-fail dilemma.)
2007년 이후 몇 년 동안 // 우리는 큰 진전을 이루었다 (너무 큰 실패의 딜레마를 해결해 나가면서)

Our banks are better capitalized than ever.
우리의 은행들은 어느 때보다도 자본화가 잘 되어 있었다

Our regulators conduct / regular stress tests of large institutions.
우리의 규제당국은 시행하다 / 대형기관에 대한 정기적인 스트레스 테스트를

전체해석

월 스트리트 은행들은 엄청난 규모로 성장했고, 금융 시스템 번영에 매우 중요한 것이 되어, 어떠한 이상적인 정부도 그들을 실패하게 둘 수 없었다. 은행들은 보호받는 지위를 의식해, 주택시장에 지나치게 위험을 무릅쓴 채 더욱 복잡한 파생상품을 개발했다. (비트코인과 이더리움 같은 새로운 가상 통화가 어떻게 돈이 작용할 수 있고, 작용해야 하는지에 대한 우리의 이해를 근본적으로 변화시켰다.) 그 결과는 1929년 우리 경제가 붕괴된 이후 최악의 금융 위기였다. 2007년 이후 몇 년 동안 우리는 너무 큰 실패의 딜레마를 해결하는 데 큰 진전을 이루었다. 우리 은행들은 그 어느 때보다도 자본화가 잘 되어 있다. 우리의 규제 당국은 대형 기관에 대한 정기적인 스트레스 테스트를 시행한다.

정답 51 ②

52

2023 국가직 9급

밑줄 친 부분에 들어갈 말로 알맞은 것은?

> In recent years, the increased popularity of online marketing and social media sharing has boosted the need for advertising standardization for global brands. Most big marketing and advertising campaigns include a large online presence. Connected consumers can now zip easily across borders via the internet and social media, making it difficult for advertisers to roll out adapted campaigns in a controlled, orderly fashion. As a result, most global consumer brands coordinate their digital sites internationally. For example, Coca-Cola web and social media sites around the world, from Australia and Argentina to France, Romania, and Russia, are surprisingly _____. All feature splashes of familiar Coke red, iconic Coke bottle shapes, and Coca-Cola's music and "Taste the Feeling" themes.

① experimental
② uniform
③ localized
④ diverse

기출문제 학습 해설

어휘정리

boost 상승시키다, 북돋우다 standardization 표준화 presence 존재, 참석 zip 쌩하고 지나가다 border 국경 via ~경유하여 fashion 방식 coordinate 조정하다, 조직화하다

장대영어 Flow

빈칸 문장이 예시 문장인 것과 상관없이 빈칸 이후에 글이 있다면 이것을 1차적인 근거로 삼아야 한다.

끊어읽기

In recent years, the increased popularity (of online marketing and social media sharing)
최근 몇 년 동안 증가된 인기(온라인 마케팅과 소셜미디어 공유의)는

/ has boosted the need for advertising standardization / for global brands.
/ 광고 표준화에 대한 필요성을 키웠다 / 글로벌 브랜드의

Most big marketing and advertising campaigns / include a large online presence.
대부분의 대형 마케팅과 광고 캠페인은 / 대규모 온라인 활동을 포함한다.

Connected consumers can now zip easily / across borders / via the internet and social media,
이제 연결된 소비자들이 쉽게 넘나들 수 있다 / 국경을 넘어 / 인터넷과 소셜미디어를 통해

/ making it difficult / for advertisers to roll out adapted campaigns / in a controlled, orderly fashion.
(그래서) 어렵게 만들었다 / 광고주들이 맞춤화된 캠페인을 전개하는 것이 / 통제되고 질서정연한 방식으로

As a result, most global consumer brands / coordinate their digital sites internationally.
그 결과, 대부분의 글로벌 소비자 브랜드는 / 전 세계적으로 그들의 디지털 사이트를 조정한다.

For example, Coca-Cola web and social media sites (around the world,
예를 들어, 코카콜라의 웹과 소셜 미디어 사이트들은 (전 세계적으로

/ from Australia and Argentina to France, Romania, and Russia,) / are surprisingly uniform.
/ 호주와 아르헨티나에서부터 프랑스, 루마니아, 러시아에 이르기까지) / 놀라울 정도로 획일적이다.

All feature / splashes of familiar Coke red, iconic Coke bottle shapes,
모든 것들이 특징으로 한다 / 친숙한 코카콜라의 붉은색, 상징적인 코카콜라의 병 모양

and Coca-Cola's music and "Taste the Feeling" themes.
코카콜라의 음악 그리고 'Taste the Feeling' 테마

전체해석

최근 몇 년 동안 온라인 마케팅과 소셜 미디어 공유의 인기가 높아지면서 글로벌 브랜드의 광고 표준화에 대한 필요성이 커졌다. 대부분의 대형 마케팅과 광고 캠페인은 대규모 온라인 활동을 포함한다. 이제 연결된 소비자들이 인터넷과 소셜 미디어를 통해 국경을 쉽게 넘나들 수 있게 되어, 광고주들이 통제되고 질서정연한 방식으로, 맞춤화된 캠페인을 전개하는 것이 어려워진다. 그 결과, 대부분의 글로벌 소비자 브랜드는 전 세계적으로 그들의 디지털 사이트를 (대등하게) 조정한다. 예를 들어, 호주와 아르헨티나에서부터 프랑스, 루마니아, 러시아에 이르기까지 전 세계적으로 코카콜라의 웹과 소셜 미디어 사이트들은 놀라울 정도로 획일적이다. 전부 친숙한 코카콜라의 붉은색, 상징적인 코카콜라의 병 모양, 코카콜라의 음악, 'Taste the Feeling' 테마 등 (우리에게) 잘 알려진 것들을 특징으로 한다.

① 실험적인
② 획일적인
③ 지역화된
④ 다양한

정답 52 ②

53

다음 글의 제목으로 가장 적절한 것은?

Lasers are possible because of the way light interacts with electrons. Electrons exist at specific energy levels or states characteristic of that particular atom or molecule. The energy levels can be imagined as rings or orbits around a nucleus. Electrons in outer rings are at higher energy levels than those in inner rings. Electrons can be bumped up to higher energy levels by the injection of energy — for example, by a flash of light. When an electron drops from an outer to an inner level, "excess" energy is given off as light. The wavelength or color of the emitted light is precisely related to the amount of energy released. Depending on the particular lasing material being used, specific wavelengths of light are absorbed (to energize or excite the electrons) and specific wavelengths are emitted (when the electrons fall back to their initial level).

① How Is Laser Produced?
② When Was Laser Invented?
③ What Electrons Does Laser Emit?
④ Why Do Electrons Reflect Light?

끊어읽기

Lasers are possible / because of the way light interacts with electrons.
레이저는 가능하다 / 빛과 전자와 상호작용하는 방식 때문에

Electrons exist / at specific energy levels / or states characteristic of that particular atom or molecule.
전자는 존재한다 / 특정 에너지 준위 / 혹은 특정 원자 또는 특정한 분자의 특정한 상태로

The energy levels can be imagined / as rings or orbits around a nucleus.
에너지 준위는 상상될 수 있다 / 고리 또는 핵 주위의 궤도로

Electrons in outer rings / are at higher energy levels / than those in inner rings.
외부 고리의 전자는 / 에너지 준위가 높다 / 내부 고리의 전자보다

Electrons can be bumped up / to higher energy levels / by the injection of energy
전자는 상승할 수 있다 / 더 높은 에너지 준위로 / 에너지의 주입으로

— for example, by a flash of light. When an electron drops from an outer to an inner level,
— 예를 들어 빛의 섬광과 같은. 전자가 바깥쪽에서 안쪽 준위로 떨어지면

// "excess" energy is given off as light.
// "과잉" 에너지가 빛으로 방출된다

The wavelength or color of the emitted light / is precisely related / to the amount of energy released.
방출되는 빛의 파장 또는 색상은 / 정확하게 관련되어 있다 / 방출되는 에너지의 양과

Depending on the particular lasing material being used, / specific wavelengths of light are absorbed
사용되는 특정 레이싱 재료에 따라 / 특정 파장의 빛이 흡수된다

/ (to energize or excite the electrons) // and specific wavelengths are emitted
(전자를 통전시키거나 들뜬 상태로 만들기 위해) // 그리고 특정 파장이 방출된다.

// (when the electrons fall back to their initial level).
// (전자가 초기 준위로 떨어질 때)

전체해석

레이저는 빛이 전자와 상호작용하는 방식 때문에 (발생이) 가능하다. 전자는 특정 원자 또는 분자의 특정한 에너지 준위 혹은 상태로 존재한다. 에너지 준위는 고리 또는 핵 주위의 궤도로 상상될 수 있다. 외부 고리의 전자는 내부 고리의 전자보다 에너지 준위가 높다. 전자는 예를 들어, 빛의 섬광과 같은 에너지 주입에 의해 더 높은 에너지 준위로 상승할 수 있다. 전자가 바깥쪽에서 안쪽 준위로 떨어지면, "과잉" 에너지가 빛으로 방출된다. 방출되는 빛의 파장 또는 색상은 방출되는 에너지의 양과 정확하게 관련되어 있다. 사용되는 특정 레이싱 재료에 따라 (전자를 통전시키거나 들뜬 상태로 만들기 위해) 특정 파장의 빛이 흡수되고 (전자가 초기 준위로 떨어질 때) 특정 파장이 방출된다.

① 레이저는 어떻게 생산되는가
② 레이저는 언제 발명되었는가
③ 어떤 전자들이 레이저를 발산하는가
④ 왜 전자들은 빛을 반사하는가

정답 53 ①

Chapter 03 CLUES

1 연결사

대표 연결사 11

−Not only	But also	
연결사 추론 < 독해 – 다른 유형		
• 연결사 추론	• 순서 배열 • 문장 삽입 • 문장 제거	• 빈칸 • 독해 – 어휘

1. For example / For instance (예를 들어서)

속성

上. 집합
For example
下. 원소

2. However (그러나)

But (그러나) / Yet (그러나) / Still (그러나) / Conversely (반대로, 역으로) / In contrast (대조적으로)/
By contrast (대조적으로) / On the other hand (반면에, 대조적으로) …

속성

A + A − A
However   반대
A − A + B

3. Likewise (마찬가지로) / Similarly (유사하게도)

In the same way (같은 방식으로, 유사하게도) / In like manner (마찬가지로) ⋯

속성

$$\left.\begin{array}{c} A \\ \text{Likewise} \\ A' \end{array}\right\} ≒$$

4. Therefore (그러므로)

Thus (그러므로) / Hence (그러므로) / Consequently (결과적으로, 그러므로) / Accordingly (따라서, 그러므로) / As a result (결과적으로, 그러므로) / For this reason (이러한 이유로, 그러므로) ⋯

속성

A : 원인
Therefore   'A 때문에 B'
B : 결과

5. Furthermore / Besides / In addition / Moreover (게다가, 더욱이)

속성

$$\left.\begin{array}{cc} a & A \\ \text{Moreover} & \\ A & A' \end{array}\right\} ≒$$

6. Instead (대신에)

alternatively (그 대신에) / as an alternative (대안으로) ⋯

속성

A−행동(×)
Instead
A와는 다른 행동, 방법 (A − 대안책)

7. Otherwise (그렇지 않으면)

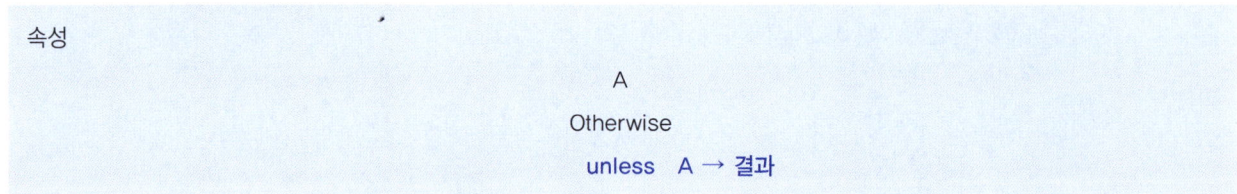

8. Nevertheless / Nonetheless (그럼에도 불구하고)

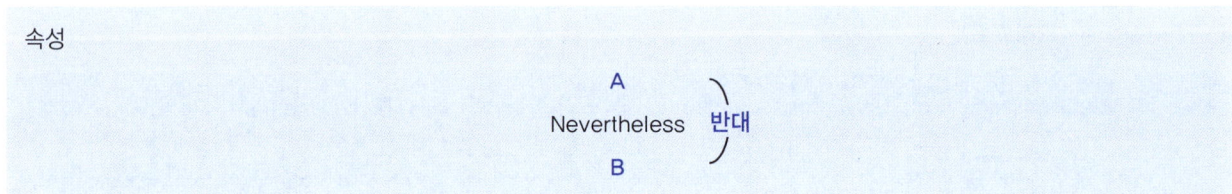

9. In other words / That is (to say) (즉, 다시 말해서)

Namely (즉, 다시 말해서) / So to speak (말하자면, 다시 말해서) / As it were (즉, 다시 말해서) …

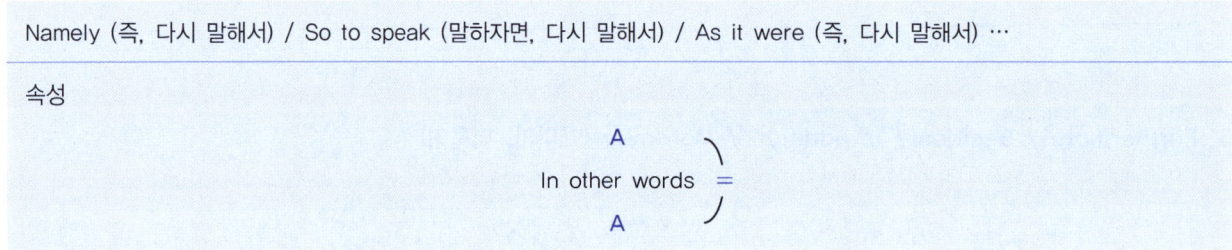

10. In short (요약하자면) / In conclusion (결론적으로)

In brief (요약하자면) / to sum up (요약하자면) / to summarize (요약하자면) / ultimately (궁극적으로) / eventually (결국에) …

속성

A
In short
A — 요약

11. In fact

coping method → '제일 나중에'

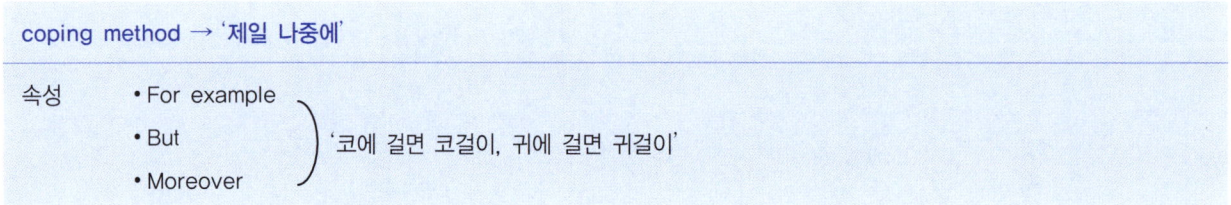

2 지시사

1. 대명사

└ ⓐ 명사   (대명사는 앞에 명사를 뒤에서 받는 말로 순서, 삽입, 제거 유형에서 유용하게 쓰인다.)

2. the + N

└ ⓐ   N 등장 (a(n) N)   *N : Noun(명사)
      N 내용   (앞에 나온 명사나 그 명사에 해당하는 내용을 뒤에서 받는 형태로 순서, 삽입, 제거 유형에서 유용하게 쓰인다.)

3. this + N   / that + N
   these + Ns / those + Ns

└ ⓐ   N 등장   *this + N – 이 명사 / these Ns – 이 명사들
      N 내용   *that + N – 저 명사 / those Ns – 저 명사들
              (앞에 나온 명사나 그 명사에 해당하는 내용을 뒤에서 받는 형태로 순서, 삽입, 제거 유형에서 유용하게 쓰인다.)

4. Such + a(n) + N / Such + Ns

└ ⓐ   N 등장   *Such + N – 그와 같은 명사 / such Ns – 그와 같은 명사들
      N 내용   (앞에 나온 명사나 그 명사에 해당하는 내용을 뒤에서 받는 형태로 순서, 삽입, 제거 유형에서 유용하게 쓰인다.)

예 There is an apple on the table. 테이블 위에 사과가 하나 있다.
    [   ] is the thing that anybody can buy in the market. [   ]는 시장에서 누구나 살 수 있는 것이다.
    ① It (그것은)   ② The apple (그 사과는)
    ③ This / That apple (이/저 사과는)   ④ Such an apple (그와 같은 사과는)

+α 1	+α 2	+α 3	+α 4
another + N	there	the same	the former
other + Ns	then		the latter

- another + N (또 다른 N)   • there (거기에서)   • the same (똑같은 것)   • the former (전자)
- other + Ns (다른 N들)   • then (그때)   • the latter (후자)

5. 앞 V → 뒤 N

예 He believed that she had lied during the critical period.   →   His belief is wrong.
    그는 그녀가 그 결정적인 기간 동안 거짓말했다고 믿었다.   그의 믿음은 잘못된 것이다.

54

주어진 문장이 들어갈 위치로 가장 적절한 것은?

> Some of these ailments are short-lived; others may be long-lasting.

For centuries, humans have looked up at the sky and wondered what exists beyond the realm of our planet. (①) Ancient astronomers examined the night sky hoping to learn more about the universe. More recently, some movies explored the possibility of sustaining human life in outer space, while other films have questioned whether extraterrestrial life forms may have visited our planet. (②) Since astronaut Yuri Gagarin became the first man to travel in space in 1961, scientists have researched what conditions are like beyond the Earth's atmosphere, and what effects space travel has on the human body. (③) Although most astronauts do not spend more than a few months in space, many experience physiological and psychological problems when they return to the Earth. (④) More than two-thirds of all astronauts suffer from motion sickness while traveling in space. In the gravity-free environment, the body cannot differentiate up from down. The body's internal balance system sends confusing signals to the brain, which can result in nausea lasting as long as a few days.

기출문제 학습 해설

어휘정리

ailment 질병   wonder 궁금해하다   astronomer 천문학자   extraterrestrial 외계의, 외계인   astronaut 우주비행사
atmosphere 대기   physiological 생리(학)적인   psychological 심리(학)적인   gravity-free 중력이 없는
differentiate 구별하다   nausea 메스꺼움

장대영어 Flow

1. 주어진 문장에서 지시사를 찾았다면 반드시 표시해야 한다.
2. 한 문장씩 읽을 때마다 주어진 문장에서 찾은 지시사가 가리키는 것이 있는지 생각해보고 다음 문장으로 넘어가야 한다.

끊어읽기

For centuries, // humans have looked up at the sky and wondered // what exists beyond the realm of our planet.
수세기 동안 // 인간은 하늘을 올려다보며 궁금해했다 // 지구에 너머에 무엇이 존재하는지

Ancient astronomers examined the night sky / hoping to learn more about the universe.
고대 천문학자들은 밤하늘을 조사했다 / 우주에 대해 더 많은 것을 알기를 희망했기에

More recently, some movies explored / the possibility of sustaining human life in outer space, // while other films have questioned // whether extraterrestrial life forms may have visited our planet.
최근에, 일부 영화들은 탐구했다 / 우주 공간에서 인간의 삶을 유지할 수 있는지를 // 다른 영화들은 의문을 가졌다 // 외계 생물체가 우리 행성을 방문했을 가능성이 있는지에 대해

Since astronaut Yuri Gagarin became the first man (to travel in space in 1961,) scientists have researched // what conditions are like beyond the Earth's atmosphere, // and what effects space travel has on the human body.
우주 비행사 Yuri Gagarin이 최초의 사람이 된 이후 (1961년에 우주 여행을 한) 과학자들은 연구했다 // 지구 대기권 밖의 조건이 어떠한지 // 그리고 우주 여행이 인체에 어떤 영향을 미치는지

Although most astronauts do not spend more than a few months in space, // many experience physiological and psychological problems // when they return to the Earth.
대부분의 우주 비행사는 우주에서 몇 달 이상을 보내지는 않지만 // 많은 이들은 생리적, 심리적 문제들을 경험한다 // 지구로 돌아올 때

Some of these ailments are short-lived; // others may be long-lasting.
이러한 질병 중 일부는 수명이 짧지만 // 다른 질병은 지속될 수 있다

More than two-thirds of all astronauts / suffer from motion sickness // while traveling in space.
우주 비행사의 3분의 2 이상이 / 멀미로 고통받는다 // 우주를 여행할 때

In the gravity-free environment, // the body cannot differentiate up from down.
중력이 없는 환경에서 // 몸은 높고 낮음을 구별할 수 없다

The body's internal balance system sends confusing signals to the brain, [which can result in nausea lasting as long as a few days.]
신체의 내부 균형시스템은 혼란스러운 신호를 뇌로 보낸다 [이로 인해 메스꺼움이 며칠 동안 지속될 수 있다]

전체해석

수세기 동안 인간은 하늘을 올려다보았고 지구의 너머에 존재하는 것이 궁금했다. 고대 천문학자들은 우주에 대해 더 많은 것을 알기를 희망하여 밤하늘을 조사했다. 최근에 일부 영화들은 우주 공간에서 인간의 삶을 유지할 가능성을 탐구했고, 다른 영화들은 외계 생물체가 우리 행성을 방문했을 가능성이 있는지에 대해 의문을 가졌다. 우주 비행사 Yuri Gagarin이 1961년 우주 여행을 한 최초의 사람이 된 이후 과학자들은 지구 대기권 밖의 조건과 우주 여행이 인체에 미치는 영향을 연구했다. 대부분의 우주 비행사는 우주에서 몇 달 이상을 보내지 않지만 지구로 돌아올 때 생리적, 심리적인 문제를 경험한다. 이 질병의 일부는 짧은 반면, 다른 것들은 오래 갈 수 있다. 모든 우주 비행사의 3분의 2 이상이 우주여행 중 멀미로 고통 받고 있다. 중력이 없는 환경에서 몸은 높고 낮음을 구별할 수 없다. 신체의 내부 균형 시스템은 혼란스러운 신호를 뇌로 보내 주며, 메스꺼움이 며칠 지속될 수 있다.

정답 54 ④

55

글의 흐름으로 보아 주어진 문장이 들어가기에 가장 적절한 곳은?

The closer the individual film came to being described by the first term in each pair, the more its difference from Hollywood films was regarded as "innovative" and hence positive.

Something in the German films was obviously viewed as "aesthetic," but what was it? (①) In America, the term "German cinema" came to mark out an aesthetic space, if you will, somewhere outside the normative boundaries of conventional Hollywood style. (②) At issue was how far outside, and whether this aesthetic distance from the Hollywood cinema constituted a positive or negative aesthetic difference. (③) Discussions of individual films tended to be framed by three aesthetic criteria, each having both a positive and a negative dimension: spectacular/excessive, complex/elitist, and artistic/self-indulgent. (④) A film defined by the latter terms, however, was seen as too different and hence too "strange".

기출문제 학습 해설

어휘정리

term 용어 innovative 혁신적인 hence 그러므로 aesthetic 미적인, 심미적 normative 규범적인
conventional 전통적인, 관습적인 criteria (criterion-기준)의 복수형 spectacular 장관을 이루는, 극적인
self-indulgent 제멋대로 하는

장대영어 Flow

1. 주어진 문장에서 가장 중요시해야 할 단서는 the first term이다. 이후에는 the latter가 나올 가능성이 높기 때문이다.
2. 지문의 첫 문장이 의문문으로 시작되기 때문에 글의 주제를 찾는 데에 활용해야 한다.

끊어읽기

Something (in the German films) was obviously viewed as "aesthetic," // but what was it?
무언가(독일 영화에 담긴)는 명확하게 미학적인 것으로 간주되었다 // 그러나 그것이 무엇이었을까?

In America, the term "German cinema" came to mark / out an aesthetic space,
미국에서, "독일영화"라는 용어는 표시하게 되었다 / 미학적인 공간 바깥을

// if you will, / somewhere outside the normative boundaries (of conventional Hollywood style).
// 말하자면 / 경계 바깥 어딘가에 (전통적인 헐리우드 스타일의)

At issue was // how far outside, // and whether this aesthetic distance from the Hollywood cinema
이슈가 있었다. // 얼마나 바깥인지, // 그리고 할리우드 영화로부터의 이러한 미학적인 거리가
/ constituted a positive or negative aesthetic difference.
/ 긍정적인 미학적 차이를 만들어내는지 부정적인 미학적 차이를 만들어내는지

Discussions of individual films tended to be framed / by three aesthetic criteria,
개별 영화들에 대한 논의는 만들어지는 경향이 있다. / 세 가지 미학적 기준에 의해서,
/ each having both a positive and a negative dimension: spectacular/excessive, complex/elitist, and artistic/self-indulgent.
/ 각각은 긍정적이고 부정적인 차원을 모두 가지고 있었다.; 극적인 것/과도한 것, 복잡한 것/엘리트주의적인 것, 그리고 예술적인 것/방종한 것

The closer the individual film came to being described by the first term in each pair,
개별 영화가 각각의 쌍 중에 첫 번째 용어에 의해 더 밀접하게 묘사될수록,
// the more its difference from Hollywood films was regarded / as "innovative" and hence positive.
// 할리우드 영화와의 차이는 간주되었다. / "혁신적인" 따라서 긍정적인 것으로

A film (defined by the latter terms), however, was seen / as too different and hence too "strange."
그러나, (후자의 용어에 의해서 정의된) 영화는 간주되었다. / 너무 다르고 따라서 너무 "이상한" 것으로

전체해석

독일 영화에 담긴 무언가는 명확하게 '미학적'인 것으로 간주되었는데, 그것은 무엇이었을까? 미국에서, "독일 영화"라는 용어는 전통적인 할리우드 스타일의 규범적인 경계 바깥 어딘가에 미학적인 공간을 표시하게 되었다. 얼마나 멀리의 바깥인지, 그리고 할리우드 영화로부터의 이러한 미학적인 거리가 긍정적인 미학적 차이를 만들어내는지 부정적인 미학적 차이를 만들어내는지는 논쟁 중이었다. 개별 영화들에 대한 논의는 세 가지 미학적 기준에 의해서 만들어지는 경향이 있었는데, 각각은 긍정적이고 부정적인 차원을 모두 가지고 있었다. 즉, 극적인 것/과도한 것, 복잡한 것/엘리트주의적인 것, 그리고 예술적인 것/방종한 것. <u>개별 영화가 각각의 쌍 중에 첫 번째 용어에 의해 더 밀접하게 묘사될수록 할리우드 영화와의 차이는 "혁신적인" 따라서 긍정적인 것으로 간주되었다.</u> 그러나 후자의 용어에 의해서 정의된 영화는 너무 다르고 따라서 너무 "이상한" 것으로 간주되었다.

정답 55 ④

56

주어진 문장이 들어갈 위치로 가장 적절한 것은?

It was then he remembered his experience with the glass flask, and just as quickly, he imagined that a special coating might be applied to a glass windshield to keep it from shattering.

In 1903 the French chemist, Edouard Benedictus, dropped a glass flask one day on a hard floor and broke it. (①) However, to the astonishment of the chemist, the flask did not shatter, but still retained most of its original shape. (②) When he examined the flask he found that it contained a film coating inside, a residue remaining from a solution of collodion that the flask had contained. (③) He made a note of this unusual phenomenon, but thought no more of it until several weeks later when he read stories in the newspapers about people in automobile accidents who were badly hurt by flying windshield glass. (④) Not long thereafter, he succeeded in producing the world's first sheet of safety glass.

기출문제 학습 해설

어휘정리

apply 바르다   windshield 자동차 앞 유리, 바람막이 창   shatter 산산이 부서지다   astonishment 놀라움
retain 유지하다, 보유하다   residue 잔여물   solution 용액   unusual 특이한   phenomenon 현상

장대영어 Flow

1. 주어진 문장에서 확인해야 할 단서는 'the glass'이다.
2. 주어진 문장의 the glass에 대한 내용이 모두 나온 다음 제시될 수 있다.
3. 글 전체가 한 인물의 이야기를 담고 있으므로 이야기의 흐름을 쫓아가면서 주어진 문장에 포함된 단서가 들어갈 위치를 파악해야 한다.

끊어읽기

In 1903 the French chemist, Edouard Benedictus, dropped a glass flask one day / on a hard floor and broke it.
1903년 프랑스 화학자 Edouard Benedictus는 어느 날 유리 플라스크를 떨어뜨렸다 / 딱딱한 바닥에 그리고 그것을 깼다

However, to the astonishment of the chemist, / the flask did not shatter, / but still retained most of its original shape.
그러나 놀랍게도 / 그 플라스크는 깨지지 않았다 / 그러나 여전히 원래 모양 대부분을 유지했다.

When he examined the flask // he found that it contained a film coating inside,
그가 플라스크를 검사했을 때 // 그는 안쪽에 필름코팅을 포함하고 있음을 발견했다.

/ a residue (remaining from a solution of collodion [that the flask had contained.])
그리고 그것은 콜로디온 용액의 잔여물이었다 [플라스크가 담고 있던]

He made a note of this unusual phenomenon,
그는 이 특이한 현상을 기록했다.

/ but thought no more of it / until several weeks later
그러나 더 이상 생각하지 않았다 / 몇 주가 지날 때까지

// when he read stories in the newspapers
그가 기사를 신문에서 읽었을 때

/ about people (in automobile accidents) [who were badly hurt by flying windshield glass.]
사람에 대해서 (교통사고를 당한) [날아오는 바람막이 창문에 의해 심하게 다친]

It was then // he remembered his experience with the glass flask,
바로 그 때 // 그는 그 유리 플라스크에 대한 그의 경험이 생각났다

// and just as quickly, he imagined // that a special coating might be applied / to a glass windshield
// 그리고 빠르게 생각했다 // 특별한 코팅이 적용될수 있을 거라고 / 바람막이 창에

/ to keep it from shattering.
/ 산산조각 나는 것을 막기 위해서

Not long thereafter, he succeeded in producing the world's first sheet of safety glass,
얼마 지나지 않아 그는 세계 최초의 안전 유리판을 제작하는 데 성공했다.

전체해석

1903년 프랑스 화학자 Edouard Benedictus는 어느 날 딱딱한 바닥에 유리 플라스크를 떨어뜨려 깼다. 그러나 놀랍게도 그 플라스크는 산산조각이 나지 않고, 여전히 원래 모양 대부분을 유지했다. 그가 플라스크를 검사했을 때, 플라스크 안에 필름 코팅이 들어 있는 것을 발견했는데, 플라스크가 담고 있던 콜로디온 용액의 잔여물이었다. 그는 이 특이한 현상을 기록했지만, 그것에 대해 더 이상 생각하지 않았고 그가 몇 주 후에 차 사고로 날아오는 바람막이 창문에 의해 심하게 다친 사람에 대한 기사를 신문에서 읽고 나서야 생각이 났다. <u>그때 그는 유리 플라스크에 대한 경험이 기억났고, 그는 유리로 된 바람막이 창이 산산조각이 나는 것을 막기 위해 특별한 코팅이 적용될 수도 있다고 빠르게 생각했다.</u> 얼마 지나지 않아 그는 세계 최초의 안전 유리판을 제작하는 데 성공했다.

 56 ④

57

주어진 글 다음에 이어질 글의 순서로 가장 적절한 것은?

More people require more resources, which means that as the population increases, the Earth's resources deplete more rapidly.

(A) Population growth also results in increased greenhouse gases, mostly from CO_2 emissions. For visualization, during that same 20th century that saw fourfold population growth, CO_2 emissions increased twelvefold.

(B) The result of this depletion is deforestation and loss of biodiversity as humans strip the Earth of resources to accommodate rising population numbers.

(C) As greenhouse gases increase, so do climate patterns, ultimately resulting in the long-term pattern called climate change.

① (A) − (B) − (C)
② (B) − (A) − (C)
③ (B) − (C) − (A)
④ (C) − (A) − (B)

기출문제 학습 해설

어휘정리

deplete 고갈하다　result in 초래하다, 초래하다　greenhouse gas 온실가스　visualization 시각화　deforestation 삼림파괴
biodiversity 생물의 다양성　strip A of B A에게서 B를 벗겨내다　accommodate 수용하다

장대영어 Flow

1. (B)의 this depletion을 활용하여 주어진 글에 이어질 순서를 확인해야 한다.
2. 각 부분의 마지막 부분과 이어지는 부분의 앞부분이 각각 동사형 → 명사형으로 요약 및 재진술되고 있다.

끊어읽기

More people require more resources, [which means // that as the population increases,
더 많은 사람들이 더 많은 자원을 필요로 하는데 [이것은 의미한다 // 인구가 증가함에 따라

// the Earth's resources deplete more rapidly.]
// 지구의 자원이 빠르게 고갈된다는 것을

(B) The result of this depletion / is deforestation and loss of biodiversity
이 고갈의 결과는 / 산림벌채와 생물 다양성의 손실이다

// as humans strip the Earth of resources / to accommodate rising population numbers.
// 인간이 자원을 지구에서 제거함에 따라 / 증가하는 인구 수를 수용하기 위해

(A) Population growth also results in increased greenhouse gases, / mostly from CO2 emissions. For visualization,
인구 증가는 또한 온실가스를 증가시킨다 / 대부분 이산화탄소로부터

/ during that same 20th century [that saw fourfold population growth,] // CO2 emissions increased twelvefold.
/ 20세기 동안 [4배의 인구증가를 보인] // 이산화탄소 배출이 12배 증가했다.

(C) As greenhouse gases increase, // so do climate patterns,
온실가스가 증가함에 따라 // 기후패턴도 증가한다

/ ultimately resulting in the long-term pattern / called climate change.
/ 궁극적으로 장기적인 패턴을 초래하면서 / 기후변화라고 불리는

전체해석

더 많은 사람들이 더 많은 자원을 필요로 하는데, 이는 인구가 증가함에 따라 지구의 자원이 더 빠르게 고갈된다는 것을 의미한다.
(B) 이 고갈의 결과는 인간이 증가하는 인구 수를 수용하기 위해 자원을 지구에서 제거함에 따라 삼림 벌채와 생물 다양성의 손실이다.
(A) 인구 증가는 또한 대부분 이산화탄소로부터 온실가스를 증가시킨다. 시각화해보면, 4배의 인구 증가를 보인 20세기 동안 이산화탄소 배출량은 12배 증가했다.
(C) 온실가스가 증가함에 따라 기후 변화라고 불리는 장기적인 패턴을 초래하면서 기후 패턴도 증가하여 궁극적으로 증가한다.

정답　57 ②

58

주어진 글 다음에 이어질 글의 순서로 가장 적절한 것은?

To be sure, human language stands out from the decidedly restricted vocalizations of monkeys and apes. Moreover, it exhibits a degree of sophistication that far exceeds any other form of animal communication.

(A) That said, many species, while falling far short of human language, do nevertheless exhibit impressively complex communication systems in natural settings.

(B) And they can be taught far more complex systems in artificial contexts, as when raised alongside humans.

(C) Even our closest primate cousins seem incapable of acquiring anything more than a rudimentary communicative system, even after intensive training over several years. The complexity that is language is surely a species-specific trait.

① (A) - (B) - (C)
② (B) - (C) - (A)
③ (C) - (A) - (B)
④ (C) - (B) - (A)

기출문제 학습 해설

어휘정리

stands out 눈에 띄다, 두드러지다   restrict 제한시키다   sophistication 정교화   exceed 넘어서다, 초과하다
fall short of ~에 부족하다, 못 미치다   artificial 인공적인   primate 영장류   rudimentary 가장 기본적인   intensive 집중적인

장대영어 Flow

1. 첫 문장 'To be sure'를 통해 글쓴이의 주장이 명확하게 담겨있음을 확인할 수 있다(STS).
2. (A)의 'That said'는 'That is'와 같은 기능, (B)의 'And'는 앞 문장에 동일한 내용이 언급되어야 한다.

끊어읽기

To be sure, / human language stands out / from the decidedly restricted vocalizations of monkeys and apes.
확실히 / 인간의 언어는 두드러진다 / 원숭이와 유인원의 확연히 제한된 발성에서

Moreover, it exhibits a degree of sophistication [that far exceeds any other form of animal communication.]
게다가 그것은 정교함을 보여준다 [어느 다른 형태의 동물 의사소통을 훨씬 능가하는]

(C) Even our closest primate cousins / seem incapable of acquiring anything / more than a rudimentary communicative system.
심지어 우리의 가장 가까운 영장류 사촌들조차 / 습득할 수 없는 것처럼 보인다 / 기초 의사소통 체계 그 이상을

/ even after intensive training over several years.
/ 몇 년 동안 집중적인 훈련을 받은 후에도

The complexity that is language / is surely a species-specific trait.
언어라는 복잡성은 / 확실히 종별 특성이다.

(A) That said, many species, (while falling far short of human language,) / do nevertheless exhibit
즉, 많은 종들은 (인간의 언어에는 크게 못 미치지만) / 그럼에도 불구하고 보여준다

impressively complex communication systems / in natural settings.
인상적으로 복잡한 의사소통 세계를 / 자연환경에서

(B) And they can be taught far more complex systems / in artificial contexts, / as when raised alongside humans.
그리고 그들은 훨씬 더 복잡한 체계들을 배울 수 있다 / 인위적인 상황에서 / 인간과 함께 길러지는 경우와 같이

전체해석

확실히, 인간의 언어는 원숭이와 유인원의 확연히 제한된 발성에서 두드러진다. 게다가 그것은 어느 다른 형태의 동물 의사소통을 훨씬 능가하는 정도의 정교함을 보여준다.
(C) 심지어 우리의 가장 가까운 영장류 사촌들조차 몇 년 동안 집중적인 훈련을 받은 후에도 기초 의사소통 체계 그 이상은 습득할 수 없는 것처럼 보인다. 언어라는 복잡성은 확실히 종별 특성이다.
(A) 즉, 많은 종들은, 인간의 언어에는 크게 못 미치지만, 그럼에도 불구하고 자연환경에서 인상적으로 복잡한 의사소통 체계를 참으로 보여준다.
(B) 그리고 그들은 인간과 함께 길러지는 경우와 같이, 인위적인 상황에서 훨씬 더 복잡한 체계들을 배울 수 있다.

정답 58 ③

59

주어진 글 다음에 이어질 글의 순서로 가장 적절한 것은?

On the human level, a cow seems simple. You feed it grass, and it pays you back with milk. It's a trick whose secret is limited to cows and a few other mammals (most can't digest grass).

(A) A cow's complexity is even greater. In particular, a cow (plus a bull) can make a new generation of baby cows. This is a simple thing on a human level, but inexpressibly complex on a microscopic level.

(B) Seen through a microscope, though, it all gets more complicated. And the closer you look, the more complicated it gets. Milk is not a single substance, but a mixture of many. Grass is so complex that we still don't fully understand it.

(C) You don't need to understand the details to exploit the process: it's a straightforward transformation from grass into milk, more like chemistry — or *alchemy — than biology. It is, in its way, magic, but it's rational magic that works reliably. All you need is some grass, a cow and several generations of practical knowhow.

* alchemy 연금술

① (B) − (A) − (C)
② (B) − (C) − (A)
③ (C) − (A) − (B)
④ (C) − (B) − (A)

기출문제 학습 해설

어휘정리

mammal 포유류   digest 소화시키다   generation 세대   microscope 현미경   complicated 복잡한   substance 물질   exploit 이용하다, 착취하다   straightforward 간단한, 솔직한   transformation 변형   chemistry 화학   biology 생물학

장대영어 Flow

1. (A)에서 'even greater'라는 표현이 나오려면 앞에 비교대상이 제시되어야 한다.
2. (B)의 역접 연결사를 활용하면 앞 부분에는 '간단하다'는 서술이 제시되어야 한다.

끊어읽기

On the human level, / a cow seems simple.
인간의 수준에서 / 소는 단순해 보인다

You feed it grass, // and it pays you back with milk. It's a trick.
당신이 소에게 풀을 먹이면 // 소는 당신에게 우유로 보답한다 / 이것은 속임수이다

// whose secret is limited to cows and a few other mammals (most can't digest grass).
// 비밀이 소와 몇몇 다른 포유동물에 국한된 (대부분은 풀을 소화할 수 없다)

(C) You don't need to understand the details / to exploit the process:
당신은 세부적인 것들을 이해할 필요가 없다 / 그 과정을 이용하기 위해

it's a straightforward transformation from grass into milk, / more like chemistry — or alchemy — than biology.
풀에서 우유로의 변화는 간단한 것이다 / 생물학적인 것이라기보다는 화학적인 것이나 연금술과 같은 것이다

It is, in its way, magic, // but it's rational magic // that works reliably.
그것은 나름대로 마술이다 // 그러나 이성적인 마술이다 // 확실하게 작동하는

All you need / is some grass, a cow and several generations of practical knowhow.
당신이 필요로 하는 모든 것은 / 약간의 풀, 소, 그리고 몇 세대에 걸친 실용적인 노하우뿐이다.

(B) Seen through a microscope, though, / it all gets more complicated.
하지만 현미경으로 보면 / 모든 것은 더 복잡해진다.

And the closer you look, // the more complicated it gets. Milk is not a single substance, / but a mixture of many.
가까이 들여다보면 볼수록 // 더 복잡해진다. 우유는 하나의 물질이 아니라 / 많은 물질의 혼합물이다

Grass is so complex // that we still don't fully understand it.
풀은 너무 복잡해서 // 우리는 아직도 완전히 그것을 이해하지 못한다

(A) A cow's complexity is even greater. In particular, a cow (plus a bull) / can make a new generation of baby cows.
소의 복잡성은 훨씬 더 크다 특히 암소(황소에 더해)는 / 새로운 세대의 송아지를 만들 수 있다.

This is a simple thing on a human level, / but inexpressibly complex on a microscopic level.
이것은 인간적인 차원에서는 단순하다 / 하지만 미시적인 차원에서는 표현할 수 없을 정도로 복잡하다.

전체해석

인간의 수준에서, 소는 단순해 보이다. 풀을 먹이면 우유로 보답할 수 있다. 그것은 비밀이 소와 몇몇 다른 포유동물(대부분은 풀을 소화할 수 없다)에 국한된 속임수이다.
(C) 당신은 그 과정을 이용하기 위해 세부적인 것들을 이해할 필요가 없다. 풀에서 우유로의 변화는 생물학적인 것이라기보다는 화학적인 것이나 연금술 같은 간단한 것이다. 그것은, 나름대로 마술이지만, 확실하게 작동하는 것은 이성적인 마술이다. 당신이 필요로 하는 모든 것은 잔디와 소 한 마리, 그리고 몇 세대에 걸친 실용적인 노하우뿐이다.
(B) 하지만 현미경으로 보면, 모든 것이 더 복잡해진다. 가까이 들여다보면 볼수록 더 복잡해진다. 우유는 하나의 물질이 아니라 많은 물질의 혼합물이다. 풀은 너무 복잡해서 우리는 아직도 풀을 완전히 이해하지 못하다.
(A) 소의 복잡성은 훨씬 더 크다. 특히, 암소(황소에 더해)는 새로운 세대의 송아지를 만들 수 있다. 이것은 인간적인 차원에서는 단순하지만, 미시적인 차원에서는 표현할 수 없을 정도로 복잡하다.

정답 59 ④

60

2022 지방직 9급

밑줄 친 부분에 들어갈 말로 가장 적절한 것을 고르시오.

As a roller coaster climbs the first lift hill of its track, it is building potential energy — the higher it gets above the earth, the stronger the pull of gravity will be. When the coaster crests the lift hill and begins its descent, its potential energy becomes kinetic energy, or the energy of movement. A common misperception is that a coaster loses energy along the track. An important law of physics, however, called the law of conservation of energy, is that energy can never be created nor destroyed. It simply changes from one form to another. Whenever a track rises back uphill, the cars' momentum — their kinetic energy — will carry them upward, which builds potential energy, and roller coasters repeatedly convert potential energy to kinetic energy and back again. At the end of a ride, coaster cars are slowed down by brake mechanisms that create _____ between two surfaces. This motion makes them hot, meaning kinetic energy is changed to heat energy during braking. Riders may mistakenly think coasters lose energy at the end of the track, but the energy just changes to and from different forms.

① gravity
② friction
③ vacuum
④ acceleration

기출문제 학습 해설

어휘정리

climb 오르다 crest 꼭대기에 이르다 descent 하강 kinetic 운동의 misperception 오인, 오해 physics 물리학 momentum 탄력, 가속도 convert A to B A를 B로 바꾸다, 전환하다

장대영어 Flow

1. 빈칸 문장만을 활용했을 때 'brake mechanisms'의 과정을 생각해볼 수 있다면 빈칸 문장만으로도 답이 도출될 수 있다.
2. 빈칸 문장 이후의 'makes them hot'에 대응하는 어휘가 하나 밖에 없다.
3. 빈칸과 빈칸 이후의 근거 문장들을 통해 답을 고를 수 없었을 가능성도 존재한다. 그럴 때는 나머지 세 개의 선택지가 적절하지 않다는 소거법을 활용해야 한다(중력, 진공, 가속이 빈칸 이후의 문장에 대응하지 않음).

끊어읽기

As a roller coaster climbs the first lift hill of its track, // it is building potential energy
롤러코스터가 첫 번째 리프트 언덕을 오를 때 // 그것은 잠재적인 에너지를 만든다

/ — the higher it gets above the earth, // the stronger the pull of gravity will be.
/ 그것이 지구 위로 올라갈수록 // 중력이 당기는 힘은 더 강해질 것이다.

When the coaster crests the lift hill and begins its descent,
롤러코스터가 리프트 언덕을 넘어 하강하기 시작할 때

// its potential energy becomes kinetic energy, or the energy of movement.
// 그것의 잠재적 에너지는 운동 에너지 혹은 이동 에너지가 된다.

A common misperception is // that a coaster loses energy / along the track.
일반적인 오해는 // 롤러코스터가 에너지를 잃는다는 것이다 / 트랙을 따라

An important law of physics, however, / (called the law of conservation of energy,) is
그러나 물리학의 중요한 법칙은 (에너지 보존 법칙이라고 불리는)

// that energy can never be created / nor destroyed.
// 에너지는 생성되지도 않고 / 파괴되지도 않는다는 것이다.

It simply changes from one form to another.
그것은 단순히 한 형태에서 다른 형태로 바뀐다.

Whenever a track rises back uphill, // the cars' momentum — their kinetic energy —
트랙이 오르막으로 되돌아올 때마다 // 롤러코스터의 운동에너지인 추진력이

/ will carry them upward, // [which builds potential energy, and roller coasters repeatedly convert potential energy
/ 그것들을 위로 운반한다 // [이는 잠재적 에너지를 만들고 롤러코스터가 반복적으로 잠재에너지를 바꾼다]

/ to kinetic energy / and back again.]
/ 운동에너지로 / 다시 되돌아온다]

At the end of a ride, / coaster cars are slowed down by brake mechanisms // [that create friction between two surfaces.]
놀이기구가 끝날 때 / 롤러코스터 자동차는 브레이크 메커니즘에 의해 속도가 늦춰진다 // [두 표면 사이의 마찰을 만들면서]

This motion makes them hot, / meaning kinetic energy is changed to heat energy / during braking.
이 운동은 그것들을 뜨겁게 만든다 / 이는 운동에너지가 열 에너지로 바뀌는 것을 의미한다 / 제동 중에

Riders may mistakenly think coasters lose energy / at the end of the track,
라이더들은 롤러코스터가 에너지를 잃는다고 잘못 생각할 수도 있다 / 트랙의 끝에서

// but the energy just changes to and from different forms.
// 그러나 에너지는 단지 다른 형태로 바뀔 뿐이고 다른 형태의 에너지를 형성할 뿐이다.

전체해석

롤러코스터가 트랙의 첫 번째 리프트 언덕을 오를 때, 그것은 잠재적인 에너지를 만들고 있다. 그것이 지구 위로 올라갈수록, 중력의 당기는 힘은 더 강해질 것이다. 롤러코스터가 리프트 언덕을 넘어 하강하기 시작할 때, 그것의 잠재적 에너지는 운동 에너지, 즉 이동 에너지가 된다. 일반적인 오해는 롤러코스터가 트랙을 따라 에너지를 잃는다는 것이다. 그러나, 에너지 보존의 법칙이라고 불리는 물리학의 중요한 법칙은 에너지가 결코 생성되거나 파괴될 수 없다는 것이다. 그것은 단순히 한 형태에서 다른 형태로 바뀔 뿐이다. 트랙이 오르막으로 되돌아올 때마다, 롤러코스터의 운동 에너지인 추진력이 그것들을 위로 운반하여 잠재적인 에너지를 만들고 롤러코스터는 반복적으로 잠재 에너지를 운동 에너지로 변환하고 다시 되돌아온다. 놀이기구가 끝날 때, 롤러코스터 자동차는 두 표면 사이에 마찰을 일으키는 브레이크 메커니즘에 의해 속도를 늦춘다. 이 운동은 그것들을 뜨겁게 만들며, 이는 제동 중에 운동에너지가 열에너지로 바뀐다는 것을 의미한다. 라이더들은 롤러코스터가 트랙의 끝에서 에너지를 잃는다고 잘못 생각할 수도 있지만, 에너지는 단지 다른 형태로, 혹은 다른 형태의 에너지를 형성할 뿐이다.

① 중력
② 마찰
③ 진공
④ 가속

Chapter 04 Types

1 주제/제목/요지/주장

1. 주/제/요/주 Basic Mind

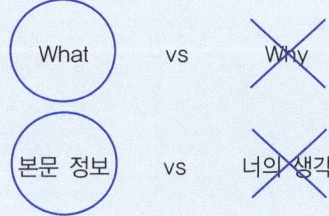

What vs ~~Why~~

본문 정보 vs ~~너의 생각~~

2. 주/제/요/주 Reading Skills

① STS

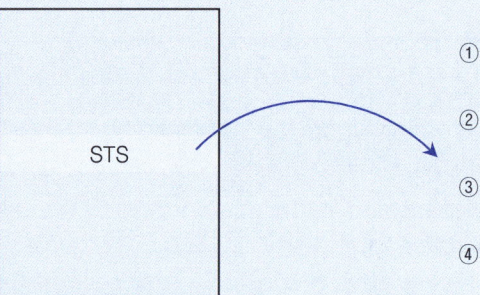

STS

STS 1 의무/필요
STS 2 '중요한' 의미를 가진
STS 3 결론/요약
STS 4 역접
STS 5 not과 but의 A, B 접속사
STS 6 명령문
STS 7 양보절과 주절
STS 8 강조 표현
STS 9 1인칭의 활용
STS 10 필자의 판단/감정

STS 11 The + 비, the + 비
STS 12 연구/실험 – 결과
STS 13 권위자 – 말 주장
STS 14 의문문? + 답변!
STS 15 통념 + 비판
STS 16 문제점 + 해결책
STS 17 시간상의 대조 – 현재
STS 18 예시/비유 – 윗 문장
STS 19 열거 – 윗 문장

② F·S + L·S

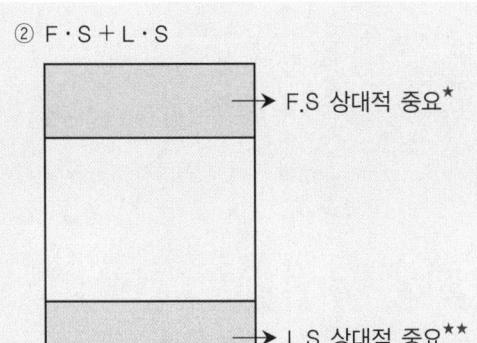

㏇ F.S — First Sentence (첫 문장) / L.S — Last Sentence (마지막 문장)

③ 일반 Type

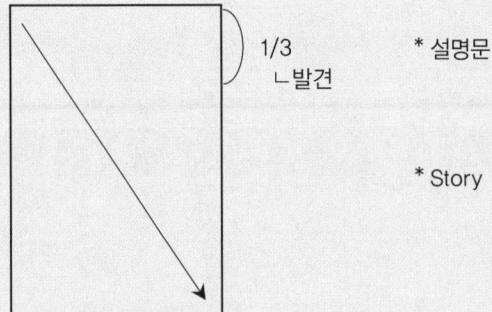

3. Type & 선택지

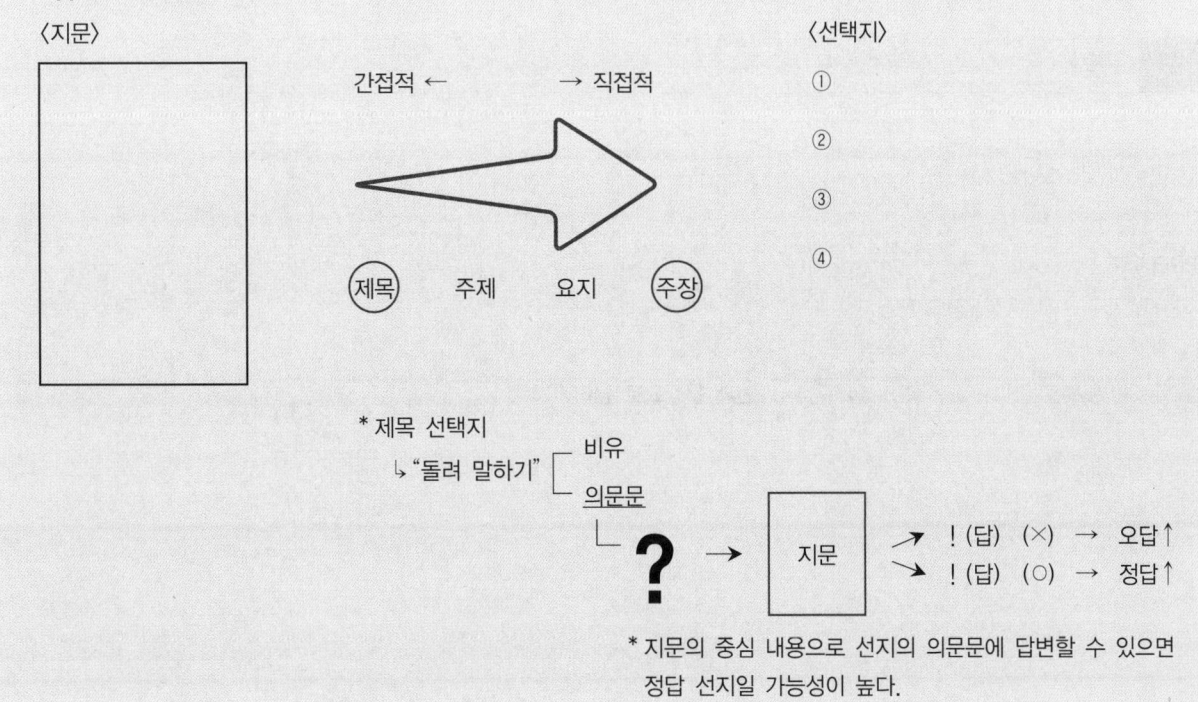

* 지문의 중심 내용으로 선지의 의문문에 답변할 수 있으면 정답 선지일 가능성이 높다.

4. 오답 PXC + T

– 출제자가 주제/제목/요지/주장/빈칸추론 선택지 오답을 만드는 원리

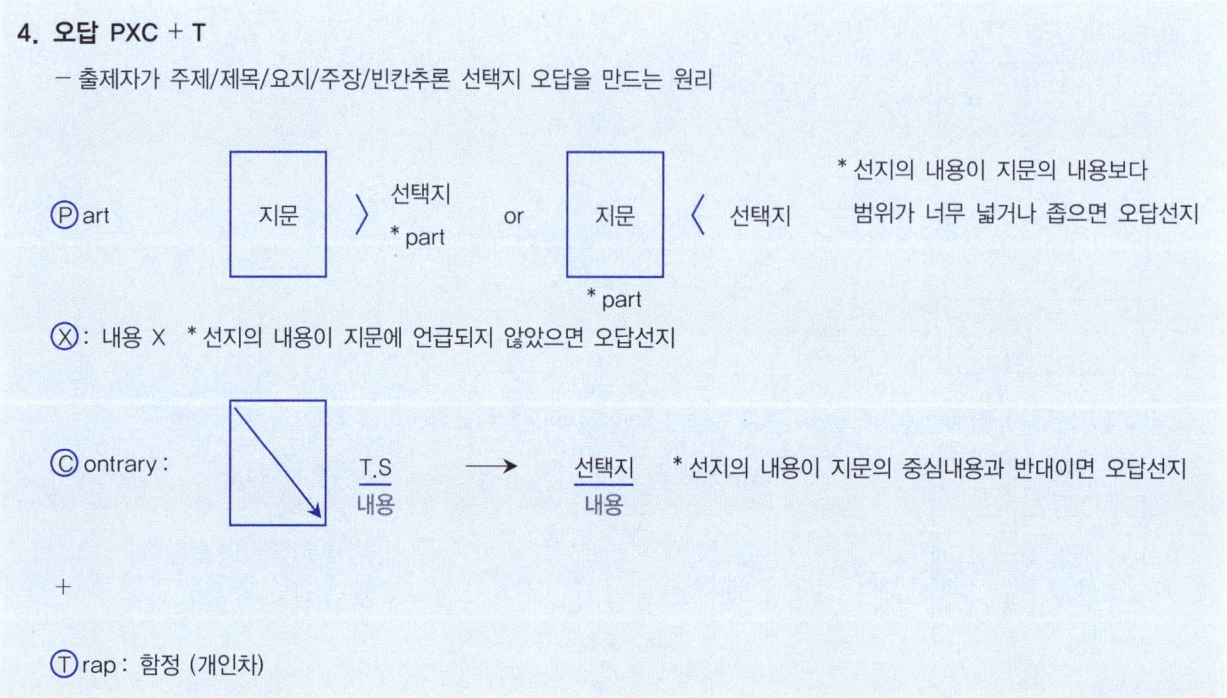

Ⓟart

Ⓧ : 내용 X   * 선지의 내용이 지문에 언급되지 않았으면 오답선지

Ⓒontrary :   * 선지의 내용이 지문의 중심내용과 반대이면 오답선지

+

Ⓣrap : 함정 (개인차)

2 빈칸

〈빈칸 Basic Mind〉

PREMISE (전제조건)

* 빈칸 문장 → **(내용상) 중요 문장**

* 지문의 첫 부분 (특히 첫 문장)의 어려움 → **2번째 문장으로 넘어가기**

1. 풀기 전 빈칸 위치

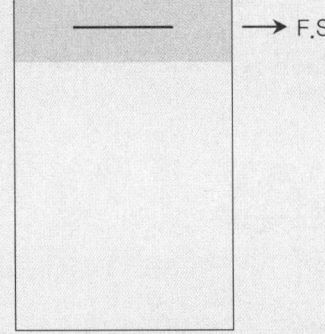 → F.S

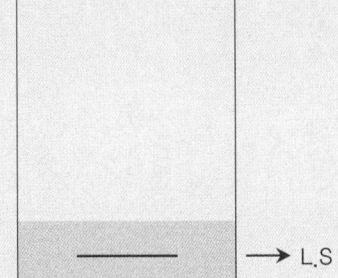 → L.S

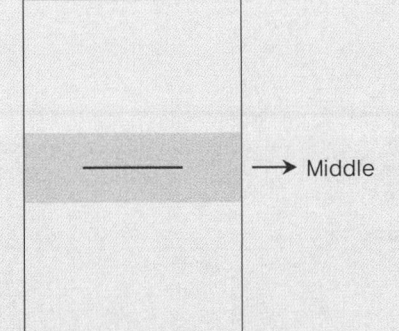 → Middle

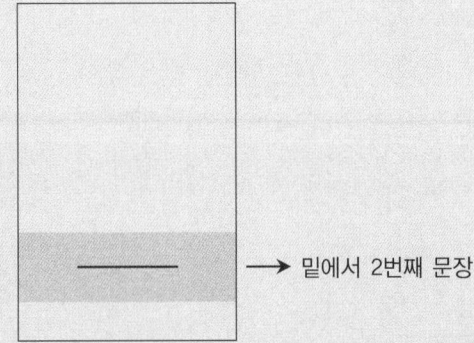 → 밑에서 2번째 문장

ⓒ F.S – First Sentence (첫 문장) / L.S – Last Sentence (마지막 문장)

2. 풀면서 Discovering [Reading Skills]

① Types

ⓐ STS

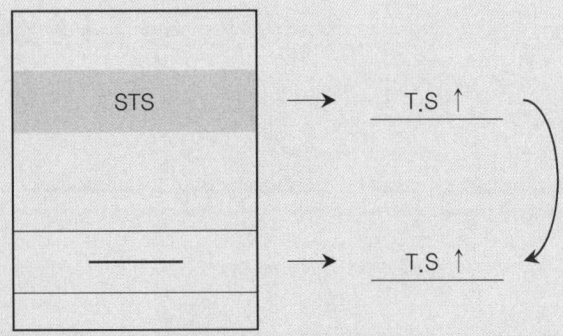

ⓒ T.S – Topic Sentence (주제문)

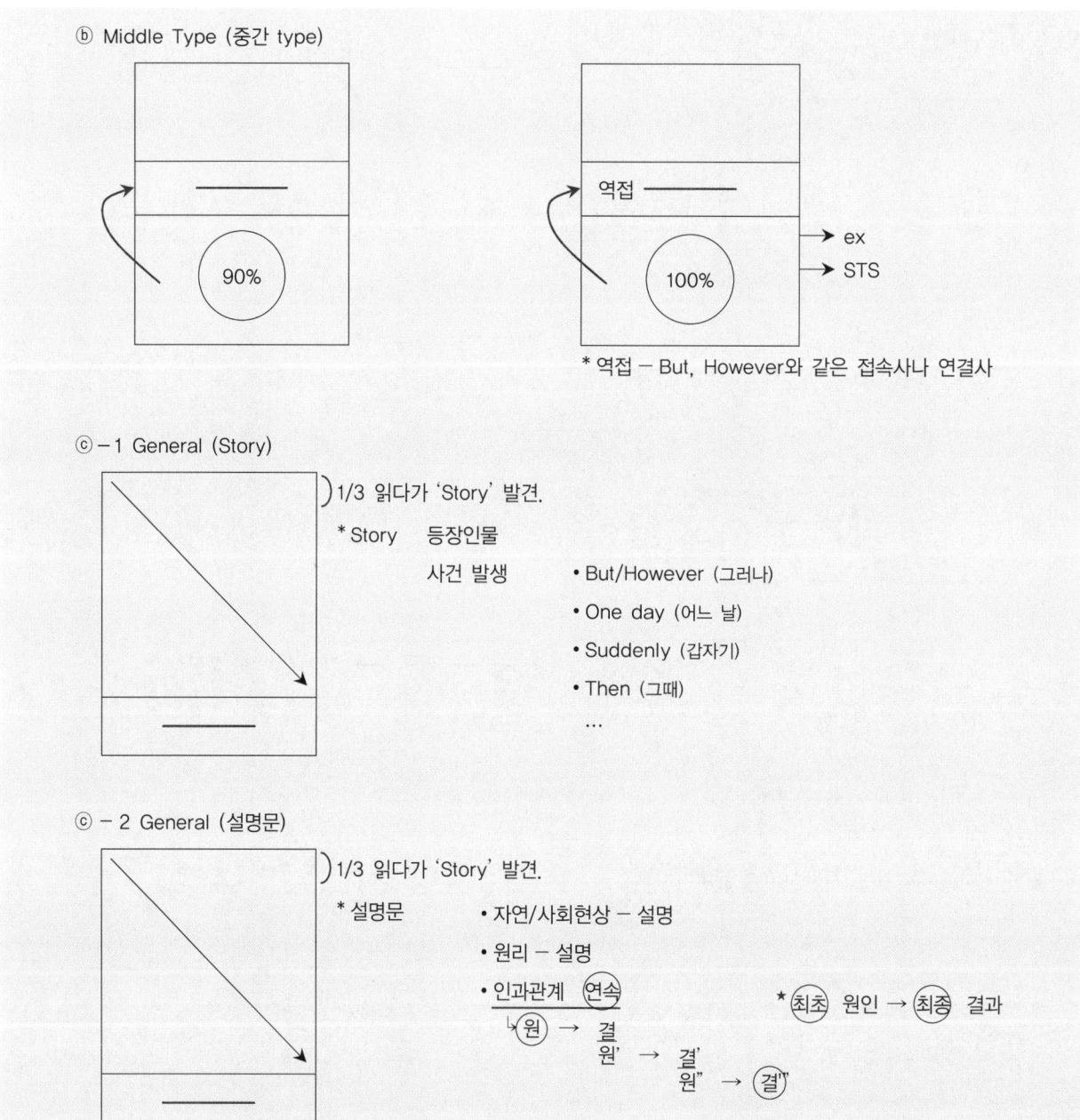

2. 활용

① For example

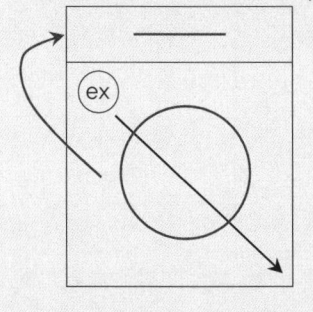

* _____ → difficult / abstract

　　　vs

　ex → easy / specific

*ex
ⓐ For example / For instance / Take an example …
ⓑ Imagine / Consider / Suppose / Let's say / Think of …
ⓒ 고유N
ⓓ － 이름
ⓔ ⎰ If　s　v
　　⎱ when　s　v
ⓕ 수치나열
ⓖ a(n) + 사람

② 빈칸 앞 뒷 부분

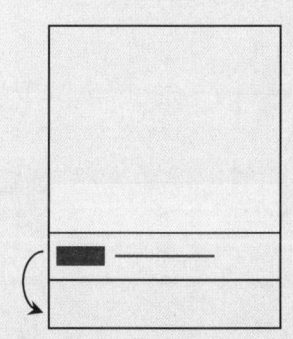 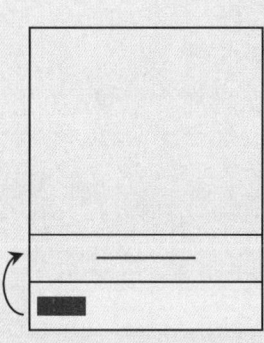

* ■
→ 연결사, 접속사
　지시사
　대명사
　비교(형)　• similar (비슷한)
　　　　　　• contrary (반대의)
　　　　　　…

③ 빈칸 앞 뒤 부정어

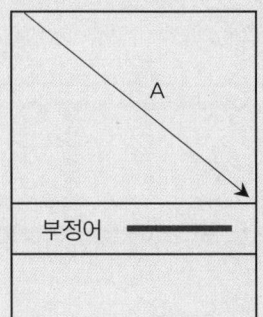 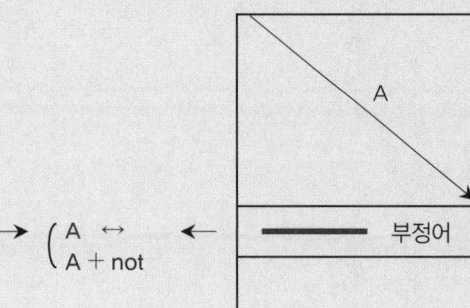

④ ＋ / － pattern

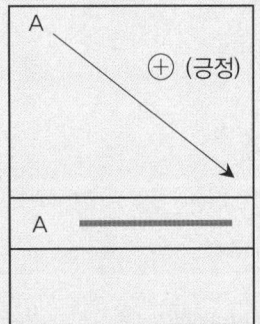 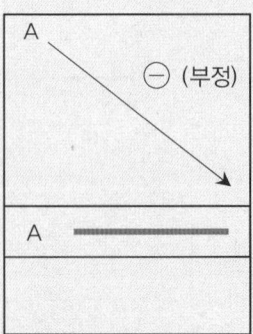

① ＝ (중립)
② － (부정)
③ － (부정)
④ ＋ (긍정)

① － (부정)
② ＋ (긍정)
③ ＝ (중립)
④ ＋ (긍정)

지문의 내용이 A라는 소재에 대하여 '⊕(긍정)'의 내용이 나오면 A라는 소재로 시작하는 빈칸 문장의 빈칸에 '⊕(긍정)'의 내용을 담고 있는 선지가 정답 선지이다.

지문의 내용이 A라는 소재에 대하여 '⊖(부정)'의 내용이 나오면 A라는 소재로 시작하는 빈칸 문장의 빈칸에 '⊖(부정)'의 내용을 담고 있는 선지가 정답 선지이다.

⑤ 인과관계 (＋선후관계)

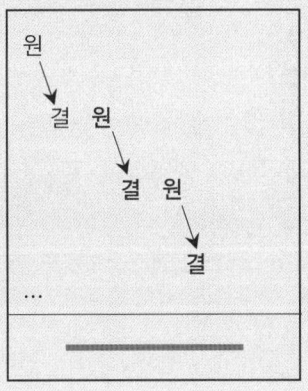   원: 원인
결: 결과

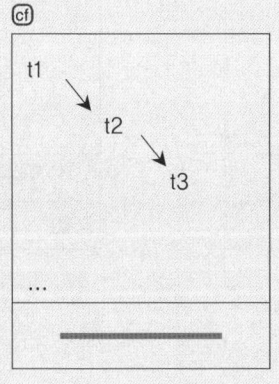   t : time

⑥ 나열식 구조

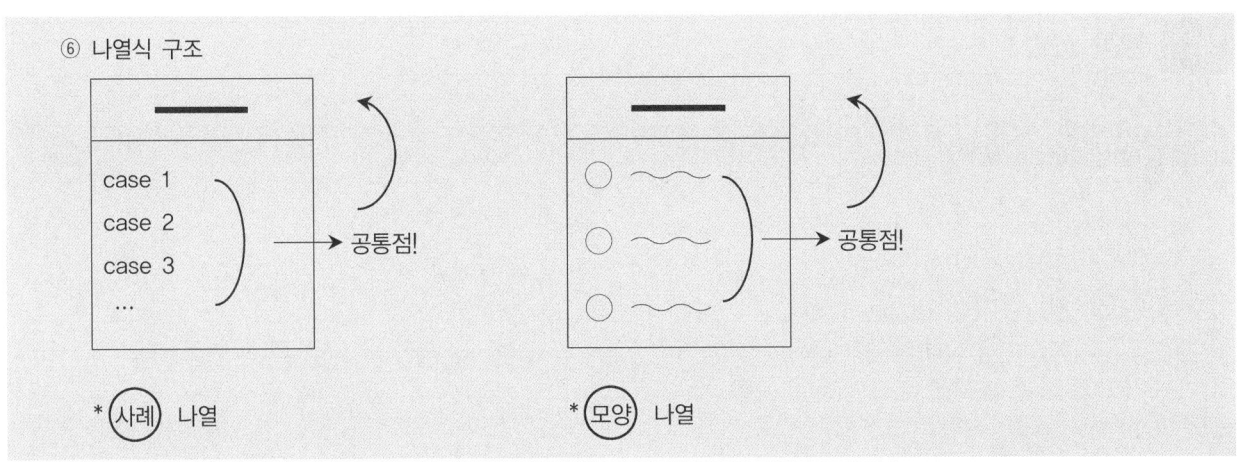

3 순서 배열

1. 순서 배열 Basic Mind

CLUES ┬ 연결사 □
      ├ 지시사 △
      └ 기타 / paraphrasing ○
            (표현 바꾸기)

2. 순서 배열 Approach [Reading Skills]

(A)

(B)

(C)

① 주어진 문장
   → ▭ 특히 뒷 부분

② (A), (B), (C) 앞 부분 Scanning
   └ Clues를 찾는다.
   ⓐ □ 이용 → 짧게 해석
   ⓑ △ 이용
      the + N / such + N / this + N류
      └ 바로 소거
      대명사
      └ 짧게 해석
   ⓒ ○ 이용 → ▭ + ▭

③ ▭ → (A)
       → (B) } 결정
       → (C)

4 문장 삽입

1. 문장 삽입 Basic Mind

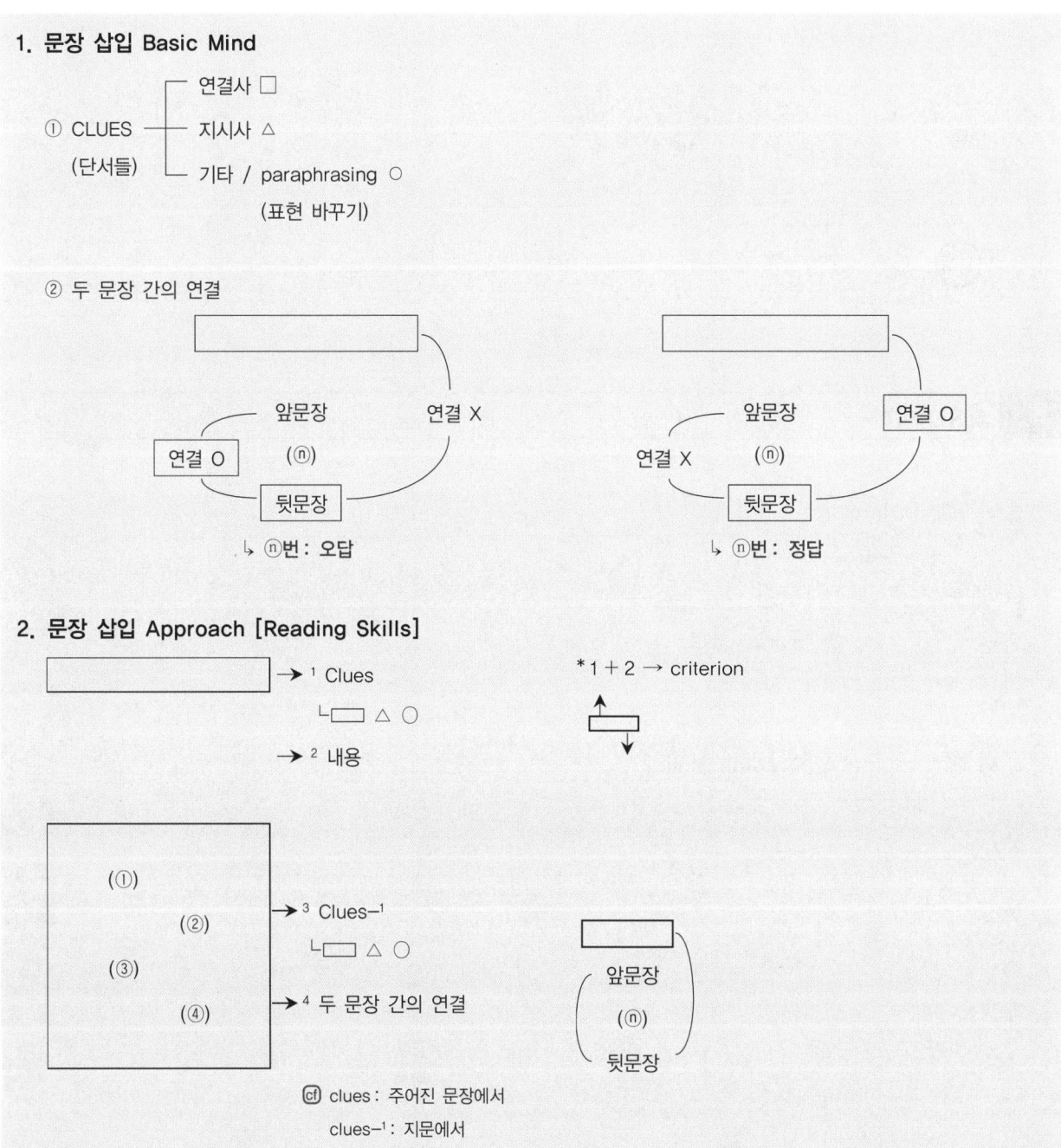

2. 문장 삽입 Approach [Reading Skills]

cf clues : 주어진 문장에서
   clues-¹ : 지문에서

5 문장 제거

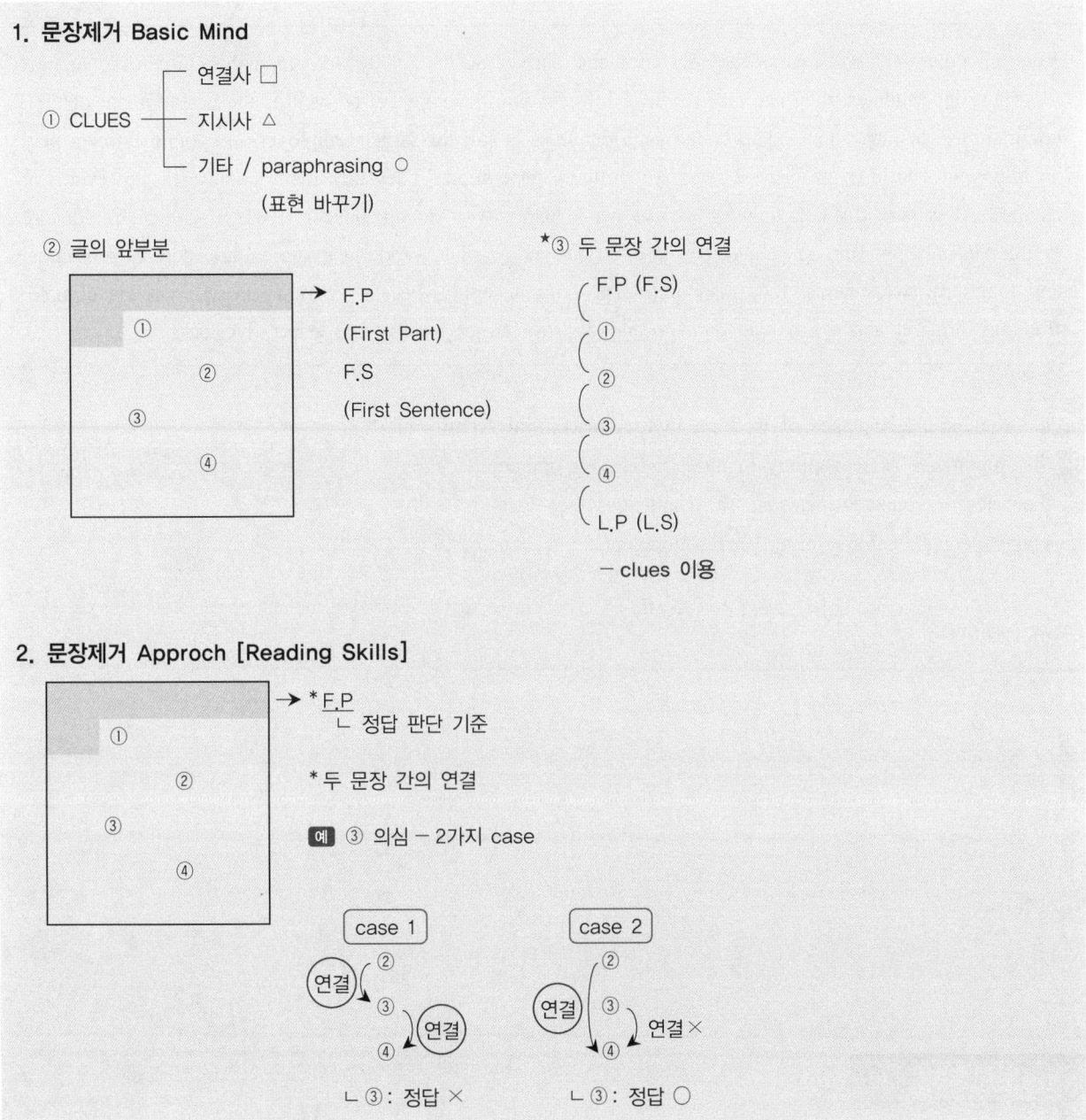

61

다음 글의 주제로 가장 적절한 것은?

> Young people are fast learners. They are energetic, active and have a 'can-do' mentality. Given the support and right opportunities, they can take the lead in their own development as well as the development of their communities. In many developing countries, agriculture is still the largest employer and young farmers play an important role in ensuring food security for future generations. They face many challenges, however. For example, it is very difficult to own land or get a loan if you do not have a house — which, if you are young and only just starting your career, is often not yet possible. Working in agriculture requires substantial and long-term investments. It is also quite risky and uncertain, because it relies heavily on the climate: flooding, drought and storms can damage and destroy farmers' crops and affect livestock.

① the economic advantages of working in the agricultural sector
② the importance of technology in modern farming practices
③ the roles of young farmers and the challenges they face
④ young people's efforts for urban development

기출문제 학습 해설

어휘정리

mentality 사고방식　agriculture 농업　employer 고용주　loan 대출　substantial 실질적인　long-term 장기간
flooding 홍수　drought 가뭄

장대영어 Flow

글의 중반부에 있는 however를 기점으로 이 글의 중심 소재인 young people의 농업에서의 역할과 어려움이 대조를 이루고 있다는 점에 주목한다.

끊어읽기

Young people are fast learners.
젊은이들은 빠른 학습자이다.

They are energetic, active and have a 'can-do' mentality.
그들은 활기차고, 능동적이며 '할 수 있다'는 사고방식을 가지고 있다.

Given the support and right opportunities, // they can take the lead in their own development /
as well as the development of their communities.
지원과 적절한 기회가 주어진다면, // 그들은 자신의 발달에 앞장설 수 있다. / 지역사회의 개발뿐만 아니라

In many developing countries, // agriculture is still the largest employer // and young farmers play an important role /
in ensuring food security for future generations.
많은 개발도상국에서, // 농업은 여전히 가장 큰 고용 주체이다. // 그리고 젊은 농부들이 중요한 역할을 한다. / 미래 세대를 위한 식량 안보를 보장하는 데 있어서

They face many challenges, however.
그러나, 이들은 많은 어려움에 직면한다.

For example, // it is very difficult to own land or get a loan // if you do not have a house— //
which, / if you are young and only just starting your career, / is often not yet possible.
예를 들어, // 자신의 토지를 소유하거나 대출을 받는 것이 어렵다. // 만약에 당신이 집을 가지고 있지 않다면-// 그것은 / 당신이 젊거나 이제 막 경력을 쌓기 시작한 경우라면, / 아직은 종종 불가능한 일이다.

Working in agriculture / requires substantial and long-term investments.
농업 분야에서 일하는 것은 / 실질적이고 장기적인 투자를 요구한다.

It is also quite risky and uncertain, // because it relies heavily on the climate: // flooding, drought and storms can damage and destroy farmers' crops and affect livestock.
그것은 또한 꽤 위험하고 불확실한 일이다, // 왜냐하면 그것은 기후에 많이 의존하고 있기 때문이다.; // 홍수, 가뭄 그리고 폭풍우가 농부의 농작물을 파괴할 수도 있고 가축에게 영향을 미칠 수도 있다.

전체해석

젊은이들은 학습을 빠르게 진행합니다. 그들은 활기차고 능동적이며 '할 수 있다'는 사고방식을 가지고 있습니다. 지원과 적절한 기회만 주어진다면 이들은 지역사회의 발전뿐만 아니라 자신의 발전에 앞장설 수 있습니다. 많은 개발도상국에서 농업은 여전히 가장 큰 고용 주체이며, 젊은 농부들은 미래 세대를 위한 식량 안보를 보장하는 데 중요한 역할을 하고 있습니다. 그러나 그들은 많은 어려움에 직면해 있습니다. 예를 들어, 집이 없다면 토지를 소유하거나 대출을 받는 것은 매우 어려운 일이며, 당신이 어리거나 이제 막 경력을 쌓기 시작한 경우라면 아직 불가능한 경우가 많습니다. 농업 분야에서 일하는 것은 상당한 장기 투자를 요구합니다. 또한 기후에 크게 의존하기 때문에 홍수, 가뭄, 폭풍으로 인해 농작물이 손상되거나 파괴되고 가축에 영향을 미칠 수 있기 때문에 상당히 위험하고 불확실합니다.

① 농업 분야에서 일하는 것의 경제적 이점들
② 현대 농업에서 기술의 중요성
③ 젊은 농부들의 역할과 그들이 직면한 문제점들
④ 도시 개발을 위한 젊은이들의 노력들

정답 61 ③

62

다음 글의 주제로 가장 적절한 것은?

The reason artificial blue light in devices can be so harmful in the evening is that it mimics the sun's natural blue light — which confuses the body's circadian clock. A study showed that viewing artificial blue light in the evening will push sleep-inducing melatonin hormones down drastically, disrupting bedtimes and affecting daytime behavior. But getting that same blue light from the sun, which contains a health-boosting full spectrum of light, does the opposite. According to the study, the more daytime blue light a person gets, the better defense they have against the harms of evening blue light from screens. Thus, packing the day with sunshine creates a blue-light build-up that helps counteract the consequences of that artificial light at night. In other words, the more sunlight exposure a child gets during the day, the better their brain can build a wall against the harms of artificial blue light later.

① Sunlight's help in fighting artificial blue light effects
② The dangers of using devices during the day
③ How screens affect children's sleep cycles
④ Why melatonin levels drop in the evening

끊어읽기

The reason artificial blue light in devices can be so harmful (in the evening) is // that it mimics the sun's natural blue light // — which confuses the body's circadian clock.
저녁에 기기의 인공 청색광이 그렇게 해로운 이유는 // 그것이 태양의 자연 청색광을 모방하기 때문이다. // – 그것은 신체의 생체 시계를 혼란스럽게 한다.

A study showed // that viewing artificial blue light (in the evening) will push sleep-inducing melatonin hormones down drastically, / disrupting bedtimes and affecting daytime behavior.
한 연구가 보여줬다. // 저녁에 인공 청색광을 보는 것은 잠을 유도하는 멜라토닌 호르몬을 급격히 떨어뜨릴 것이다. / 취침시간을 방해하고 낮의 활동에 영향을 미치면서

But getting that same blue light from the sun, // which contains a health-boosting full spectrum of light, / does the opposite.
그러나 태양에서 온 동일한 청색광을 얻는 것은, // 그것은 건강을 상승시키는 전체 스펙트럼의 빛을 포함하고 있다. / 반대의 효과를 가져온다.

According to the study, / the more daytime blue light a person gets, // the better defense they have against the harms (of evening blue light from screens).
연구에 따르면, / 낮에 더 많은 청색광을 얻을수록, // 스크린에서 나오는 저녁의 청색광의 해로움에 더 잘 저항할 수 있는 방어력을 갖게 된다.

Thus, packing the day (with sunshine) creates a blue-light build-up // that helps counteract the consequences (of that artificial light at night).
그러므로, 낮에 햇빛을 많이 쬐는 것은 청색광을 축적한다. // 밤에 인공조명으로 인한 청색광의 영향을 상쇄하는 데

In other words, the more sunlight exposure a child gets (during the day), // the better their brain can build a wall (against the harms of artificial blue light later).
다시 말해, 낮에 햇빛에 많이 노출될수록, // 아이의 뇌는 나중에 인공 청색광의 해로움에 저항하는 벽을 더 잘 만들 수 있다.

전체해석

기기의 인공 청색광이 저녁에 그렇게 해로운 이유는 태양의 자연 청색광을 모방하기 때문이다. – 그것은 신체의 생체 시계를 혼란스럽게 합니다. 한 연구가 저녁에 인공 청색광을 보면 잠을 유도하는 멜라토닌 호르몬이 급격히 감소하여 취침 시간을 방해하고 낮 동안의 행동에 영향을 미친다는 것을 보여줍니다. 그러나 건강을 상승시키는 전체 스펙트럼의 빛을 포함하는 태양으로부터 동일한 청색광을 받으면 그 반대의 효과가 나타납니다. 연구에 따르면, 낮에 청색광을 많이 받을수록 저녁에 스크린에서 나오는 청색광의 해로움에 대한 방어력이 높아진다고 합니다. 그러므로 낮에 햇빛을 많이 쬐면 밤에 인공조명으로 인한 청색광의 영향을 상쇄하는 데 도움이 되는 청색광이 축적됩니다. 다시 말해, 낮에 햇빛에 많이 노출될수록 아이의 뇌는 나중에 인공 청색광의 해로움에 저항하는 벽을 더 잘 만들 수 있습니다

① 인공 청색광의 효과와 맞서 싸울 때 햇빛의 도움
② 낮 동안에 기기들을 사용할 때의 위험들
③ 스크린이 아이들의 수면 싸이클에 영향을 미치는 방법
④ 멜라토닌 수치가 저녁에 떨어지는 이유

63

밑줄 친 부분에 들어갈 말로 가장 적절한 것은?

Active listening is an art, a skill and a discipline that takes ＿＿＿＿＿＿＿＿＿＿. To develop good listening skills, you need to understand what is involved in effective communication and develop the techniques to sit quietly and listen. This involves ignoring your own needs and focusing on the person speaking — a task made more difficult by the way the human brain works. When someone talks to you, your brain immediately begins processing the words, body language, tone, inflection and perceived meanings coming from the other person. Instead of hearing one noise, you hear two: the noise the other person is making and the noise in your own head. Unless you train yourself to remain vigilant, the brain usually ends up paying attention to the noise in your own head. That's where active listening techniques come into play. Hearing becomes listening only when you pay attention to what the person is saying and follow it very closely.

① a sense of autonomy
② a creative mindset
③ a high degree of self-control
④ an extroverted personality

끊어읽기

Active listening is an art, a skill and a discipline // that takes a high degree of self-control.
적극적인 듣기는 예술이고 기술이며 훈련이다. // 높은 자기 통제력을 필요로 하는

To develop good listening skills, / you need to understand // what is involved in effective communication / and develop the techniques to sit quietly and listen.
훌륭한 듣기 기술을 개발하기 위하여, / 당신은 이해할 필요가 있다. // 효과적인 의사소통에 무엇이 관련되는 지 / 그리고 조용히 앉아서 듣는 기술을 개발할 (필요가 있다.)

This involves ignoring your own needs / and focusing on the person speaking ─ / a task made more difficult // by the way the human brain works.
이것은 당신 자신의 욕구를 무시하는 것을 포함한다. / 그리고 다른 사람이 말하는 것에 집중하는 것을 − / 더 어렵게 만드는 일 // 인간의 뇌가 작동하는 방식에 의해

When someone talks to you, / your brain immediately begins processing the words, body language, tone, inflection and perceived meanings / coming from the other person.
누군가가 당신에게 이야기할 때, / 당신의 뇌는 즉시 단어, 몸짓, 어조, 억양 및 인지된 의미를 처리하기 시작한다. / 상대방으로부터 나오는

Instead of hearing one noise, / you hear two: // the noise the other person is making and the noise in your own head.
하나의 소음을 듣는 대신에, / 당신은 두 가지 소음을 듣는다; // 상대방이 만들어내는 소음과 자신의 머릿속의 소음

Unless you train yourself to remain vigilant, / the brain usually ends up paying attention to the noise (in your own head).
경계의 상태를 유지하도록 훈련하지 않는다면, / 뇌는 보통 자신의 머릿속 소음에 주의를 기울이게 된다.

That's where active listening techniques come into play.
이때 능동적 듣기 기술이 작동한다.

Hearing becomes listening // only when you pay attention to // what the person is saying / and follow it very closely.
듣기가 귀 기울이기가 된다. // 주의를 기울일 때만 // 상대방이 말하는 것에 대해 / 그리고 아주 주의 깊게 따라갈 때

전체해석

적극적인 듣기는 높은 자기 통제력을 필요로 하는 예술이고 기술이며 훈련입니다. 훌륭한 듣기 기술을 개발하려면 효과적인 의사소통에 무엇이 관련되는지 이해하고 조용히 앉아 듣는 기술을 개발해야 합니다. 이것은 자신의 욕구를 무시하고 말하는 사람에게 집중하는 것이 포함되는데, 이는 인간의 뇌가 작동하는 방식 때문에 더욱 어려운 작업입니다. 다른 사람이 말을 할 때 뇌는 즉시 상대방이 말하는 단어, 몸짓, 어조, 억양 및 인지된 의미를 처리하기 시작합니다. 하나의 소음이 들리는 것이 아니라 상대방이 내는 소음과 자신의 머릿속 소음이라는 두 가지 소음이 들리게 됩니다. 경계의 상태를 유지하도록 훈련하지 않는다면, 뇌는 보통 자신의 머릿속 소음에 주의를 기울이게 됩니다. 이때 능동적 듣기 기술이 작동합니다. 상대방의 말에 주의를 기울이고 아주 주의 깊게 따라갈 때 비로소 듣기가 귀 기울이기가 됩니다.

① 자율성
② 창의적인 사고방식
③ 높은 자기 통제력
④ 외향적인 성격

64

2025 국가직 9급

밑줄 친 부분에 들어갈 말로 가장 적절한 것은?

> The holiday season is a time to give thanks, reflect on the past year, and spend time with family and friends. However, if you're not careful, it can also be a time you overspend on holiday purchases. People have an innate impulse to overspend, experts say. They are "wired" to be consumers. The short-term gratification of giving gifts to loved ones can eclipse the long-term focus that's needed to be good with money. That's where many people fall short. We can overspend because our long-term goals are much more abstract, and it actually requires us to do extra levels of cognitive processing to delay instant gratification. Additionally, consumers may feel _____ because they don't want to appear "cheap." Many companies also promote deals during the holidays that can encourage people to spend more than usual.

① a desire to work at overseas companies
② responsible for establishing their long-term goals
③ like limiting their spending during the holiday season
④ the social pressure to spend more than they might like

기출문제 학습 해설

어휘정리

reflect on 반성하다   overspend 초과 지출하다   purchase 구매   innate 타고난   impulse 충동   gratification 만족감
eclipse 가리다, 무색하게 만들다   abstract 추상적인   cognitive 인지의

장대영어 Flow

빈칸 type중 STS type으로 'However'가 들어간 문장으로 중심 내용을 잡을 수 있고, 빈칸 뒤에서 이유에 해당하는 접속사 because가 들어간 문장으로 답 도출 근거를 확정할 수 있다.

끊어읽기

The holiday season is a time to give thanks, reflect on the past year, and spend time (with family and friends).
연말 휴가는 감사한 마음을 전하고 지난 한 해를 반성하며 가족 및 친구들과 함께 시간을 보내는 시기이다.

However, if you're not careful, // it can also be a time // you overspend on holiday purchases.
그러나, 주의를 기울이지 않는다면, // 그것은 시기일 수도 있다. // 당신이 휴가 기간 구매에 과소비를 할 수 있는

People have an innate impulse to overspend, // experts say.
사람들은 과소비를 하는 타고난 충동을 가지고 있다, // 전문가들이 말한다.

They are "wired" to be consumers.
그들은 소비자가 되는 것을 타고난다.

The short-term gratification of giving gifts to loved ones / can eclipse the long-term focus // that's needed to be good with money.
사랑하는 사람에게 선물을 주는 단기간의 만족감은 / 장기간인 초점을 가릴 수 있다. // 돈을 잘 쓰는 데 필요한

That's where many people fall short.
이것이 많은 사람들이 부족한 지점이다.

We can overspend // because our long-term goals are much more abstract, // and it actually requires us to do extra levels of cognitive processing to delay instant gratification.
우리는 과소비를 할 수 있다. // 왜냐하면 장기적인 목표는 훨씬 더 추상적이기 때문이다. // 그리고 그것은 즉각적인 만족을 지연시키기 위한 추가적인 수준의 인지 처리를 해야 할 수도 있다.

Additionally, consumers may feel <u>the social pressure to spend more // than they might like</u> // because they don't want to appear "cheap."
또한, 소비자는 자신이 더 많이 지출해야 한다는 사회적 압박을 느낄 수도 있다. // 그들이 원하는 것보다 // "싸구려"로 보이고 싶지 않기 때문이다.

Many companies also promote deals / during the holidays // that can encourage people to spend more than usual.
많은 회사들이 프로모션을 진행하기도 한다. / 연말 휴가 동안 // 사람들이 평소보다 더 많은 소비를 하도록 유도할 수 있는

전체해석

연말 휴가는 감사한 마음을 전하고 지난 한 해를 반성하며 가족 및 친구들과 함께 시간을 보내는 시기입니다. 그러나 조심하지 않으면 휴가 기간 구매에 과소비를 하게 되는 시기가 될 수도 있습니다. 전문가들은 사람들이 과소비를 하고 싶어 하는 본능적인 충동을 가지고 있다고 말합니다. 그들은 소비자가 되는 것을 타고납니다. 사랑하는 사람에게 선물을 주는 단기적인 만족감이 돈을 잘 쓰는 데 필요한 장기적인 초점을 가릴 수 있습니다. 이것이 많은 사람들이 부족한 지점입니다. 장기적인 목표가 훨씬 더 추상적이기 때문에 과소비를 할 수 있고, 즉각적인 만족을 지연시키기 위한 추가적인 수준의 인지 처리를 해야 하기 때문입니다. 또한, 소비자는 <u>자신이 원하는 것보다 더 많이 지출해야 한다는 사회적 압박</u>을 느낄 수 있습니다. "싸구려"로 보이고 싶지 않기 때문입니다. 또한 많은 회사들이 연말휴가에는 사람들이 평소보다 더 많은 소비를 하도록 유도하는 프로모션을 진행하기도 합니다.

① 해외 기업에서 일하고자 하는 욕구
② 장기간의 목표를 확립하는 데 책임감이 있는
③ 연말 휴가 동안 자신의 지출을 제한시키는 것과 같은
④ 자신이 원하는 것보다 더 많이 지출해야 한다는 사회적 압박

65

밑줄 친 부분에 들어갈 말로 가장 적절한 것은?

A hunter-gatherer in the Stone Age knew how to make her own clothes, how to start a fire, how to hunt rabbits and how to escape lions. We think we know far more today, but as individuals, we actually know far less. We rely on the expertise of others for almost all our needs. In one humbling experiment, people were asked to evaluate how well they understood the workings of an ordinary zipper. Most people confidently replied that they understood zippers very well — after all, they use them all the time. They were then asked to describe in as much detail as possible all the steps involved in the zipper's operation. Most people had no idea. This is what Steven Sloman and Philip Fernbach have termed 'the knowledge illusion'. We think we know a lot, even though individually we know very little, because we treat knowledge _____ as if it were our own.

① from hands-on experiences
② in the minds of others
③ gained during education
④ learned through trial and error

기출문제 학습 해설

어휘정리

hunter-gatherer 수렵-채집인   escape 피하다, 빠져나오다   rely on 의존하다   expertise 전문 지식
humbling 겸손하게 하는   confidently 자신감 있게   evaluate 평가하다   term 일컫다, 칭하다

장대영어 Flow

1. 빈칸 type중 STS type으로 '통념과 비판의 원리'로 접근할 수 있는 문제이다.
2. We think로 시작하는 동어반복 type도 생각해 볼 수 있는 지문이다.

끊어읽기

A hunter-gatherer in the Stone Age knew how to make her own clothes, / how to start a fire, / how to hunt rabbits / and how to escape lions.
석기 시대의 수렵-채집인은 자신의 옷을 만드는 방법을 알았다. / 불을 피우는 방법을, / 토끼를 사냥하는 방법을 / 그리고 사자로부터 피하는 방법을

We think // we know far more today, // but as individuals, we actually know far less.
우리는 생각한다. // 우리가 오늘날 훨씬 많이 알고 있다는 것을, // 그러나 개인으로서, 우리는 훨씬 더 적게 알고 있다.

We rely on the expertise of others (for almost all our needs).
우리는 거의 모든 욕구를 다른 사람의 전문 지식에 의존하고 있다.

In one humbling experiment, people were asked to evaluate // how well they understood the workings of an ordinary zipper.
한 겸손하게 만드는 실험에서, 사람들은 평가해달라는 요청을 받았다. // 그들이 평범한 지퍼의 작동을 얼마나 잘 이해하고 있는 지를

Most people confidently replied // that they understood zippers very well — // after all, they use them all the time.
대부분의 사람은 자신감있게 대답했다. // 그들이 지퍼를 매우 잘 이해하고 있다고 –// 결국, 그들은 항상 그것들을 사용하고 있다.

They were then asked / to describe in as much detail as possible / all the steps / involved in the zipper's operation.
그들은 요청받았다 / 가능한 한 아주 자세히 설명해 달라고 / 모든 단계를 / 지퍼의 작동과 관련된

Most people had no idea.
많은 사람이 전혀 몰랐다.

This is // what Steven Sloman and Philip Fernbach have termed 'the knowledge illusion'.
이것은 // Steven Sloman과 Philip Fernbach가 '지식의 착각'이라고 불렀던 것이다.

We think // we know a lot, // even though individually we know very little, // because we treat knowledge / in the minds of others / as if it were our own.
우리는 생각한다. // 우리가 많이 알고 있다고, // 비록 개인으로서 우리는 매우 적게 알고 있다고 할지라도, // 우리는 다루기 때문에 / 다른 사람의 마음속에 있는 // 마치 자신의 지식인 것처럼

전체해석

석기 시대의 수렵 채집인은 자신의 옷을 만드는 방법, 불을 피우는 방법, 토끼를 사냥하는 방법, 사자로부터 피하는 방법을 알고 있었습니다. 오늘날 우리는 훨씬 더 많은 것을 알고 있다고 생각하지만, 개인으로서 우리는 훨씬 적게 알고 있습니다. 우리는 거의 모든 욕구를 다른 사람의 전문 지식에 의존하고 있습니다. 한 겸손하게 만드는 실험에서 사람들은 일반 지퍼의 작동 원리를 얼마나 잘 이해하고 있는지 평가하도록 요청받았습니다. 대부분의 사람들은 지퍼를 항상 사용하기 때문에 지퍼를 매우 잘 이해하고 있다고 자신 있게 대답했습니다. 그런 다음 지퍼의 작동과 관련된 모든 단계를 가능한 한 자세히 설명해 달라고 요청받았습니다. 많은 사람이 전혀 몰랐습니다. Steven Sloman과 Philip Fernbach는 이를 '지식의 착각'이라고 불렀습니다. 우리는 다른 사람의 마음속에 있는 지식을 마치 자신의 지식인 것처럼 다루기 때문에 개인적으로는 아는 것이 거의 없다고 할지라도 많은 것을 알고 있다고 생각합니다.

① 직접 하는 경험으로부터
② 다른 사람의 마음속에 있는
③ 교육받는 동안 얻어진
④ 시행착오로부터 알게된

66

밑줄 친 부분에 들어갈 말로 가장 적절한 것은?

> A gazelle on the African savanna is trying not to be eaten by cheetahs, but it is also trying to outrun other gazelles when a cheetah attacks. What matters to the gazelle is being faster than other gazelles, not being faster than cheetahs. In the same way, psychologists sometimes wonder why people are endowed with the ability to learn the part of Hamlet or understand calculus when neither skill was of much use to mankind in the primitive conditions where his intellect was shaped. Einstein would probably have been as hopeless as anybody in working out how to catch a woolly rhinoceros. Nicholas Humphrey, a Cambridge psychologist, was the first to see clearly the solution to this puzzle. We use our intellects not to solve practical problems but to outwit each other. Deceiving people, detecting deceit, understanding people's motives, manipulating people — these are what intellect is used for. So what matters is _____.

① not how clever and crafty you are but how much more clever and craftier you are than other people
② that individuals act according to their collective interest rather than their own personal interest
③ to design a society where members cooperate to find optimal solutions to benefit themselves
④ coming up with the best solution to practical problems in a given condition

끊어읽기

A gazelle on the African savanna / is trying not to be eaten by cheetahs, // but it is also trying to outrun other gazelles // when a cheetah attacks.
아프리카 사바나 지역의 가젤은 / 치타에게 잡아먹히지 않으려고 애를 쓴다, // 그러나 그것은 또한 다른 가젤보다 더 빨리 뛰려고 애쓰는 것이다. // 치타가 공격할 때

What matters to the gazelle / is being faster / than other gazelles, / not being faster / than cheetahs.
가젤에게 중요한 것은 / 더 빠른 것이다. / 다른 가젤보다, / 더 빠른 것이 아니라 / 치타보다

In the same way, / psychologists sometimes wonder // why people are endowed with the ability to learn the part of Hamlet / or understand calculus // when neither skill was of much use to mankind in the primitive conditions // where his intellect was shaped.
마찬가지로, / 심리학자들은 때때로 궁금해한다 // 사람들이 햄릿의 일부를 배우는 능력을 부여받은 이유를 / 또는 미적분을 이해하는 // 둘 다 원시적 조건에서 인류에게 유용하지 않을 때 // 그의 지능이 형성되는

Einstein would probably have been as hopeless / as anybody / in working out / how to catch a woolly rhinoceros.
아인슈타인은 아마도 절망했을 것이다 / 어떤 다른 사람만큼 / 확인하는 데 / 털 코뿔소를 잡는 방법을

Nicholas Humphrey, / a Cambridge psychologist, / was the first / to see clearly the solution to this puzzle.
Nicholas Humphrey, / 캠브리지 대학의 심리학자인, / 최초의 사람이었다. / 이 퍼즐에 대한 해결책을 분명하게 알아낸

We use our intellects / not to solve practical problems / but to outwit each other.
우리는 우리의 지성을 사용한다. / 실질적인 문제를 해결하기 위해서가 아니라 / 서로 더 한 수 앞서 나가기 위해

Deceiving people, detecting deceit, understanding people's motives, manipulating people—// these are // what intellect is used for.
사람들을 속이고, 속임수를 탐지하고, 사람들을 조작하는 것이 - // 이것들이 지성이 사용되는 이유이다.

So what matters / is not how clever and crafty you are // but how much more clever and craftier you are than other people.
그러므로 중요한 것은 / 당신이 얼마나 영리하고 교활한지가 아니라 // 다른 사람들보다 얼마나 더 영리하고 교활한지이다.

전체해석

아프리카 사바나 지역의 가젤은 치타에게 잡아먹히지 않으려고 노력하지만, 치타가 공격할 때 다른 가젤보다 더 빨리 뛰려고 노력하기도 합니다. 가젤에게 중요한 것은 치타보다 빠른 것이 아니라 다른 가젤보다 빠른 것입니다. 마찬가지로 심리학자들은 때때로 햄릿의 지성이 형성된 원시적 조건에서는 둘 다가 인류에게 그다지 유용하지 않은 기술인데 왜 사람들은 햄릿의 일부를 배우거나 미적분을 이해하는 능력을 부여받았는지 궁금해합니다. 아인슈타인도 털 코뿔소를 잡는 방법을 확인하는 데는 다른 사람만큼이나 절망적이었을 것입니다. 케임브리지의 심리학자 Nicholas Humphrey는 이 퍼즐의 해답을 가장 먼저 발견했습니다. 우리는 실질적인 문제를 해결하기 위해 지성을 사용하는 것이 아니라 서로 더 한 수 앞서 나가기 위해 지성을 사용합니다. 사람들을 속이고, 속임수를 탐지하고, 사람들의 동기를 이해하고, 사람들을 조작하는 것 - 이것들이 지성이 사용되는 이유입니다. 그러므로 중요한 것은 <u>당신이 얼마나 영리하고 교활한지가 아니라 다른 사람들보다 얼마나 더 영리하고 교활한지가</u> 중요합니다.

① 얼마나 영리하고 교활한지가 아니라 다른 사람들보다 얼마나 더 영리하고 교활한지가
② 개인들이 자신의 개인적인 이익보다는 집단의 이익에 따라서 행동하는 것이
③ 구성원들이 자신의 이익을 위해 최적의 해결책을 발견하기 위하여 협력하는 사회를 설계하는 것이
④ 주어진 상황에서 실질적인 문제에 대한 최고의 해결책을 생각해내는 것이

정답 66 ①

67

밑줄 친 부분에 들어갈 말로 가장 적절한 것은?

> Why bother with the history of everything? _____. In literature classes you don't learn about genes; in physics classes you don't learn about human evolution. So you get a partial view of the world. That makes it hard to find meaning in education. The French sociologist Emile Durkheim called this sense of disorientation and meaninglessness anomie, and he argued that it could lead to despair and even suicide. The German sociologist Max Weber talked of the "disenchantment" of the world. In the past, people had a unified vision of their world, a vision usually provided by the origin stories of their own religious traditions. That unified vision gave a sense of purpose, of meaning, even of enchantment to the world and to life. Today, though, many writers have argued that a sense of meaninglessness is inevitable in a world of science and rationality. Modernity, it seems, means meaninglessness.

① In the past, the study of history required disenchantment from science
② Recently, science has given us lots of clever tricks and meanings
③ Today, we teach and learn about our world in fragments
④ Lately, history has been divided into several categories

끊어읽기

Why bother with the history of everything?
왜 모든 것의 역사에 신경을 쓸까?

In literature classes // you don't learn about genes; / in physics classes // you don't learn about human evolution.
문학 수업에서 // 당신은 유전자에 대해 배우지 못한다 / 물리학 수업에서는 // 당신은 인간의 진화에 대해 배우지 못한다

So you get a partial view of the world.
그래서 당신은 세계를 부분적으로 볼 수 있다

That makes it hard / to find meaning in education.
그것은 어렵게 만든다 / 교육에서의 의미찾는 것을

The French sociologist Emile Durkheim called this / sense of disorientation and meaninglessness anomie, // and he argued that // it could lead to despair and even suicide.
프랑스의 사회학자 에밀 뒤르켐은 칭했다 / 방향감각 상실과 무의미함을 아노미라고 // 그리고 그는 주장했다 // 그것이 절망과 심지어 자살로 이어질 수 있다고

The German sociologist Max Weber talked / of the "disenchantment" of the world.
독일의 사회학자 막스 베버는 이야기했다 / 세계의 "망상"에 대해

In the past, people had a unified vision of their world, // a vision usually provided (by the origin stories of their own religious traditions.)
과거에, 사람들은 세계에 대한 통일된 비전을 가지고 있었다 // 그 비전은 일반적으로 제공되었다 (그들 자신의 종교적 전통에 대한 이야기들에 의해서)

That unified vision gave / a sense of purpose, of meaning, even of enchantment (to the world and to life.)
그 통일된 비전은 주었다 / 목적, 의미, 심지어 매혹적인 느낌을 주었다 (세계와 삶에)

Today, though, // many writers have argued // that a sense of meaninglessness is inevitable (in a world of science and rationality.)
그러나 오늘날 // 많은 작가들은 주장해왔다 // 무의미함이 불가피하다고 (과학과 합리성의 세계에서)

Modernity, it seems, / means meaninglessness
현대는 겉보기에 / 무의미함을 의미한다

전체해석

왜 모든 것의 역사에 신경을 쓸까? 오늘날 우리는 우리의 세상에 대해 부분적으로 가르치고 배운다. 문학 수업에서 당신은 유전자에 대해 배우지 못하고, 물리학 수업에서는 인간의 진화에 대해 배우지 못한다. 그래서 당신은 세계를 부분적으로 볼 수 있다. 그것은 교육에서 의미를 찾기 어렵게 만든다. 프랑스 사회학자 에밀 뒤르켐은 이러한 방향감각 상실과 무의미함을 아노미라고 칭했고, 그것이 절망과 심지어는 자살로 이어질 수 있다고 주장했다. 독일의 사회학자 막스 베버는 세계의 "망상"에 대해 이야기했다. 과거에, 사람들은 그들의 세계에 대한 통일된 비전을 가지고 있었는데, 그것은 대개 그들 자신의 종교적 전통의 기원 이야기들에 의해 제공되었다. 그 통일된 비전은 목적, 의미, 심지어 세계와 삶에 매혹적인 느낌을 주었다. 그러나 오늘날 많은 작가들은 과학과 합리성의 세계에서 무의미함이 불가피하다고 주장해왔다. 현대는 무의미함을 의미한다.

① 과거에 역사 연구는 과학으로부터의 각성을 필요로 했다
② 최근에 과학은 우리에게 많은 기발한 묘책과 의의를 주었다
③ 오늘날 우리는 우리 세계에 대해 부분적으로 가르치고 배운다
④ 최근에 역사는 몇 가지 분야로 나누어졌다

68

2016 국가직 9급

밑줄 친 부분에 들어갈 말로 가장 적절한 것을 고르시오.

A group of tribes and genera of hopping reptiles, small creatures of the dinosaur type, seem to have been pushed by competition and the pursuit of their enemies towards the alternatives of extinction or adaptation to colder conditions in the higher hills or by the sea. Among these distressed tribes there was developed a new type of scales that were elongated into quill-like forms and that presently branched into the crude beginnings of feathers. These quill-like scales lay over one another and formed a heat-retaining covering more efficient than any reptilian covering that had hitherto existed. So they permitted an invasion of colder regions that were otherwise uninhabited. Perhaps simultaneously with these changes there arose in these creatures a greater solicitude for their eggs. Most reptiles are apparently quite careless about their eggs, which are left for sun and season to hatch. But some of the varieties upon this new branch of the tree of life were acquiring a habit of guarding their eggs and _____. With these adaptations to cold, other internal modifications were going on that made these creatures, the primitive birds, warm-blooded and independent of basking.

① hatching them unsuccessfully
② leaving them under the sun on their own
③ keeping them warm with the warmth of their bodies
④ flying them to scaled reptiles

기출문제 학습 해설

어휘정리

tribe 부족   genera (genus - [생물 분류상의] 속)의 복수형   hopping 뛰어다니는, 활발한   reptile 파충류
alternative 대안, 대책   extinction 멸종   elongate 길게 늘이다   quill 깃(털)   crude 대충의   hitherto 지금까지
invasion 침입, 침투   uninhabited 사람이 살지 않는, 무인의   simultaneously 동시에   solicitude 배려   hatch 부화하다
modification 수정, 변경   independent of ~와 관계없이   bask (햇빛을) 쪼이다

장대영어 Flow

빈칸 문장 이후 these를 통해 빈칸 바로 뒷 문장이 빈칸의 근거가 됨을 알 수 있다.

끊어읽기

A group of tribes and genera of hopping reptiles, / small creatures of the dinosaur type,
한 무리의 깡충깡충 뛰는 파충류 종족, / 공룡 타임의 작은 생명체들은

/ seem to have been pushed / by competition and the pursuit of their enemies
/ 밀려난 것처럼 보인다 / 경쟁과 천적의 위협에 의해

/ towards the alternatives of extinction or adaptation / to colder conditions / in the higher hills or by the sea.
/ 멸종에 대한 대안 혹은 적응의 방식으로써 / 더 추운 지역으로 / 바다 옆이나 높은 언덕 지대에 있는

Among these distressed tribes / there was developed a new type of scale / — scales
이러한 곤경에 처한 종족 사이에서 / 새로운 형태의 비늘이 생겨났다. / 즉 그 비늘은

[that were elongated into quill-like forms // and that presently branched into the crude beginnings of feathers].
[깃털 같은 형태로 길어지고 // 이내 갈라져서 깃털의 조잡한 시작이 된]

These quill-like scales lay over one another / and formed a heat-retaining / covering more efficient
이러한 깃털 같은 비늘은 서로 겹쳐있었다 / 그리고 열 보존 비늘을 형성한다 / 훨씬 더 효율적으로 덮고 있는

/ than any reptilian / covering that had hitherto existed.
/ 어떤 파충류들보다 / 현재까지 존재했던 (파충류들을) 덮고 있는

So they permitted an invasion of colder regions [that were otherwise uninhabited].
따라서 그들(깃털 같은 비늘)은 더 추운 지역에 침투하게 허락했다 [그렇지 않았다면 거주하지 못했을]

Perhaps simultaneously with these changes / there arose in these creatures
아마도 이러한 변화와 동시에 / 이들 생물체 안에서 발생했다.

/ a greater solicitude for their eggs. Most reptiles are apparently quite careless about their eggs,
/ 그들의 알에 대한 엄청난 배려. 대부분의 파충류는 그들 알에 대해 매우 분명하게 관심이 없다.

// which are left for sun and season to hatch. But some of the varieties
// 알들은 부화하기 위한 태양과 시기를 위해 내버려진다. 그러나 몇몇 종들은

/ upon this new branch of the tree of life / were acquiring a habit of guarding their eggs
/ 생명의 새로운 나뭇가지에 놓인 / 그들의 알을 지키는 관습을 얻고 있었다.

/ and keeping them warm / with the warmth of their bodies. With these adaptations to cold,
/ 그리고 알들을 계속 데우는 / 그들 몸의 온기로. 추위에 대한 이런 적응은

/ other internal modifications were going on [that made these creatures, / the primitive birds,
/ 다른 내적 변화가 진행되고 있었다. [이런 생명체들을 만들어낸 / 원시적 형태의 새로

warm-blooded and independent of basking].
따뜻한 피를 가지고 있고 햇볕을 쬐는 것으로부터 독립적인(벗어난)]

전체해석
한 무리의 깡충깡충 뛰는 파충류 종족, 다시 말해 공룡 타입의 작은 생명체들은 경쟁과 천적의 위협에 의해 쫓겨나와 멸종에 대한 대안, 혹은 적응의 방식으로써 바다 옆이나 높은 언덕 지대의 추운 지역으로 밀려난 것처럼 보인다. 이러한 곤경에 처한 종족 사이에서, 새로운 형태의 비늘이 생겨났다. 즉 깃털 같은 형태로 길어져 이내 갈라져서 깃털의 조잡한 시작이 되었다. 이러한 깃털 같은 비늘이 서로 겹쳐 있어 현재까지 존재했던 파충류들을 덮고 있던 비늘보다 훨씬 더 효율적인 열 보존 비늘을 형성한다. 따라서 그들은 그렇지 않았더라면 거주하지 못했을 추운 지역에 침투가 가능했다. 아마도 이러한 변화와 동시에 이들 생물체 안에서 그들의 알에 대한 엄청난 배려 역시 발생했을 것이다. 대부분의 파충류는 그들 알에 대해 매우 분명하게 관심이 없었으며 알들은 부화하기 위한 태양과 시기를 위해 내버려지곤 했다. 그러나 생명의 새로운 (진화의) 나뭇가지에 놓인 몇몇 다른 종들은 그들의 알을 지키고 그들 몸의 온기로 알을 계속 데우는 관습을 얻게 되었다. 이렇게 추위에 적응하면서, 다른 내적 변화 즉 이런 생명체는 따뜻한 피를 가지고 있어 알을 햇볕에 쬐는 것으로부터 벗어난 원시적 형태의 새로 만들어낸 변화가 진행되었다.

① 알을 성공적으로 부화시키지 못하는
② 알이 혼자서 햇빛을 받게 내버려 두는
③ 그들 몸의 온기로 알을 계속 데우는
④ 비늘이 있는 파충류에게 알을 날리는

정답 68 ③

69

밑줄 친 부분에 들어갈 말로 가장 적절한 것을 고르시오.

Nobel Prize-winning psychologist Daniel Kahneman changed the way the world thinks about economics, upending the notion that human beings are rational decision-makers. Along the way, his discipline-crossing influence has altered the way physicians make medical decisions and investors evaluate risk on Wall Street. In a paper, Kahneman and his colleagues outline a process for making big strategic decisions. Their suggested approach, labeled as "Mediating Assessments Protocol," of MAP, has a simple goal: To put off gut-based decision-making until a choice can be informed by a number of separate factors. "One of the essential purposes of MAP is basically to _____ intuition," Kahneman said in a recent interview with The Post. The structured process calls for analyzing a decision based on six to seven previously chosen attributes, discussing each of them separately and assigning them a relative percentile score, and finally, using those scores to make a holistic judgment.

① improve
② delay
③ possess
④ facilitate

끊어읽기

Nobel Prize-winning psychologist Daniel Kahneman changed the way
노벨상을 수상한 심리학자 Daniel Kahneman은 방식을 바꾸었다

[the world thinks about economics,] upending the notion // [that human beings are rational decision-makers.]
[세계가 경제학에 대해 생각하는,] 관념을 뒤집으면서 // 인간이 이성적인 의사 결정자라는

Along the way, // his discipline-crossing influence has altered the way [physicians make medical decisions
그 과정에서 // 학문에 퍼진 그의 영향력은 방식을 바꾸었다 [의사들이 의학적 결정을 내리고

// and investors evaluate risk on Wall Street.]
// 투자자들이 월스트리트에서 위험 요소를 평가하는 방식을]

In a paper, Kahneman and his colleagues outline a process (for making big strategic decisions.)
한 논문에서, Kahneman과 그의 동료들은 과정을 약술했다 (큰 전략적 결정을 내리는)

Their suggested approach, / labeled as "Mediating Assessments Protocol," of MAP, / has a simple goal:
그들의 권장 접근법은 / '조정을 통한 평가 프로토콜' 즉, MAP이라고 이름 붙여진 / 하나의 단순한 목표가 있다 //

/ To put off gut-based decision-making // until a choice can be informed (by a number of separate factors.)
직관에 의거한 결정과정을 미루는 것이다 // 선택이 정보를 얻을 수 있을 때까지 (여러 다른 요인들에 의해)

"One of the essential purposes of MAP / is basically to delay intuition," // Kahneman said in a recent interview with The Post.
"MAP의 중요한 목표 중 하나는 / 기본적으로 직관을 미루는 것이다" // Kahneman은 The post와의 최근 인터뷰에서 말했다.

The structured process calls for analyzing a decision / based on six to seven previously chosen attributes,
구조화된 과정은 결정을 분석하는 것을 필요로 한다 / 예닐곱의 사전에 선택된 특성들에 의거한

/ discussing each of them separately // and assigning them a relative percentile score, / and finally, using those scores
/ 그것들 각각을 따로 검토하고 // 그것들에 백분위 수를 부여하고 / 최종적으로 그 점수들을 이용하는 것을

/ to make a holistic judgment.
/ 전체적인 판단을 내리기 위해

전체해석

노벨상을 수상한 심리학자 Daniel Kahneman은 세계가 경제학에 대해 생각하는 방식을 바꾸어 인간이 이성적인 의사 결정자라는 관념을 뒤집었다. 그 과정에서, 학문에 퍼진 그의 영향력은 의사들이 의학적 결정을 내리고 투자자들이 월 스트리트에서 위험 요소를 평가하는 방식을 바꾸었다. 한 논문에서, Kahneman과 그의 동료들은 큰 전략적 결정을 내리는 과정을 약술했다. 그들의 권장 접근법은 '조정을 통한 평가 프로토콜', 즉 MAP라고 이름 붙여졌는데, 하나의 단순한 목표가 있다. 선택이 여러 다른 요인들에 의해 정보를 얻을 수 있을 때까지 직관에 의거한 의사 결정을 <u>미루는</u> 것이다. "MAP의 중요한 목표 중 하나는 기본적으로 직관을 미루는 것이다."라고 Kahneman은 The Post와의 최근 인터뷰에서 말했다. 구조화된 과정은 예닐곱의 사전에 선택된 속성들에 의거한 결정을 분석하는 것, 그것들 각각을 따로 검토하고 그것들에 상대적인 백분위 수를 부여하는 것, 그리고 최종적으로 전체적인 판단을 내리기 위해 그 점수들을 이용하는 것을 필요로 한다.

① 개선하는
② 미루는
③ 소유하는
④ 용이하게 하는

70

다음 밑줄 친 부분에 들어갈 가장 적절한 표현은?

> Much like in a heavy snowfall, data is piling up at a high speed and in a gigantic volume. You could think that it's good: more data means more reliable insights. But in reality, huge volumes of data don't necessarily mean huge volumes of actionable insights. Sometimes, the data you have — despite all the information it contains — statistically just isn't _____. For example, opinions on Twitter vs. opinions of the population on the whole. Let alone the bias of the former, it doesn't even contain the viewpoints of the entire population (for example, the elderly and the introverts often get excluded). This way, you can get wrong analysis results easily. Besides that, in such 'heavy snowfalls,' it simply gets more challenging to find what you need while eliminating the data that bears no use whatsoever.

① state-of-the-art enough to find correlations with the population
② the representative sample of the data you need to analyze
③ an impediment in your way of solving the target problem
④ analyzable to come to a meaningful conclusion due to sorted information
⑤ intact because some key information has already been eliminated

끊어읽기

Much like in a heavy snowfall, / data is piling up / at a high speed and in a gigantic volume.
폭설처럼 / 자료들이 쌓이고 있다 / 빠른 속도와 거대한 양으로

You could think that it's good: // more data means more reliable insights.
당신은 그것이 좋다고 생각할 수 있다 // 더 많은 자료는 더 신뢰할 수 있는 통찰이기에

But in reality, / huge volumes of data don't necessarily mean / huge volumes of actionable insights.
그러나 실제로는 / 방대한 양의 자료가 의미하는 것은 아니다 / 방대한 양의 실행 가능한 통찰을

Sometimes, the data you have / — despite all the information it contains
때때로 당신이 가지는 자료는 / 그것을 포함하는 모든 정보에도 불구하고

/ — statistically just isn't the representative sample of the data [you need to analyze.]
/ 통계적으로 자료의 대표적인 샘플은 아니다 [당신이 분석할 필요가 있는]

For example, opinions on Twitter vs. opinions of the population on the whole.
예를 들어 트위터상의 의견과 전체 인구의 의견 대립이 있다.

Let alone the bias of the former, // it doesn't even contain / the viewpoints of the entire population
전자의 편견은 놔두더라도 // 그것은 포함하지 않는 것이다. / 전체 인구의 관점을

(for example, the elderly and the introverts often get excluded).
(예컨대, 노년층과 내성적인 사람들은 자주 배제된다)

This way, you can get wrong analysis results easily.
이런 식으로 당신은 그릇된 분석 결과를 쉽게 얻게 되는 것이다.

Besides that, / in such 'heavy snowfalls,' / it simply gets more challenging
그뿐 아니라 / 그러한 폭설 상태에서는 / 단지 더 어려워질 뿐이다.

/ to find what you need / while eliminating the data [that bears no use whatsoever].
/ 당신이 필요로 하는 것을 찾기가 / 자료를 제거하는 동안에 [아무런 쓸모가 없는]

전체해석

폭설처럼, 빠른 속도와 거대한 양으로 자료들이 쌓이고 있다. 당신은 그것이 좋다고 생각할 수 있는데, 더 많은 자료는 더 신뢰할 수 있는 통찰이기에. 그러나 실제로는, 방대한 양의 자료가 반드시 방대한 양의 실행 가능한 통찰을 의미하는 것은 아니다. 때로, 당신이 가지는 자료는 그것이 포함하는 모든 정보에도 불구하고 통계적으로 <u>당신이 분석할 필요가 있는 자료의 대표적인 샘플</u>은 아니다. 예를 들어, 트위터상의 의견과 전체 인구의 의견 대립이 있다. 전자의 편견은 놔두더라도, 그것은 전체 인구의 관점도 포함하지 않는 것이다. (예컨대, 노년층과 내성적인 사람들은 자주 배제된다.) 이런 식으로, 당신은 그릇된 분석 결과를 쉽게 얻게 되는 것이다. 그뿐 아니라, 그러한 '폭설' 상태에서는, 아무런 쓸모가 없는 자료를 제거하는 동안에 당신이 필요로 하는 것을 찾기가 그저 더 어려워질 뿐이다.

① 인구와의 상관관계를 충분히 찾을 만큼의 최첨단
② 당신이 분석할 필요가 있는 자료의 대표적인 샘플
③ 표적 문제를 해결하는 당신의 방식에서 장애
④ 정리된 정보로 인해 의미 있는 결론에 도달할 수 있는 분석이 가능한
⑤ 일부 핵심 정보는 이미 제거되었기 때문에 온전한

정답 70 ②

71

다음 글의 빈칸에 들어갈 말로 가장 적절한 것은?

A great ad is a wonderful thing; it's why you love advertising. But what you're looking at is only half of what's there, and the part you can't see has more to do with that ad's success than the part you can. Before those surface features (the terrific headline or visual or storyline or characters or voiceover or whatever) can work their wonders, the ad has to have something to say, something that matters. Either it addresses real consumer motives and real consumer problems, or it speaks to no one. To make great ads, then, you have to start where they start: with _____.

① the effective tool
② the invisible part
③ the corporate needs
④ the surface features

기출문제 학습 해설

어휘정리
have to do with ~와 관련이 있다   terrific 아주 좋은, 엄청난   voiceover 음성 해설   address 다루다

장대영어 Flow
1. 글 초반부 역접장치를 활용하는 것이 핵심이다(STS 4).
2. 빈칸 문장은 대부분 단락 내에서 중요한 문장임을 기억하여 STS가 포함된 문장과 비교하며 선택지를 판별해야 한다.

끊어읽기
A great ad is a wonderful thing; // it's why you love advertising.
훌륭한 광고는 멋진 것이다 // 그것이 당신이 광고를 사랑하는 이유이다

But what you're looking at / is only half of what's there,
그러나 당신이 보고 있는 것은 / 단지 절반이다

// and the part [you can't see] / has more to do with that ad's success / than the part [you can].
// 그리고 당신이 볼 수 없는 부분이 / 그 광고의 성공과 더 관련이 있다 / 당신이 볼 수 있는 부분보다

Before those surface features (the terrific headline or visual or storyline or characters or voiceover or whatever)
그러한 표면적인 특징이(멋진 표제, 시각 자료, 줄거리, 등장인물, 해설 음성 또는 그 무엇이든)

/ can work their wonders, // the ad has to have something to say, something [that matters].
/ 기적 같은 효과를 낼 수 있기 전에 // 광고는 말할 무언가, 중요한 무언가를 가지고 있어야만 한다

Either it addresses / real consumer motives and real consumer problems,
그것은 초점을 맞춘다 / 실제 소비자의 동기와 소비자의 문제에

// or it speaks to no one.
// 혹은 아무에게도 말하지 않는다.

To make great ads, then, / you have to start where they start: / with the invisible part.
훌륭한 광고를 만들기 위해서 / 당신은 광고가 시작되는 곳으로 시작해야 한다 / 즉 보이지 않는 부분으로

전체해석
훌륭한 광고는 멋진 것이고, 그것이 당신이 광고를 사랑하는 이유이다. 그러나 당신이 보고 있는 것은 (광고에) 있는 것의 단지 절반이고, 당신이 볼 수 없는 부분이 볼 수 있는 부분보다 그 광고의 성공과 더 관련이 있다. 이러한 표면적인 특징(멋진 표제, 시각 자료, 줄거리, 등장인물, 해설 음성 또는 그 무엇이든)은 기적 같은 효과를 낼 수 있기 전에, 광고는 말할 무언가, 즉 중요한 무언가를 가지고 있어야만 한다. 그것은 실제 소비자의 동기와 실제 소비자의 문제에 초점을 맞추거나 아무에게도 말하지 않는다. 훌륭한 광고를 만들기 위해서, 당신은 광고가 시작하는 곳, 즉 보이지 않는 부분으로 시작해야 한다.

① 효과적인 도구
② 보이지 않는 부분
③ 회사의 필요
④ 표면의 특징들

정답 71 ②

다음 빈칸에 들어갈 말로 가장 적절한 것은?

Impressionable youth are not the only ones subject to _____. Most of us have probably had an experience of being pressured by a salesman. Have you ever had a sales rep try to sell you some "office solution" by telling you that 70 percent of your competitors are using their service, so why aren't you? But what if 70 percent of your competitors are idiots? Or what if that 70 percent were given so much value added or offered such a low price that they couldn't resist the opportunity? The practice is designed to do one thing and one thing only — to pressure you to buy. To make you feel you might be missing out on something or that everyone else knows but you.

① peer pressure
② impulse buying
③ bullying tactics
④ keen competition

기출문제 학습 해설

어휘정리
impressionable 쉽게 외부의 영향을 받는 subject to ~에 영향을 받기 쉬운 sales rep 영업 사원 competitor 경쟁자 resist 저항하다 miss out ~을 놓치다, 빠뜨리다

장대영어 Flow
1. 'not the only ones'를 통해 이후 문장에는 youth가 아닌 다른 사람들이 제시될 것임을 예측해야 한다.
2. subject to와 문맥적으로 an experience of ~가 대응하므로 더 읽을 필요 없이 정답을 고를 수 있다.

끊어읽기

Impressionable youth are not the only ones / subject to peer pressure.
쉽게 외부의 영향을 받는 젊은이들만은 아니다 / 또래 압력에 시달리는 것이

Most of us have probably had an experience / of being pressured by a salesman.
우리들 대부분은 아마도 경험이 있을 것이다 / 판매원에게 압력을 받는 것이

Have you ever had a sales rep try to sell you some "office solution"
영업사원이 사무용 솔루션을 판매하려고 노력하는 것을 들은 적이 있는가

/ by telling you // that 70 percent of your competitors are using their service, so why aren't you?
당신에게 말함으로써 // 경쟁사의 70%가 서비스를 이용하고 있는데 왜 당신은 사용하지 않나요? 라고

But what if 70 percent of your competitors are idiots?
하지만 경쟁자의 70%가 바보라면?

Or what if that 70 percent were given so much value added
혹은 그 70%가 너무 많은 부가가치를 부여받았거나

/ or offered such a low price [that they couldn't resist the opportunity?]
그렇게 낮은 가격을 제시 받았다면 [그 기회를 거부할 수 없을 정도로]

The practice is designed / to do one thing and one thing / only — to pressure you to buy.
그 관행은 고안된 것이다 / 오직 한 가지 일을 하기 위해서 / 당신이 사도록 압박하기 위해서

To make you feel // you might be missing out on something // or that everyone else knows / but you.
당신이 느끼게 하기 위해서 // 뭔가 놓치고 있거나 // 다른 모든 사람들이 알고 있다고 / 당신을 제외하고

전체해석
쉽게 외부의 영향을 받는 젊은이들만이 <u>또래 압력</u>에 시달리는 것은 아니다. 우리들 대부분은 아마도 판매원으로부터 압박을 받은 경험이 있을 것이다. 영업 사원이 "사무용 솔루션"을 판매하려고 경쟁사의 70%가 서비스를 이용하고 있다고 말함으로써 "왜 당신은 사용하지 않나요?" 라고 말하는 것을 들은 적이 있는가? 하지만 경쟁자의 70%가 바보라면? 아니면 그 70%가 너무 많은 부가가치를 부여받았거나, 그 기회를 거부할 수 없을 정도로 낮은 가격을 제시 받았다면 어떻게 될까? 그 관행은 오직 한 가지 일을 하기 위해 고안된 것이다. 당신이 뭔가 놓치고 있다고 느끼거나 당신 말고 다른 모든 사람들이 알고 있다고 느끼게 하기 위해서다.

① 또래의 압력
② 충동구매
③ 괴롭히기 작전
④ 치열한 경쟁

73

밑줄 친 부분에 들어갈 말로 가장 적절한 것은?

Scientists have long known that higher air temperatures are contributing to the surface melting on Greenland's ice sheet. But a new study has found another threat that has begun attacking the ice from below: Warm ocean water moving underneath the vast glaciers is causing them to melt even more quickly. The findings were published in the journal Nature Geoscience by researchers who studied one of the many "ice tongues" of the Nioghalvfjerdsfjorden Glacier in the northeast Greenland. An ice tongue is a strip of ice that floats on the water without breaking off from the ice on land. The massive one these scientists studied is nearly 50 miles long. The survey revealed an underwater current more than a mile wide where warm water from the Atlantic Ocean is able to flow directly towards the glacier, bringing large amounts of heat into contact with the ice and _____ the glacier's melting.

① separating
② delaying
③ preventing
④ accelerating

끊어읽기

Scientists have long known // that higher air temperatures are contributing
학자들은 알고 있었다 // 높은 기온이 기여하고 있다고

/ to the surface melting on Greenland's ice sheet. But a new study has found another threat
/ 그린란드 빙상의 표면이 녹는 데에. 하지만 새로운 연구는 또다른 위협을 발견했다.

// [that has begun attacking the ice from below:]
// [아래로부터 얼음을 공격하기 시작한]

// Warm ocean water / moving underneath the vast glaciers / is causing them to melt even more quickly.]
// 따뜻한 바닷물이 / 광대한 빙하 아래에서 움직이는 / 빙하를 훨씬 더 빨리 녹게 하고 있다고.

The findings were published in the journal Nature Geoscience by researchers
이 연구결과는 Nature Geoscience지에 실렸다.

[who studied one of the many "ice tongues" of the Nioghalvfjerdsfjorden Glacier in the northeast Greenland.]
[그린란드 북동부에 있는 빙하 79N(Nioghalvfjerdsfjorden Glacier)의 많은 "빙하 혀" 중 하나를 연구한]

An ice tongue is a strip of ice [that floats on the water / without breaking off / from the ice on land.]
빙하 혀는 얼음 조각이다 [물 위를 떠다니는 / 떨어지지 않고 / 육지의 얼음에서]

The massive one [these scientists studied] / is nearly 50 miles long.
거대한 것은 [이들 학자들이 연구한] / 50마일 가까이 된다.

The survey revealed // an underwater current / more than a mile wide [where warm water from the Atlantic Ocean
이 조사는 발견하였다. // 수중 해류를 / 폭이 1마일 이상인 [대서양에서 나온 따뜻한 물이

/ is able to flow directly towards the glacier,
/ 얼음과 접촉시킬 수 있는]

/ bringing large amounts of heat into contact with the ice and accelerating the glacier's melting.
/ 많은 양의 열을 얼음과 접촉시켜 빙하가 녹는 것을 가속화시키면서

전체해석

학자들은 오래 전부터 높은 기온으로 인해 그린란드 빙상의 표면이 녹고 있다는 것을 알고 있었다. 하지만 새로운 연구는 아래로부터 얼음을 공격하기 시작한 또 다른 위협을 발견했는데, 광대한 빙하 아래에서 움직이는 따뜻한 바닷물이 빙하를 훨씬 더 빨리 녹게 하고 있다는 것이다. 이 연구 결과는 그린란드 북동부에 있는 빙하 79N(Nioghalvfjerdsfjorden Glacier)의 많은 "빙하 혀" 중 하나를 연구한 연구자들에 의해 Nature Geoscience지에 실렸다. 빙하 혀는 육지의 얼음에서 떨어지지 않고 물 위를 떠다니는 얼음 조각이다. 이 과학자들이 연구한 그 거대한 것은 길이가 거의 50마일 가까이 된다. 이 조사는 대서양에서 나온 따뜻한 물이 빙하를 향해 직접 흐를 수 있는, 폭이 1마일 이상인 수중 해류가 많은 양의 열을 얼음과 접촉시켜 빙하가 녹는 것을 <u>가속화시키는</u> 것을 발견하였다.

① 분리시키는
② 지연시키는
③ 방지하는
④ 가속하는

74

2022 지방직 9급

밑줄 친 부분에 들어갈 말로 가장 적절한 것을 고르시오

One of the most frequently used propaganda techniques is to convince the public that the propagandist's views reflect those of the common person and that he or she is working in their best interests. A politician speaking to a blue-collar audience may roll up his sleeves, undo his tie, and attempt to use the specific idioms of the crowd. He may even use language incorrectly on purpose to give the impression that he is "just one of the folks." This technique usually also employs the use of glittering generalities to give the impression that the politician's views are the same as those of the crowd being addressed. Labor leaders, businesspeople, ministers, educators, and advertisers have used this technique to win our confidence by appearing to be _____.

① beyond glittering generalities
② just plain folks like ourselves
③ something different from others
④ better educated than the crowd

기출문제 학습 해설

어휘정리

propaganda 선전   politician 정치가   undo 원상태로 돌리다, 풀다   specific 구체적인   idiom 관용구, 숙어   folk 사람들
glittering 눈부신   generality 일반성   address 연설하다   minister 장관

장대영어 Flow

1. 빈칸 이후에 별도의 문장이 없으므로 글 초반부터 읽어가며 단서를 찾아야 한다.
2. 첫 문장 convince ~이하 부분과 빈칸을 대응시켜 빈칸에 들어갈 말을 고를 수 있다.

끊어읽기

One of the most frequently used propaganda techniques / is to convince the public
가장 자주 사용되는 선전 기법 중 하나는 / 대중들을 확신시키는 것이다

// that the propagandist's views reflect / those of the common person
// 선전자의 견해가 반영하고 있다고 / 일반인의 견해를

// and that he or she is working in their best interests.
// 그리고 그들이(선전가들) 그들의(대중들) 최선의 이익을 위해 일하고 있다고.

A politician speaking to a blue-collar audience / may roll up his sleeves, / undo his tie,
블루칼라(노동자) 청중에게 말하는 정치인은 / 소매를 걷어붙이고 / 넥타이를 풀고

/ and attempt to use the specific idioms of the crowd.
/ 특정한 관용구를 사용하려고 시도할 수 있다.

He may even use language incorrectly on purpose / to give the impression [that he is "just one of the folks."]
그는 심지어 일부러 언어를 잘못 사용할 수도 있다 / 인상을 주기 위해 ["그 사람들 중 한 명일 뿐"이라는]

This technique usually also employs the use of glittering generalities / to give the impression
이 기술은 또한 화려한 추상어를 사용한다 / 인상을 주기 위해

[that the politician's views are the same / as those of the crowd being addressed.]
[정치가의 견해가 같다는 / 연설되는 군중의 견해와]

Labor leaders, businesspeople, ministers, educators, and advertisers / have used this technique
노동 지도자들, 사업가들, 장관들, 교육자들, 그리고 광고들은 / 이 기술을 사용해왔다

/ to win our confidence by appearing to be just plain folks like ourselves.
/ 우리와 같이 평범한 사람들인 것처럼 보임으로써 우리의 신뢰를 얻기 위해

전체해석

가장 자주 사용되는 선전 기법 중 하나는 대중들에게 선전자의 견해가 일반인의 견해를 반영하고 있으며 그들이 최선의 이익을 위해 일하고 있다는 것을 확신시키는 것이다. 블루길라(노동자) 청중에게 말하는 정치인은 소매를 걷어붙이고 넥타이를 풀고 군중들의 특정한 관용구를 사용하려고 시도할 수 있다. 그는 심지어 자신이 "그 사람들 중 한 명일 뿐"이라는 인상을 주기 위해 일부러 언어를 잘못 사용할 수도 있다. 이 기술은 또한 정치가의 견해가 연설되는 군중의 견해와 같다는 인상을 주기 위해 화려한 추상어를 사용한다. 노동 지도자들, 사업가들, 장관들, 교육자들, 그리고 광고들은 우리와 같이 평범한 사람들인 것처럼 보임으로써 우리의 신뢰를 얻기 위해 이 기술을 사용해왔다.

① 화려한 추상어를 넘어선
② 우리와 같이 평범한 사람들
③ 남들과는 다른 무언가
④ 대중들보다 더 교육받은

75

2023 국가직 9급

밑줄 친 부분에 들어갈 말로 알맞은 것은?

Over the last fifty years, all major subdiciplines in psychology have become more and more isolated from each other as training becomes increasingly specialized and narrow in focus. As some psychologists have long argued, if the field of psychology is to mature and advance scientifically, its disparate parts (for example, neuroscience, developmental, cognitive, personality, and social) must become whole and integrated again. Science advances when distinct topics become theoretically and empirically integrated under simplifying theoretical frameworks. Psychology of science will encourage collaboration among psychologists from various sub-areas, helping the field achieve coherence rather than continued fragmentation. In this way, psychology of science might act as a template for psychology as a whole by integrating under one discipline all of the major fractions/factions within the field. It would be no small feat and of no small import if the psychology of science could become a model for the parent discipline on how to combine resources and study science _____.

① from a unified perspective
② in dynamic aspects
③ throughout history
④ with accurate evidence

기출문제 학습 해설

어휘정리

subdicipline 하위학문   isolate 고립시키다   narrow 좁은   mature 성숙해지다   disparate 상이한, 이질적인
neuroscience 신경과학   integrate 통합하다   theoretically 이론적으로   empirically 경험적으로   collaboration 협력
coherence 일관성   fragmentation 조각남, 분열   act as ~역할을 하다   template 형판, 견본   feat 업적   import 중요성

장대영어 Flow

1. 빈칸 이후에 별도의 문장이 없으므로 글 초반부터 읽어가며 단서를 찾아야 한다.
2. 첫 문장을 문제점 제시로 볼 수 있고 이에 대한 해결책이 바로 다음 문장에 제시된다(MDTS 5).
3. 해결책에 해당하는 문장에 must(STS 1)가 포함되어 이를 확신할 수 있다.

끊어읽기

Over the last fifty years, / all major subdisciplines in psychology / have become more and more isolated
지난 50년 동안 / 심리학의 모든 주요 하위 분야는 / 점점 더 고립되어 왔다.

/ from each other // as training becomes increasingly specialized and narrow in focus.
/ 서로 // 점점 특화되고 그 초점이 좁아짐에 따라

As some psychologists have long argued, // if the field of psychology is to mature and advance scientifically,
일부 심리학자들이 오랫동안 주장해온 것처럼 // 심리학 분야가 과학적으로 성숙해지고 발전하기 위해선

// its disparate parts (for example, neuroscience, developmental, cognitive, personality, and social)
// 그것의 이질적인 부분들(예를 들어, 신경과학, 발달, 인지, 성격, 사회 등)이

/ must become whole and integrated again.
다시 하나가 되고 통합되어야 한다

Science advances // when distinct topics become theoretically and empirically integrated
과학은 발전한다 // 서로 다른 주제들이 이론적, 경험적으로 통합될 때

/ under simplifying theoretical frameworks. Psychology of science will encourage collaboration / among psychologists
/ 단일화하는 이론적 틀 아래에서. 과학 심리학은 협업을 장려할 것이다 / 여러 하위 영역의 심리학자 간의

from various sub-areas, / helping the field achieve coherence / rather than continued fragmentation.
/ 이 분야가 일관성을 갖추도록 / 계속적인 분열보다는

In this way, psychology of science might act / as a template for psychology
이러한 방식으로, 과학 심리학은 역할을 할 것이다 / 심리학에 대한 모범으로서

/ as a whole / by integrating (under one discipline) all of the major fractions/factions within the field.
/ 전체로서 / 심리학 분야의 모든 주요 분과/분파를 하나의 학문으로 통합하여

It would be no small feat and of no small import
이는 결코 작은 업적이 아니며 그 중요도 또한 작지 않을 것이다

// if the psychology of science could become a model for the parent discipline
// 과학 심리학이 모 학문의 모델이 될 수 있다면

/ on how to combine resources and study science from a unified perspective.
/ 자원을 결합하는 방법 및 과학을 통합된 관점에서 연구하는 방법에 대한

전체해석

지난 50년 동안 심리학의 모든 주요 하위 분야는 교육이 점점 특화되고 그 초점이 좁아짐에 따라 서로 점점 더 고립되어 왔다. 일부 심리학자들이 오랫동안 주장해 온 것처럼, 심리학 분야가 과학적으로 성숙해지고 발전하기 위해선 그것의 이질적인 부분들(예를 들어, 신경과학, 발달, 인지, 성격, 사회 등)이 다시 하나가 되고 통합되어야 한다. 과학은 단일화하는 이론적 틀 아래에서 서로 다른 주제들이 이론적, 경험적으로 통합될 때 발전한다. 과학 심리학은 여러 하위 영역의 심리학자 간의 협업을 장려하여 이 분야가 계속적인 분열보다는 일관성을 갖추도록 도울 것이다. 이러한 방식으로 과학 심리학은 심리학 분야의 모든 주요 분과/분파를 하나의 학문으로 통합하여 심리학 전체에 대한 모범이 될 수 있다. 과학 심리학이 자원을 결합하는 방법 및 과학을 통합된 관점에서 연구하는 방법에 대한 모 학문의 모델이 될 수 있다면, 이는 결코 작은 업적이 아니며 그 중요도 또한 작지 않을 것이다.

① 통합된 관점에서 ② 역동적인 측면에서
③ 역사를 통틀어 ④ 정확한 증거를 가지고

정답 75 ①

76

주어진 글 다음에 이어질 글의 순서로 가장 적절한 것은?

The idea that society should allocate economic rewards and positions of responsibility according to merit is appealing for several reasons.

(A) An economic system that rewards effort, initiative, and talent is likely to be more productive than one that pays everyone the same, regardless of contribution, or that hands out desirable social positions based on favoritism.
(B) Rewarding people strictly on their merits also has the virtue of fairness; it does not discriminate on any basis other than achievement.
(C) Two of these reasons are generalized versions of the case for merit in hiring — efficiency and fairness.

① (A) − (C) − (B)
② (B) − (C) − (A)
③ (C) − (A) − (B)
④ (C) − (B) − (A)

기출문제 학습 해설

어휘정리

allocate 할당하다, 배분하다　merit 장점, 가치　initiative 주도성　regardless of ~와 관계없이
hand out 나눠주다, 분배하다　favoritism 편애　virtue 선(행), 덕목　discriminate 차별하다, 구별하다
other than ~을 제외하고

장대영어 Flow

1. (C) 단락의 'these + Ns'에 해당하는 'Two of these reasons'가 주어진 단락에 이어지는 단서이다.
2. (A) 단락의 rewarding과 (B) 단락에 fairness를 연결하는 also에 주목한다.

끊어읽기

The idea // that society should allocate economic rewards and positions of responsibility / according to merit / is appealing for several reasons.
생각은 // 사회가 경제적 보상과 책임의 지위를 배분해야 한다. / 능력에 따라 / 여러 가지 이유로 매력적이다.

(C) Two of these reasons / are generalized versions of the case for merit in hiring / — efficiency and fairness.
　이러한 이유 중 두 가지는 / 고용에 있어서 능력을 보는 일반화된 형태 / - 즉 효율성과 공정성이다.

(A) An economic system / that rewards effort, initiative, and talent / is likely to be more productive / than one that pays everyone the same, / regardless of contribution, // or that hands out desirable social positions based on favoritism.
　경제 체제는 : / 노력, 주도성, 재능을 보상하는 / 더 생산적일 가능성이 있다. / 모든 사람에게 똑같은 보수를 지급하는 경제 체제보다, / 기여와 관계없이, // 또는 편애를 기반으로 선호되는 사회적 지위를 배분하는

(B) Rewarding people strictly on their merits also / has the virtue of fairness; // it does not discriminate on any basis other than achievement.
　엄격하게 능력에 따라 사람에게 보상하는 것은 또한 / 공정성의 미덕도 있다. // 이는 업적 이외의 어떤 기준으로도 차별하지 않는다.

전체해석

사회가 경제적 보상과 책임의 지위를 능력에 따라 배분해야 한다는 생각은 여러 가지 이유로 매력적이다.
(C) 이러한 이유 중 두 가지는 고용에 있어서 능력을 보는 일반화된 형태, 즉 효율성과 공정성이다.
(A) 노력, 주도성, 재능을 보상하는 경제 체제는 기여와 관계없이 모든 사람에게 똑같은 보수를 지급하거나, 편애를 기반으로 선호되는 사회적 지위를 배분하는 경제 체제보다 더 생산적일 가능성이 크다.
(B) 엄격하게 능력에 따라 사람에게 보상하는 것은 또한 공정성의 미덕도 있는데, 이는 업적 이외의 어떤 기준으로도 차별하지 않는다.

정답　76 ③

77

주어진 글 다음에 이어질 글의 순서로 가장 적절한 것은?

Usually toddlers picking things up from the ground means trouble.

(A) The family reported the find to the Israel Antiquities Authority, which determined it is a beetle-shaped seal from the Middle Bronze Age.

(B) But as 3-year-old Ziv Nitzan of Israel brushed away the sand on what seemed to be a rock, she revealed a nearly 4,000-year-old Egyptian artifact.

(C) Ziv was awarded a certificate for good citizenship, and the Heritage Minister of Israel said the seal "connects us to a grand story," and that "even children can be a part of discovering history."

① (A) - (C) - (B)
② (B) - (A) - (C)
③ (B) - (C) - (A)
④ (C) - (B) - (A)

기출문제 학습 해설

어휘정리

toddler 걸음마를 배우는 아이   seal 도장, 인장   artifact 인공물, 유물   award 수여하다   grand 웅장한

장대영어 Flow

1. (B) 단락의 But을 중심으로 주어진 단락과 (B) 단락이 연결되고 있다.
2. (A) 단락의 지시사 'the + N'에 해당하는 'the find'가 단서로 (B) 단락과 (A) 단락을 연결시켜 주고 있다.

끊어읽기

Usually toddlers picking things up / from the ground / means trouble.
보통 아이들이 무언가를 줍는 것은 / 땅으로부터 / 골칫거리를 의미한다.

(B) But as 3-year-old Ziv Nitzan of Israel / brushed away the sand on // what seemed to be a rock, // she revealed a nearly 4,000-year-old Egyptian artifact.
그러나 이스라엘의 세 살인 Ziv Nitzan이 모래를 털어냈을 때 // 돌처럼 보이는 것에 있는, // 그 아이는 거의 4,000년 된 이집트 유물을 발견했다.

(A) The family reported the find / to the Israel Antiquities Authority, // which determined // it is a beetle-shaped seal / from the Middle Bronze Age.
그 가족은 이 발견물을 보고했다. / 이스라엘 유물청에, // 그곳을 알아냈다. // 그것이 딱정벌레 형태의 도장임을 / 청동기 시대 중기의

(C) Ziv was awarded a certificate for good citizenship, // and the Heritage Minister of Israel said // the seal "connects us to a grand story," // and that "even children can be a part of discovering history."
Ziv는 모범 시민 상장을 수여 받았다. // 그리고 이스라엘 문화유산부 장관이 말했다. // 그 도장이 "우리를 웅장한 이야기와 연결해 준다."라고 // 그리고 "심지어 아이들도 역사를 발견하는 데 일원이 될 수 있다"라고

전체해석

보통 아이들이 땅에서 무언가를 줍는 것은 골칫거리를 의미한다.
(B) 그러나 이스라엘의 세 살인 Ziv Nitzan이 돌처럼 보이던 것의 모래를 털어냈을 때, 그 아이는 거의 4,000년 된 이집트 유물을 발견했다.
(A) 그 가족은 이 발견물을 이스라엘 유물청에 보고했고, 그곳은 그것이 청동기 시대 중기의 딱정벌레 형태의 도장임을 알아냈다.
(C) Ziv는 모범 시민 상장을 수여 받았으며, 이스라엘 문화유산부 장관은 그 도장이 "우리를 웅장한 이야기와 연결해 준다"며 "심지어 아이들도 역사를 발견하는 데 일원이 될 수 있다"라고 말했다.

정답 77 ②

78

주어진 문장 다음에 이어질 글의 순서로 가장 적절한 것은?

South Korea boasts of being the most wired nation on earth.

(A) This addiction has become a national issue in Korea in recent years, as users started dropping dead from exhaustion after playing online games for days on end. A growing number of students have skipped school to stay online, shockingly self-destructive behavior in this intensely competitive society.

(B) In fact, perhaps no other country has so fully embraced the Internet.

(C) But such ready access to the Web has come at a price as legions of obsessed users find that they cannot tear themselves away from their computer screens.

① (A) − (B) − (C)
② (A) − (C) − (B)
③ (B) − (A) − (C)
④ (B) − (C) − (A)

기출문제 학습 해설

어휘정리
boasts of ~을 뽐내다   addiction 중독   exhaustion 지침   on end 계속   embrace 수용하다
come at a price 대가가 따르다   legions of 수많은, 다수의   obsessed 중독된, 강박관념을 가진

장대영어 Flow
1. (A)의 'This addiction(지시사)', (B)의 'In fact(재진술)', (C)의 'But(역접장치)' 각각이 어떤 역할을 하는지 생각해보아야 한다.
2. (A)의 'This addiction(지시사)'이 (C)의 'cannot tear themselves~'를 요약하고 있다는 것을 파악해야 한다.
3. MDTS 5에서 다룬 문제점을 강화하는 방식의 전개방식임을 확인해야 한다.

끊어읽기
South Korea boasts / of being the most wired nation on earth.
한국은 자랑한다 / 지구상에서 네트워크 시스템화가 가장 잘 된 나라라는 것을

(B) In fact, perhaps no other country / has so fully embraced the Internet.
즉, 다른 어떤 나라도 / 인터넷을 그렇게 완벽하게 담아내진 못했다

(C) But such ready access to the Web / has come at a price // as legions of obsessed users find
그러나 이런 웹에 대한 빠른 접근은 / 대가를 치르게 되었다 // 많은 사람들이 알게 되면서

// that they cannot tear themselves away (from their computer screens.)
// 그들이 자신을 떼어낼 수 없다는 것을 (컴퓨터 화면으로부터)

(A) This addiction has become a national issue in Korea in recent years.
이런 중독은 최근 한국에서 국가적인 이슈가 되었다

// as users started dropping dead from exhaustion (after playing online games for days on end.)
// 유저들이 기진맥진하여 즉사했기에 (여러 날 동안 온라인 게임을 한 뒤)

A growing number of students have skipped school / to stay online.
많은 학생들이 학교를 가지 않았다 / 온라인 게임을 하려고

// shockingly self-destructive behavior (in this intensely competitive society.)
// 충격적이게도 자기파괴적인 행동이었다. (이 치열한 경쟁사회에서)

전체해석
한국은 지구상에서 네트워크 시스템화가 가장 잘 된 나라라는 것을 자랑한다.
(B) 즉, 다른 어떤 나라도 인터넷을 그렇게 완벽히 담아내지 못한다.
(C) 그러나 이런 웹에 대한 빠른 접근이 많은 사람들이 컴퓨터 화면에서 자신을 떼어낼 수 없다는 것을 알게 되면서 대가를 치르게 되었다.
(A) 유저들이 여러 날 동안 온라인 게임을 하고 난 뒤 기진맥진하여 즉사하면서 이런 중독은 최근 한국에서 국가적 이슈가 되었다. 많은 학생들이 온라인 게임을 하려 학교를 가지 않았고 이 치열한 경쟁 사회에서 충격적일 정도로 자기 파괴적인 행동이었다.

정답 78 ④

79

주어진 글 다음에 이어질 글의 순서로 가장 적절한 것은?

There is a thought that can haunt us: since everything probably affects everything probably affects everything else, how can we ever make sense of the social world? If we are weighed down by that worry, though, we won't ever make progress.

(A) Every discipline that I am familiar with draws caricatures of the world in order to make sense of it. The modern economist does this by building models, which are deliberately stripped down representations of the phenomena out there.

(B) The economist John Maynard Keynes described our subject thus: "Economics is a science of models joined to the art of choosing models which are relevant to the contemporary world."

(C) When I say "stripped down," I really mean stripped down. It isn't uncommon among us economists to focus on one or two causal factors, exclude everything else, hoping that this will enable us to understand how just those aspects of reality work and interact.

① (A) − (B) − (C)
② (A) − (C) − (B)
③ (B) − (C) − (A)
④ (B) − (A) − (C)

기출문제 학습 해설

어휘정리

haunt 계속 떠오르다, 따라다니다   make sense of ~을 이해하다   discipline (학문의) 분야   deliberately 의도적으로   representation 표현, 묘사   phenomena (phenomenon − 현상)의 복수형   relevant 관련 있는   contemporary 현대의, 동시대의   exclude 배제시키다

장대영어 Flow

1. 주어진 글에 제시된 의문문을 활용하여 이에 대한 답이 (A)의 'draws caricatures'임을 알 수 있다(MDTS 3).
2. (A)와 (C)는 예시, 부연, 상술의 관계로 이어진다(When, MDTS 7).
3. (B)는 지금까지 이어진 글 내용에 대한 대표적인 사례로 제시된 것이라 볼 수 있다.

끊어읽기

There is a thought [that can haunt us]:
생각이 하나 있다 [우리를 따라다니며 괴롭힐 수 있는]

// since everything probably affects everything probably affects everything else,
// 모든 것이 아마도 모든 것에 영향을 미치는데

// how can we ever make sense of the social world?
// 우리가 어떻게 사회 세계를 이해할 수 있을까?

If we are weighed down by that worry, though, // we won't ever make progress.
만약 우리가 그 걱정에 짓눌린다면 // 우리는 결코 진전을 이루지 못할 것이다

(A) Every discipline [that I am familiar with] draws caricatures of the world / in order to make sense of it.
모든 분야는 [내게 익숙한] 세계의 캐리커쳐를 그린다 / 그것을 이해하기 위해서

The modern economist does this (by building models),
현대 경제학자들은 이것을 한다 (모형들을 만듦으로써)

[which are deliberately stripped down representations (of the phenomena out there.)]
[이는 의도적으로 묘사들을 벗겨낸다 (바깥 현상들의)]

(C) When I say "stripped down," // I really mean stripped down.
내가 '벗겨내는'이라고 하면 // 나는 정말로 벗겨낸다는 의미이다

It isn't uncommon among us economists / to focus on one or two causal factors, / exclude everything else.
우리 경제학자들 사이에서 드문 일이 아니다 / 한 두가지의 인과적 요인에만 중점을 두는 것이 / 다른 모든 것을 제외시키고

// hoping that this will enable us to understand // how just those aspects of reality work and interact.
// 우리가 이해해주기를 바라면서 // 그러한 현실의 측면들이 어떻게 작용하고 상호작용하는지를

(B) The economist John Maynard Keynes described our subject thus:
경제학자 John Maynard Keynes는 우리의 주제에 대해 이렇게 말했다

// "Economics is a science of models / joined to the art of choosing models [which are relevant to the contemporary world."]
// "경제학은 모형의 과학이다 / 모형을 선택하는 [모델들은 현대 세계와 관련되어 있다]

전체해석

우리를 따라다니며 괴롭힐 수 있는 생각이 하나 있다: 모든 것이 아마도 다른 모든 것에 영향을 미치는데, 우리가 어떻게 사회 세계를 이해할 수 있을까? 우리가 그 걱정에 짓눌린다면, 우리는 결코 진전을 이루지 못할 것이다

(A) 내게 익숙한 모든 분야는 그것을 이해하기 위해 세계의 캐리커쳐를 그린다. 현대 경제학자는 '모형들'을 만듦으로써 이것을 하는데, 이는 바깥 현상들의 묘사들을 의도적으로 벗겨낸다.

(C) 내가 '벗겨내는'이라고 하면, 나는 정말로 벗겨낸다는 의미이다. 우리 경제학자들 사이에서는 한두 가지의 인과적인 요인에만 중점을 두고, 다른 모든 것을 제외시키는 것은 드문 일이 아니며, 이것이 그러한 현실의 측면들이 어떻게 작용하고 상호 작용하는지를 우리가 이해할 수 있게 해주기를 바란다.

(B) 경제학자 John Maynard Keynes는 우리의 주제를 이와 같이 말했다. "경제학은 현대 세계와 관련된 모형을 선택하는 기술과 결합된 모형의 과학이다."

정답 79 ②

80

2020 법원직 9급

주어진 글 다음에 이어질 글의 순서로 가장 적절한 것은?

As cars are becoming less dependent on people, the means and circumstances in which the product is used by consumers are also likely to undergo significant changes, with higher rates of participation in car sharing and short-term leasing programs.

(A) In the not-too-distant future, a driverless car could come to you when you need it, and when you are done with it, it could then drive away without any need for a parking space. Increases in car sharing and short-term leasing are also likely to be associated with a corresponding decrease in the importance of exterior car design.

(B) As a result, the symbolic meanings derived from cars and their relationship to consumer self-identity and status are likely to change in turn.

(C) Rather than serving as a medium for personalization and self-identity, car exteriors might increasingly come to represent a channel for advertising and other promotional activities, including brand ambassador programs, such as those offered by Free Car Media.

① (A) − (C) − (B)
② (B) − (C) − (A)
③ (C) − (A) − (B)
④ (C) − (B) − (A)

기출문제 학습 해설

어휘정리

be dependent on ~에 의존하다   means 방법, 수단, 재산   circumstance 환경   undergo 겪다   rate 비율
be associated with ~와 관련이 있다   corresponding 일치하는, 해당하는   exterior 외부의
derived from ~으로부터 나온, 파생된   status 지위, 신분   serve as ~역할을 하다   personalization 개인화
ambassador 대사

장대영어 Flow

1. '흔적'을 찾는 과정이 중요한 문항이다.
2. (B)와 (C)는 연결사와 비교표현과 같은 직접적인 단서가 있지만 (A)의 위치를 찾는 데 있어서는 앞 부분의 끝과 뒷부분의 시작이 연결될 수 있는 흔적을 찾아야 한다.

끊어읽기

As cars are becoming less dependent on people,
자동차가 인간에 덜 의존적이게 되면서

/ the means and circumstances [in which the product is used by consumers]
방법과 환경 [자동차가 소비자들에 의해 사용되는]

/ are also likely to undergo significant changes,
또한 중대한 변화를 겪게될 수 있다.

/ with higher rates of participation in car sharing and short-term leasing programs.
차량 공유상품과 단기리스상품 참여 비중이 높아지면서

(A) In the not-too-distant future, / a driverless car could come to you // when you need it,
머지 않은 미래에 / 자동주행차량이 당신에게 올 수 있고 // 당신이 필요로 할 때에

// and when you are done with it, // it could then drive away / without any need for a parking space.
그리고 그것을 사용한 후 // 바로 떠나갈 수 있다 / 어떠한 주차공간에 대한 필요 없이.

Increases in car sharing and short-term leasing / are also likely to be associated
차량공유와 단기리스의 증가는 / 또한 관련될 수 있다.

/ with a corresponding decrease / in the importance of exterior car design.
함께 줄어드는 것과 / 차 외부 디자인의 중요성에 있어서

(C) Rather than serving as a medium for personalization and self-identity,
맞춤개조와 개성을 위한 수단으로 이용되기보다는

/ car exteriors might increasingly come to represent a channel / for advertising and other promotional activities,
차량 외부 디자인은 아마도 수단을 대표하게 될지도 모른다 / 광고나 다른 홍보활동들을 위해서

/ including brand ambassador programs, / such as those offered by Free Car Media.
브랜드 홍보 프로그램을 포함해서 / Free Car Media에 의해 제공되는 것처럼

(B) As a result, the symbolic meanings (derived from cars and their relationship to consumer self-identity and status)
결과적으로, 상징적 의미들(차와 소비자 정체성, 지위와의 관계에서 파생된)

/ are likely to change in turn.
은 차례대로 바뀔 수 있다.

전체해석

자동차가 인간에 덜 의존하게 되면서, 자동차가 소비자에 의해 사용되는 방법과 환경이 차량공유상품과 단기리스상품 참여 비중이 높아지면서 중요한 변화를 또한 겪을 수 있다.
(A) 머지 않은 미래에, 신청만 하면 자동주행차량이 올 수 있고, 사용 후 주차할 공간을 찾을 필요 조차 없이 그 차는 떠날 수도 있다. 차량공유와 단기리스의 증가는 차량 외부 디자인에 대한 강조가 함께 줄어드는 현상과 또한 관련이 있다
(C) 맞춤개조의 수단 그리고 개성을 위한 수단으로 쓰이기보다는 차량 외부 디자인은 점차 광고와 타 홍보활동을 위한 수단을 대표하게 될 지도 모른다. Free Car Media가 제공하는 것과 같은 브랜드 홍보 프로그램을 포함해서 말이다.
(B) 결과적으로, 차, 소비자, 정체성, 지위과 그 차가 맺은 관계에서 파생된 상징적 의미들은 차례로 바뀔 수 있다.

81

2021 지방직 9급

주어진 글 다음에 이어질 글의 순서로 가장 적절한 것은?

Growing concern about global climate change has motivated activists to organize not only campaigns against fossil fuel extraction consumption, but also campaigns to support renewable energy.

(A) This solar cooperative produces enough energy to power 1,400 homes, making it the first large-scale solar farm cooperative in the country and, in the words of its members, a visible reminder that solar power represents "a new era of sustainable and 'democratic' energy supply that enables ordinary people to produce clean power, not only on their rooftops, but also at utility scale."

(B) Similarly, renewable energy enthusiasts from the United States have founded the Clean Energy Collective, a company that has pioneered "the model of delivering clean power-generation through medium-scale facilities that are collectively owned by participating utility customers."

(C) Environmental activists frustrated with the UK government's inability to rapidly accelerate the growth of renewable energy industries have formed the Westmill Wind Farm Co-operative, a community-owned organization with more than 2,000 members who own an onshore wind farm estimated to produce as much electricity in a year as that used by 2,500 homes. The Westmill Wind Farm Co-operative has inspired local citizens to form the Westmill Solar Co-operative.

① (C) - (A) - (B)
② (A) - (C) - (B)
③ (B) - (C) - (A)
④ (C) - (B) - (A)

기출문제 학습 해설

어휘정리

concern 걱정, 우려   motivate 동기를 부여하다   fossil fuel 화석 연료   extraction 추출
renewable energy 재생 가능한 에너지   solar 태양의   cooperative 협동조합   represent 나타내다, 대표하다
sustainable 지속 가능한   democratic 민주적인   enthusiast 열렬한 지지자   found 설립하다   pioneer 개척하다
facility 시설   accelerate 가속화하다   onshore 육지의   estimate 추정하다   inspire 영감을 주다

장대영어 Flow

1. 주어진 글에서 but also 이후가 중요한 부분이라는 것과 (A)의 This, (B)의 Similarly를 주요 단서로 잡고 나머지 부분을 읽어야 한다.
2. (B)의 Similarly를 활용하여 다른 사례를 추가하고 있으므로 글에 제시되는 어떤 사례에 대한 서술이 모두 끝난 후에 들어갈 수 있다.
3. (C) 마지막 부분 'inpired~'가 주어진 글의 campaigns와 연결되는 점, 그리고 (C)의 Co-operative가 (A)의 this로 연결된다.

끊어읽기

Growing concern about global climate change / has motivated activists
기후변화에 대한 우려가 커지는 것은 / 운동가들을 동기부여했다

/ to organize not only campaigns against fossil fuel extraction consumption,
/ 화석 연료 추출 소비 반대 캠페인뿐만 아니라

/ but also campaigns to support renewable energy.
/ 재생 에너지 지원 캠페인까지

(C) Environmental activists (frustrated with the UK government's inability
환경운동가들은 (영국 정부의 무능에 실망한)

(to rapidly accelerate the growth of renewable energy industries))
(재생 에너지 산업의 성장을 빠르게 가속화하지 못한)

/ have formed the Westmill Wind Farm Co-operative, / a community-owned organization with more than 2,000 members
/ Westmill WindFarm Co-operative를 결성했는데 / 2,000명 이상의 회원을 거느린 단체이다

[who own an onshore wind farm (estimated to produce as much electricity in a year / as that used by 2,500 homes.)]
[육상 풍력발전소를 소유한 (전기를 1년간 생산하는 것으로 추산되는 / 2,500가구가 사용하는)]

The Westmill Wind Farm Co-operative has inspired local citizens / to form the Westmill Solar Co-operative.
Westmill Wind Farm Co-operative는 지역 시민들을 격려했다. / Westmill Solar Co-operative를 결성하도록

(A) This solar cooperative produces enough energy to power 1,400 homes,
태양광 협동조합은 1,400가구에 전력을 공급하기 충분한 에너지를 생산한다.

/ making it the first large-scale solar farm cooperative in the country / and, in the words of its members,
/ 국내 최초의 대규모 태양광 발전소 협동조합이 되었으며 / 회원들의 말에 따르면

/ a visible reminder [that solar power represents / "a new era of sustainable and 'democratic' energy supply]
/ 눈에 띄는 상기가 되었다 [태양광발전이 나타낸다고 / 지속가능하고 민주적인 에너지 공급의 새로운 시대를]

[that enables ordinary people / to produce clean power, / not only on their rooftops, but also at utility scale."]]
[일반인들이 할 수 있도록 / 청정 전력을 생사하는 것을 / 그들의 옥상에서뿐만 아니라 유틸리티 규모로도]

(B) Similarly, renewable energy enthusiasts from the United States / have founded the Clean Energy Collective,
마찬가지로, 미국의 재생에너지 애호가들은 / Clean Energy Collective를 설립했는데

a company [that has pioneered "the model of delivering clean power-generation / through medium-scale facilities]
이 회사는 [청정 전력 발전을 제공하는 모델을 개척한 / 중규모 시설을 통해]

[that are collectively owned by participating utility customers."]]
[참여형 유틸리티 고객들이 공동으로 소유하는]]

전체해석

지구 기후 변화에 대한 우려가 커지면서 운동가들은 화석 연료 추출 소비 반대 캠페인뿐만 아니라 재생 에너지 지원 캠페인까지 조직하게 되었다. (C) 영국 정부가 재생 에너지 산업의 성장을 빠르게 가속화하지 못한 것에 실망한 환경운동가들은 Westmill WindFarm Co-operative를 결성했는데, 이는 2,500가구가 사용하는 정도의 전기를 1년간 생산하는 것으로 추산되는 육상 풍력발전소를 소유한 2,000명 이상의 회원을 거느린 지역사회 소유 단체이다. Westmill Wind Farm Co-operative는 지역 시민들에게 Westmill Solar Co-operative를 결성하도록 격려했다. (A) 이 태양광 협동조합은 1,400가구에 전력을 공급하기 충분한 에너지를 생산하여 국내 최초의 대규모 태양광 발전소 협동조합이 되었으며, 회원들의 말에 따르면 태양광 발전이 "일반인들이 자신의 옥상에서뿐만 아니라 유틸리티 규모로도 청정 전력을 생산할 수 있는 지속 가능하고 '민주적인' 에너지 공급의 새로운 시대"를 나타낸다는 것을 눈에 띄게 상기시켜준다. (B) 마찬가지로, 미국의 재생 에너지 애호가들은 Clean Energy Collective를 설립했는데, 이는 "참여형 유틸리티 고객들이 공동으로 소유하는 중규모 시설을 통해 청정 전력 발전을 제공하는 모델"을 개척한 회사이다.

82

2023 법원직 9급

주어진 글 다음에 이어질 글의 순서로 가장 적절한 것은?

At the level of lawmaking, there is no reason why tech giants should have such an ironclad grip on technological resources and innovation.

(A) As the Daily Wire's Matt Walsh has pointed out, for example, if you don't buy your kid a smartphone, he won't have one. There is no need to put in his hand a device that enables him to indulge his every impulse without supervision.

(B) At the private and personal level, there's no reason why they should have control of your life, either. In policy, politics, and our personal lives, it should not be taken as "inevitable" that our data will be sold to the highest bidder, our children will be addicted to online games, and our lives will be lived in the metaverse.

(C) As a free people, we are entitled to exert absolute control over which kinds of digital products we consume, and in what quantities. Most especially, parents should control what tech products go to their kids.

① (B) − (A) − (C)
② (B) − (C) − (A)
③ (C) − (A) − (B)
④ (C) − (B) − (A)

기출문제 학습 해설

어휘정리

ironclad 이의를 제기할 수 없는   innovation 혁신   indulge 마음껏 하다, 충족시키다   impulse 충동   supervision 감시, 감독   inevitable 피할 수 없는   idder 응찰자   addict 중독시키다   exert 발휘하다, 행사하다

장대영어 Flow

1. (A) ~ (C)를 통해 지시사, 연결사와 같은 단서가 많지 않음을 확인하고 내용흐름 파악이 중요하다고 판단할 수 있다.
2. At the private and personal level를 통해 주어진 문장과 대등한 관계임을 알 수 있고 (B)의 they가 tech giants를 가리키는 것을 통해 바로 다음에 이어질 것을 알 수 있다.
3. (A)의 for example 예시가 어떤 문장에 대한 예시인지 파악해야 한다.

끊어읽기

At the level of lawmaking, / there is no reason // why tech giants should have such an ironclad grip
입법 수준에서 / 이유가 없다 // 기술대기업들이 그렇게 철석같은 통제력을 가져야 할

/ on technological resources and innovation.
/ 기술 자원과 혁신에 대해

(B) At the private and personal level, / there's no reason // why they should have control of your life, either.
사적이고 개인적인 차원에서도 / 이유가 없다 // 그들이 당신들의 삶을 통제해야 할 이유가

In policy, politics, and our personal lives, / it should not be taken as "inevitable" // that our data will be sold
정책, 정치, 그리고 우리의 사생활에서 / 불가피한 것으로 받아들여서는 안된다 // 우리의 데이터가 팔릴 것이라고

/ to the highest bidder, // our children will be addicted to online games, // and our lives will be lived in the metaverse.
/ 최고 입찰자에게 // 우리의 아이들이 온라인 게임에 중독될 것이며 // 우리의 삶이 메타버스에서 살 것이라는

(C) As a free people, / we are entitled to exert absolute control // over which kinds of digital products we consume,
자유로운 국민으로서 / 우리는 절대적인 통제권을 행사할 권리가 있다 // 우리가 소비하는 디지털 제품의 종류

/ and in what quantities. Most especially, parents should control // what tech products go to their kids.
/ 그리고 양에 대해. 특히, 부모들은 통제해야 한다 // 어떤 기술 제품이 아이들에게 전달되는지

(A) As the Daily Wire's Matt Walsh has pointed out, // for example, // if you don't buy your kid a smartphone,
데일리 와이어의 매트 월시가 지적했듯이 // 예를 들어 // 아이에게 스마트폰을 사주지 않으면

// he won't have one. There is no need / to put in his hand a device
// 아이는 스마트폰을 가질 수 없다. 필요는 없다 / 장치를 손에 넣을

// [that enables him to indulge his every impulse / without supervision.]
// [모든 충동을 만족시킬 수 있는 / 감독 없이]

전체해석

입법 수준에서, 기술 대기업들이 기술 자원과 혁신에 대해 그렇게 철석같은 통제력을 가져야 할 이유가 없다.
(B) 사적이고 개인적인 차원에서도, 그들이 당신들의 삶을 통제해야 할 이유가 없다. 정책, 정치, 그리고 우리의 사생활에서 우리의 데이터가 최고 입찰자에게 팔릴 것이고, 우리의 아이들이 온라인 게임에 중독될 것이며, 우리의 삶이 메타버스에서 살 것이라는 것을 "불가피한" 것으로 받아들여서는 안 된다.
(C) 자유로운 국민으로서, 우리는 우리가 소비하는 디지털 제품의 종류와 양에 대해 절대적인 통제권을 행사할 권리가 있다. 특히, 부모들은 어떤 기술 제품이 아이들에게 전달되는지 통제해야 한다.
(A) 데일리 와이어의 매트 월시가 지적했듯이, 예를 들어, 아이에게 스마트폰을 사주지 않으면 아이는 스마트폰을 가질 수 없다. 감독 없이 모든 충동을 만족시킬 수 있는 장치를 손에 넣을 필요는 없다.

정답 82 ②

주어진 글 다음에 이어질 글의 순서로 가장 적절한 것은?

Today, Lamarck is unfairly remembered in large part for his mistaken explanation of how adaptations evolve. He proposed that by using or not using certain body parts, an organism develops certain characteristics.

(A) There is no evidence that this happens. Still, it is important to note that Lamarck proposed that evolution occurs when organisms adapt to their environments. This idea helped set the stage for Darwin.

(B) Lamarck thought that these characteristics would be passed on to the offspring. Lamarck called this idea inheritance of acquired characteristics.

(C) For example, Lamarck might explain that a kangaroo's powerful hind legs were the result of ancestors strengthening their legs by jumping and then passing that acquired leg strength on to the offspring. However, an acquired characteristic would have to somehow modify the DNA of specific genes in order to be inherited.

① (A) − (C) − (B)
② (B) − (A) − (C)
③ (B) − (C) − (A)
④ (C) − (A) − (B)

기출문제 학습 해설

어휘정리

adaptation 적응   organism 생명체, 유기체   adapt to ~에 적응하다   pass on ~을 물려주다   offspring 자손, 후손
inheritance 유산, 상속   hind 뒤의   modify 수정하다, 변경하다   specific 구체적인   inherit 물려받다, 상속하다

장대영어 Flow

(A)의 this, (B)의 these characteristics의 지시사가 가리키는 것, (C)의 For example이 어느 문장에 대한 예시인지 파악해야 한다.

끊어읽기

Today, Lamarck is unfairly remembered / in large part for his mistaken explanation / of how adaptations evolve.
오늘날 Lamarck는 부당하게 기억된다 / 잘못된 설명으로 / 적응이 어떻게 진화하는 지에 대한

He proposed // that by using or not using certain body parts, / an organism develops certain characteristics.
그는 제안했다 // 특정 신체 부위를 사용하거나 사용하지 않음으로써 / 유기체가 특정 형질을 발달시킨다고

(B) Lamarck thought // that these characteristics would be passed / on to the offspring. Lamarck called this idea
Lamarck는 생각했다 // 이러한 형질이 전해질 것이라고 / 자손에게. Lamarck는 이 생각을 불렀다

/ inheritance of acquired characteristics.
/ 획득 형질 유전이라고

(C) For example, Lamarck might explain // that a kangaroo's powerful hind legs were the result of ancestors
예를 들어 Lamarck는 설명할 수 있다 // 캥거루의 강력한 뒷다리가 조상들의 결과라고

/ strengthening their legs / by jumping / and then passing that acquired leg strength / on to the offspring.
/ 그들의 다리를 강화하는 / 뜀으로써 / 그리고 그 획득된 다리 힘을 전한 / 자손에게

However, an acquired characteristic would have to somehow modify the DNA of specific genes
그러나 획득 형질은 특정 유전자의 DNA를 어떻게든 수정해야 할 것이다

/ in order to be inherited.
/ 유전되기 위해서

(A) There is no evidence // that this happens. Still, it is important / to note that Lamarck proposed
증거는 없다 // 이것이 일어난다는. 그럼에도 불구하고 중요하다 / Lamarck가 제안한 것을

// that evolution occurs // when organisms adapt to their environments. This idea helped set the stage for Darwin.
// 진화가 일어난다고 // 유기체가 자신의 환경에 적응할 때. 이 생각은 Darwin을 위한 장을 마련하는 데 도움이 되었다.

전체해석

오늘날, Lamarck는 적응이 어떻게 진화하는지에 대한 잘못된 설명으로 아주 많이 부당하게 기억된다. 그는 유기체가 특정 신체 부위를 사용하거나 사용하지 않음으로써 특정 형질을 발달시킨다고 제안했다.
(B) Lamarck는 이러한 형질이 자손에게 전해질 것이라고 생각했다. Lamarck는 이 생각을 '획득 형질 유전'이라고 불렀다.
(C) 예를 들어, Lamarck는 캥거루의 강력한 뒷다리가 조상들이 뛰면서 그들의 다리를 강화하고 그 획득된 다리 힘을 자손에게 전한 결과라고 설명할 수 있다. 그러나 획득 형질은 유전되기 위해선 특정 유전자의 DNA를 어떻게든 수정해야 할 것이다.
(A) 이것이 일어난다는 증거는 없다. 그럼에도 불구하고, Lamarck가 유기체가 자신의 환경에 적응할 때 진화가 일어남을 제안한 것에 주목하는 것은 중요하다. 이 생각은 Darwin을 위한 장을 마련하는 데 도움이 되었다.

84

2025 국가직 9급

주어진 문장이 들어갈 위치로 가장 적절한 것은?

Schedule your time in a way that relegates distracting activities, such as news consumption and social-media scanning, to prescribed times.

When you learn to drive, you are taught to maintain a level of situational awareness that is wide enough to help you anticipate problems but not so wide that it distracts you. The same goes for your project. (①) You need to know what's going on around you that might affect your life and work, but not what is irrelevant to these things. (②) I am not advocating a "full ostrich" model of ignoring the outside world entirely. (③) Rather, I mean to recommend ordering your information intake so that extraneous stuff doesn't eat up your attention. (④) Perhaps you could decide to read the news for 30 minutes in the morning and vegetate* on social media for 30 minutes at the end of the day.

* vegetate: 하는 일 없이 지내다

기출문제 학습 해설

어휘정리

relegate 격하시키다, 밀쳐버리다　consumption 소비　prescribed 미리 정해진　anticipate 예상하다
distract 주의를 산만하게 하다　irrelevant 관련 없는　advocate 옹호하다, 지지하다　recommend 추천하다
extraneous 관련 없는

장대영어 Flow

주어진 문장의 내용이 ④번 앞에 있는 문장의 구체화이며, ④번 뒤에 있는 문장은 주어진 문장의 구체화이므로 ④번의 위치가 가장 적절하다. 즉, '일반화 + 구체화' pattern을 잘 이용해야 한다.

끊어읽기

When you learn to drive, // you are taught to maintain a level of situational awareness // that is wide enough to help you anticipate problems / but not so wide // that it distracts you.
당신이 운전하는 법을 배울 때, // 당신은 어느 정도의 상황 인식을 유지하는 법을 배운다. // 당신이 문제를 예측할 정도로 충분히 넓은 / 하지만 당신의 주의를 산만하게 할 정도로 넓지는 않도록

The same goes for your project.
똑같은 것이 당신의 계획에 적용된다.

You need to know // what's going on around you // that might affect your life and work, // but not what is irrelevant to these things.
당신은 알 필요가 있다. // 당신 주변에 무슨 일이 발생하는지를 // 당신의 삶과 일에 영향을 미치는 데 있어서, // 그러나 이러한 것들과 관련 없는 것들이 아니라

I am not advocating a "full ostrich" model / of ignoring the outside world entirely.
나는 "완전한 타조"모델을 옹호하는 것이 아니다. / 외부 세계를 완전히 무시하는

Rather, I mean to recommend ordering your information intake // so that extraneous stuff doesn't eat up your attention.
오히려, 나는 당신의 정보 받아들이기에 순서를 정할 것을 권하는 것이다. // 관련 없는 일들이 당신의 주의를 빼앗지 않도록

<u>Schedule your time in a way // that relegates distracting activities, / such as news consumption and social-media scanning, / to prescribed times.</u>
당신의 시간을 이러한 식으로 계획하라. // 주의를 산만하게 하는 활동은 미루는, / 뉴스 소비나 소셜 미디어를 훑어보기와 같이 / 미리 정해진 시간으로

Perhaps you could decide to read the news / for 30 minutes / in the morning / and vegetate on social media / for 30 minutes / at the end of the day.
아마도 당신은 뉴스를 읽기로 결정할 수도 있다. / 30분 동안 / 아침에 / 그리고 소셜 미디어를 하며 별 하는 일 없이 시간을 보내기로 / 30분 동안 / 하루가 끝날 무렵에는

전체해석

당신이 운전을 배울 때는 문제를 예측하는 데 도움이 될 만큼은 충분히 넓지만, 당신의 주의를 흩어뜨릴 정도로 넓지는 않은 수준의 상황 인식을 유지하도록 배운다. 똑같은 것이 당신의 계획에도 적용된다. 당신의 삶과 일에 영향을 미칠 수 있는, 당신 주변에서 일어나고 있는 일들은 알 필요가 있지만, 이러한 일과 무관한 것까지 알 필요는 없다. 나는 외부 세계를 완전히 무시하는 "완전한 타조" 모델을 옹호하는 것이 아니다. 오히려 관련 없는 일들이 당신의 주의를 빼앗지 않도록 정보 받아들이기의 순서를 정하는 것을 권장한다는 것이다. <u>뉴스 소비나 소셜 미디어를 훑어 보는 것과 같이 주의를 산만하게 하는 활동은 미리 정해진 시간으로 미루는 방식으로 당신의 시간을 계획하라.</u> 아마도 당신은 아침에 30분 동안 뉴스를 읽고, 하루가 끝날 무렵에는 30분 동안 소셜 미디어를 하며 별 하는 일 없이 시간을 보내기로 정할 수도 있다.

정답 84 ④

85

주어진 문장이 들어갈 위치로 가장 적절한 것은?

However, according to Mike Tipton, a professor at University of Portsmouth, this is far from the quickest way of lowering your body temperature.

There are plenty of simple, scientifically supported techniques that will help you handle the heat. (①) If you're feeling the heat and somebody offers you a fan, it's likely that you'll try and cool your face first. (②) Certainly, all that breeze on your face will stimulate cold receptors there, which will give you a very powerful sensation of comfort. But actually, it's not going to extract the heat from your body. Instead, a better cooling strategy is to immerse your hands in cold water for 15 to 20 minutes. (③) Your hands have a high surface area to mass area — they have lots of blood flowing in them when you're hot. (④) If your core temperature is hot, your body will send blood to the extremities in order to lose heat.

기출문제 학습 해설

어휘정리

plenty of 많은   fan 선풍기   breeze 미풍, 산들바람   stimulate 자극하다   receptor 수용기, 감각기   sensation 느낌, 감각
extract A from B B로부터 A를 뽑아내다, 추출하다   immerse 담그다, 몰두하게 하다

장대영어 Flow

주어진 문장에서 However가 있고, 내용이 얼굴을 식히는 것이 체온을 낮추는 데 효과가 없다는 것이다. ②번 앞에서 체온을 낮추는 데 얼굴을 식히는 방법이 소개되고 있고, ②번 뒤에 이 주어진 문장의 내용이 구체화되고 있다.

끊어읽기

There are plenty of simple, scientifically supported techniques // that will help you handle the heat.
간단하면서도 과학적으로 지원받는 많은 기술이 있다. // 더위를 다루는 데 도움이 될

If you're feeling the heat // and somebody offers you a fan, // it's likely // that you'll try and cool your face first.
당신이 더위를 느끼고 있고 // 누군가가 선풍기를 건네준다면, // 가능성이 있다. // 당신은 먼저 얼굴을 식히려 할 것이다.

However, / according to Mike Tipton, / a professor at University of Portsmouth, // this is far from the quickest way / of lowering your body temperature.
그러나, / Mike Tipton에 따르면, / Portsmouth 대학의 교수인, // 이것은 가장 빠른 방법이 아니다. / 당신의 체온을

Certainly, all that breeze on your face / will stimulate cold receptors there, // which will give you a very powerful sensation of comfort.
확실히, 당신의 얼굴 위로 부는 그 모든 바람은 / 그곳의 차가움을 인식하는 감각기를 자극한다, // 그것이 당신에게 매우 강력한 편안함의 느낌을 줄 것이다.

But actually, // it's not going to extract the heat from your body.
그러나 실제로, // 그것은 당신의 신체에서 열을 분리하지 못할 것이다.

Instead, a better cooling strategy / is to immerse your hands / in cold water / for 15 to 20 minutes.
대신, 더 좋은 냉각 전략은 / 손을 차가운 물에 담그는 것이다. / 차가운 물에 / 15~20분 동안

Your hands have a high surface area to mass area — // they have lots of blood flowing in them // when you're hot.
당신의 손은 질량 대비 넓은 표면적을 갖고 있다.— // 그 속에서 많은 피가 흐른다. // 당신이 더울 때

If your core temperature is hot, // your body will send blood to the extremities / in order to lose heat.
만약 당신의 심부 체온이 높다면, // 당신의 신체 피를 말단 부위로 보낼 것이다. / 열을 잃도록

전체해석

더위를 다루는 데 도움이 될, 간단하면서도 과학적으로 지원받는 많은 기술이 있다. 당신이 더위를 느끼고 있고 누군가가 선풍기를 건네준다면, 당신은 아마 먼저 얼굴을 식히려 할 것이다. 그러나 Portsmouth 대학의 교수인 Mike Tipton에 따르면, 이것은 당신의 체온을 낮추는 가장 빠른 방법이 아니다. 확실히 당신의 얼굴 위로 부는 그 모든 바람은 그곳의 차가움을 인식하는 감각기를 자극해서 당신에게 매우 강력한 편안함의 느낌을 줄 것이다. 그러나 실제로 그것은 당신의 신체에서 열을 분리하지 못할 것이다. 대신, 더 좋은 냉각 전략은 손을 차가운 물에 15~20분 동안 담그는 것이다. 당신의 손은 질량 대비 넓은 표면적을 갖고 있어, 당신이 더울 때 그 속에서 많은 피가 흐른다. 만약 당신의 심부 체온이 높다면, 열을 잃도록 당신의 신체는 피를 말단 부위로 보낼 것이다.

정답 85 ②

86

다음 글의 흐름으로 볼 때, 주어진 문장이 들어갈 곳으로 가장 적절한 것은?

In the same way, thinking of yourself as successful, talented, responsible, or fairly paid depends entirely on whom you choose for comparison.

Typically, we don't make social comparisons randomly or on some absolute scale. (①) Meaningful evaluations are based on comparing yourself with people of similar backgrounds, abilities, and circumstances. To illustrate, let's ask a student named Wendy if she is a good tennis player. (②) If Wendy compares herself with a professional, the answer will be negative. But within her tennis group, Wendy is regarded as an excellent player. (③) On a fair scale of comparison, Wendy knows she is good and she takes pride in her tennis skills. (④) Thus, a desire for social comparison provides a motive for associating with others and influences which groups we join.

기출문제 학습 해설

어휘정리
evaluation 평가　compare A with B A와 B를 비교하다　to illustrate 예를 들어　professional 전문가
take pride in ~에 자부심을 갖다

장대영어 Flow
1. 주어진 문장의 'In the same way'의 기능을 통해 주어진 문장의 앞에올 내용을 예측할 수 있다.
2. 처음 두 문장에서 글의 방향을 파악한 다음 이후의 사례를 읽었을 때 글의 흐름 파악이 보다 쉬워진다.

끊어읽기
Typically, we don't make social comparisons / randomly or on some absolute scale.
일반적으로, 우리는 사회적 비교를 하지 않는다 / 무작위로 혹은 어떤 절대적인 척도로

Meaningful evaluations are based on / comparing yourself with people (of similar backgrounds, abilities, and circumstances).
의미가 있는 평가는 근거하는 것이다 / 당신 자신을 사람들과의 비교하는 것에 (비슷한 배경, 능력, 그리고 환경의)

To illustrate, let's ask a student (named Wendy) // if she is a good tennis player.
예증을 위해, 웬디라는 이름의 학생에게 물어보자 // 그녀가 훌륭한 테니스 선수인지

If Wendy compares herself with a professional, // the answer will be negative. But within her tennis group,
만약 웬디가 자신을 프로 선수와 비교한다면 // 대답은 부정적일 것이다. 하지만 그녀의 테니스 그룹 안에서

/ Wendy is regarded as an excellent player.
/ 웬디는 최고의 선수로 여겨진다

On a fair scale of comparison, / Wendy knows // she is good and she takes pride in her tennis skills.
공정한 척도의 비교 속에서 / 웬디는 알고 있다 // 그녀는 훌륭하고 그녀의 테니스 기술에 자부심을 가진다고

In the same way, / thinking of yourself as successful, talented, responsible, or fairly paid
마찬가지로, / 당신 자신이 성공적인지 재능있는지 책임감이 있는지 혹은 보수가 꽤 괜찮다고 여겨지는지는

/ depends entirely on whom you choose for comparison.
/ 당신이 비교대상으로 누구를 선택하느냐에 전적으로 달려있다.

Thus, a desire for social comparison / provides a motive (for associating with others)
따라서, 사회적 비교를 위한 욕망은 / 동기를 제공한다 (타인과 어울리는)

/ and influences // which groups we join
/ 그리고 영향을 준다. // 어떤 집단에 속하는지

전체해석
일반적으로, 우리는 무작위로 혹은 어떤 절대적인 척도를 기준으로 하여 사회적 비교를 하지는 않는다. 의미가 있는 평가는 당신 자신을 비슷한 배경, 능력, 그리고 환경에 있는 사람들과의 비교에 근거하는 것이다. 예증을 위해, 웬디라는 이름의 학생에게 그녀가 훌륭한 테니스 선수인지를 물어보자. 만약 웬디가 자신을 프로 선수와 비교한다면, 대답은 부정적일 것이다. 하지만 그녀의 테니스그룹 안에서, 웬디는 최고의 선수로 여겨진다. 공정한 척도의 비교에서, 웬디는 자신이 훌륭하다는 걸 알고 자신의 테니스 기술에 자부심을 가진다. <u>마찬가지로, 당신 자신이 성공적인지, 재능 있는지, 책임감이 있는지, 혹은 보수가 꽤 괜찮다고 여겨지는지는 당신 이 비교 대상으로 누구를 선택하느냐에 전적으로 달려있다.</u> 따라서, 사회적 비교를 위한 욕망은 타인과 어울리는 동기를 제공하고 우리가 어떤 집단에 속하는지 영향을 주는 것이다.

정답 86 ④

87

주어진 문장이 들어갈 위치로 가장 적절한 것은?

The same thinking can be applied to any number of goals, like improving performance at work.

The happy brain tends to focus on the short term. (①) That being the case, it's a good idea to consider what short-term goals we can accomplish that will eventually lead to accomplishing long-term goals. (②) For instance, if you want to lose thirty pounds in six months, what short-term goals can you associate with losing the smaller increments of weight that will get you there? (③) Maybe it's something as simple as rewarding yourself each week that you lose two pounds. (④) By breaking the overall goal into smaller, shorter-term parts, we can focus on incremental accomplishments instead of being overwhelmed by the enormity of the goal in our profession.

기출문제 학습 해설

어휘정리
improve 향상시키다, short term 단기간, accomplish 성취하다, increment 증가, 인상, overwhelm 압도하다, enormity 엄청남, 막대함, profession 직업

장대영어 Flow
1. 'The same thinking'을 통해 관련 내용이 모두 끝난 다음 주어진 문장이 들어갈 수 있음을 알 수 있다.
2. ①번 문장을 통해 주어진 문장이 short-term / long-term 중 어디에 속할지 판단해야 함을 알 수 있다.
3. 주어진 문장은 'at work'에 관한 것이므로 본문 속 예시가 모두 끝난 지점이 어딘지를 찾는 것이 정답도출의 관건이다.

끊어읽기
The happy brain tends to focus on the short term.
행복한 뇌는 단기간에 집중하는 경향이 있다

That being the case, / it's a good idea to consider // what short-term goals / we can accomplish
그렇기 때문에 / 고려하는 것은 좋은 생각이다 // 단기간의 목표는 무엇인지 / 우리가 성취할 수 있는

// [that will eventually lead to accomplishing long-term goals.]
[결과적으로 장기간의 목표를 성취하는 것으로 이끄는]

For instance, if you want to lose thirty pounds in six months,
예를 들어, 당신이 6개월 안에 30파운드를 빼고 싶다면

// what short-term goals / can you associate with losing the smaller increments of weight [that will get you there?]
// 어떤 단기간의 목표를 / 당신은 연결지을 수 있을까 (조금씩 늘려서 몸무게를 빼는 것과 [그곳에 도달하게 만드는]

Maybe / it's something as simple / as rewarding yourself each week [that you lose two pounds.]
아마 / 단순할 것이다 / 매주 당신에게 보상을 주는 것만큼 [당신이 2파운드를 빼는 것은]

(The same thinking can be applied (to any number of goals), (like improving performance at work.))
같은 생각이 적용될 수 있다 (많은 목표에) (직장에서 성과를 향상시키는 것처럼)

By breaking the overall goal into smaller, shorter-term parts, /
전체 목표를 더 작은 단기간의 부분으로 나눔으로써

we can focus on incremental accomplishments
우리는 증가하는 성취에 집중할 수 있다

/ instead of being overwhelmed / by the enormity of the goal in our profession.
/ 압도되는 것 대신에 / 우리의 직업에서 목표의 거대함에

전체해석
행복한 뇌는 단기간에 집중하는 경향이 있다. 그렇다면 결과적으로 장기간의 목표를 성취하는 것으로 이끄는 어떤 단기간의 목표를 우리가 성취할 수 있는지 고려하는 것은 좋은 생각이다. 예를 들어 당신이 6개월 안에 30파운드를 빼고 싶다면 그곳에 도달하게 만드는, 조금씩 늘려서 몸무게를 빼는 것과 어떤 단기간의 목표를 연관지을 수 있는가? 아마도 당신이 2파운드를 빼는 것은 매주 당신에게 보상을 주는 것만큼 단순한 것이다. 같은 생각이 직장에서 성과를 향상시키는 것처럼 많은 목표에 적용될 수 있다. 전체 목표를 더 작은 단기간의 부분으로 나눔으로써, 우리의 직업에서 목표의 거대함에 압도되는 대신에 우리는 증가하는 성취에 집중할 수 있다.

정답 87 ④

88

2020 법원직 9급

글의 흐름으로 보아 아래 문장이 들어가기에 가장 적절한 곳은?

Water is also the medium for most chemical reactions needed to sustain life.

Several common properties of seawater are crucial to the survival and well-being of the ocean's inhabitants. Water accounts for 80-90% of the volume of most marine organisms. (①) It provides buoyancy and body support for swimming and floating organisms and reduces the need for heavy skeletal structures. (②) The life processes of marine organisms in turn alter many fundamental physical and chemical properties of seawater, including its transparency and chemical makeup, making organisms an integral part of the total marine environment. (③) Understanding the interactions between organisms and their marine environment requires a brief examination of some of the more important physical and chemical attributes of seawater. (④) The characteristics of pure water and sea water differ in some respects, so we consider first the basic properties of pure water and then examine how those properties differ in seawater.

기출문제 학습 해설

어휘정리

medium 매체 sustain 유지하다 property 속성, 재산 crucial 중요한 inhabitant 거주자 account for ~을 차지하다
marine 해양의 organism 생명체, 유기체 buoyancy 부력 float 떠오르다 skeletal structure 골격구조
transparency 투명성 integral 필수적인, 완전한 attribute 속성 respect 측면, 관점

장대영어 Flow

1. 주어진 문장의 'also'를 활용하여 앞 부분에 다른 내용이 끝난 다음 해당 문장이 들어가야 함을 알 수 있다.
2. 첫 문장의 crucial을 통해 글 전체의 중요문장임을 알 수 있고(STS 2) 두 번째 문장을 통해 첫 문장에 제시된 properties 중 water에 관한 글임을 알 수 있다.
3. ①문장까지가 물리적인 특성이라면 ②부터는 화학적인 특성이 제시되므로 이 사이에 주어진 문장이 들어가야 한다.

끊어읽기

Several common properties of seawater are crucial / to the survival and well-being of the ocean's inhabitants.
바닷물의 몇몇 공유자산들은 중요하다 / 해양 거주자들의 생존과 복지에

Water accounts for 80-90% / of the volume of most marine organisms.
물은 8~90%를 차지한다 / 해양 유기체 부피의

It provides buoyancy and body support / for swimming and floating organisms
이는(물은) 부력과 몸 지지를 제공한다 / 수영하고 떠다니는 유기체를 위해

/ and reduces the need / for heavy skeletal structures.
그리고 필요를 줄여준다 / 무거운 골격구조에 대한

Water is also the medium / for most chemical reactions needed to sustain life.
물은 또한 매개물이다 / 생명을 유지하는 데 필요로 하는 대부분의 화학적 반응을 위한

The life processes of marine organisms (in turn) alter many fundamental physical and chemical properties of seawater,
해양 유기체들의 생명과정은 (차례대로) 바닷물의 많은 기본적인 물리적 특성을 변화시킨다

/ including its transparency and chemical makeup,
그것(바닷물)의 투명성과 화학적 구성을 포함하여

/ making organisms an integral part of the total marine environment.
(그리고) 유기체들을 전체 해양 환경의 필수적인 부분으로 만든다

Understanding the interactions (between organisms and their marine environment)
상호작용에 대한 이해는 (유기체들과 그들의 해양 환경 사이의)

/ requires a brief examination (of some of the more important physical and chemical attributes of seawater.)
간단한 검증을 요구한다 (바닷물의 더 중요한 물리적, 화학적 특성에 대한)

The characteristics of pure water and sea water / differ in some respects,
순수한 물과 바닷물의 특징은 / 몇몇 측면에서 다르다.

// so we consider first the basic properties of pure water
그래서 우리는 우선 순수한 물의 기본적 특성을 고려한다

/ and then examine how those properties differ in seawater.
그 다음 그 성질들이 바닷물에서 어떻게 다른지 조사한다.

전체해석

바닷물의 몇 가지 일반적인 특성은 해양 거주자들의 생존과 복지에 매우 중요하다. 물은 대부분의 해양 유기체 부피의 80-90%를 차지한다. 그것은 수영하고 떠다니는 유기체에 부력과 몸 지지를 제공하고 무거운 골격 구조의 필요성을 줄여준다. 물은 또한 생명을 유지하는 데 필요한 대부분의 화학적 반응을 위한 매개물이다. 해양 생물의 생명 과정은 차례로 투명성과 화학적 구성을 포함한 바닷물의 많은 기본적인 물리적, 화학적 특성을 변화시켜 유기체를 전체 해양 환경의 필수적인 부분으로 바꾼다. 유기체와 그들의 해양 환경 사이의 상호 작용을 이해하려면 바닷물의 더 중요한 물리적, 화학적 특성에 대한 간단한 조사가 필요하다. 순수한 물과 바닷물의 특성은 어떤 면에서 서로 다르기 때문에 우리는 우선 순수 물의 기본적 특성을 고려한 다음 그 성질이 바닷물에서 어떻게 다른지 조사한다.

정답 88 ②

89

주어진 문장이 들어갈 위치로 가장 적절한 것은?

But there is also clear evidence that millennials, born between 1981 and 1996, are saving more aggressively for retirement than Generation X did at the same ages, 22-37.

Millennials are often labeled the poorest, most financially burdened generation in modern times. Many of them graduated from college into one of the worst labor markets the United States has ever seen, with a staggering load of student debt to boot. (①) Not surprisingly, millennials have accumulated less wealth than Generation X did at a similar stage in life, primarily because fewer of them own homes. (②) But newly available data providing the most detailed picture to date about what Americans of different generations save complicates that assessment. (③) Yes, Gen Xers, those born between 1965 and 1980, have a higher net worth. (④) And that might put them in better financial shape than many assume.

기출문제 학습 해설

어휘정리
aggressively 공격적으로   retirement 은퇴, 퇴직   generation 세대   staggering 충격적인   to boot 그것도
accumulate 축적하다   to date 지금까지   complicate 복잡하게 만들다   assessment 평가   assume 가정하다

장대영어 Flow
1. 주어진 문장의 역접 접속사와 also 모두를 활용해야 한다.
2. 지문에 역접 접속사나 부정어가 포함되어 있는 문장이 많기 때문에 앞뒤 모두를 확인하며 독해해야 한다.

끊어읽기

Millennials are often labeled the poorest, / most financially burdened generation in modern times.
밀레니얼 세대는 종종 가장 가난하다는 꼬리표가 붙는 경우가 있다. / 현대에 경제적으로 가장 가난하고 경제적으로 가장 부담이 큰 세대라는

Many of them graduated from college / into one of the worst labor markets [the United States has ever seen,]
그들 중 많은 수가 대학을 졸업했다 / 그리고 최악의 노동시장 중 하나로 들어간다 [미국이 본]

/ with a staggering load of student debt to boot.
/ 엄청난 양의 학자금 대출을 가지고

Not surprisingly, millennials have accumulated less wealth // than Generation X did at a similar stage in life,
놀랄 것도 없이 밀레니얼 세대는 적은 부를 축적해왔다 // X세대가 비슷한 삶의 단계에서 누렸던 것보다

// primarily because fewer of them own homes.
// 주로 그들 중 더 적은 수의 사람들이 집을 소유하고 있기 때문이다.

But newly available data (providing the most detailed picture
그러나 새로운 가능한 데이터 (가장 상세한 그림을 제공하는

/ to date about what Americans of different generations save) / complicates that assessment.
/ 다른 세대의 미국인들이 저축하는 것에 대한 / 그런 평가를 더욱 복잡하게 만든다.

Yes, Gen Xers, (those born between 1965 and 1980,) / have a higher net worth.
그렇다. X세대는 (1965년에서 1980년 사이에 태어난) / 순자산이 더 높다

But there is also clear evidence [that millennials, born between 1981 and 1996, / are saving more aggressively for retirement
그러나 명백한 증거도 있다 [1981년과 1996년 사이에 태어난 밀레니얼 세대는 / 은퇴를 위해 더 적극적으로 저축하고 있다는

/ than Generation X did at the same ages, 22–37.]
/ 같은 나이인 22~37세의 X세대에 비해]

And that might put them in better financial shape / than many assume.
그리고 그것은 많은 그들을 더 나은 재정 상태로 만들 수 있다 / 많은 사람들이 추측하는 것보나

전체해석

밀레니얼 세대는 현대에 가장 가난하고 경제적으로 가장 부담이 큰 세대라는 꼬리표가 붙는 경우가 있다. 그들 중 많은 수가 대학을 졸업하고, 미국이 본 최악의 노동 시장 중 하나로 들어가는데, 그것도 엄청난 양의 학자금 대출을 가지고 말이다. 놀랄 것도 없이, 밀레니얼 세대는 X세대가 비슷한 삶의 단계에서 누렸던 것보다 적은 부를 축적해 왔다. 주로 그들 중 더 적은 수의 사람들이 집을 소유하고 있기 때문이다. 그러나 다른 세대의 미국인들이 저축하는 것에 대한 현재까지 가장 상세한 그림을 제공하는 새로운 데이터는 그러한 평가를 복잡하게 만든다. 그렇다, 1965년에서 1980년 사이에 태어난 X세대는 순자산이 더 높다. 그러나 1981년과 1996년 사이에 태어난 밀레니얼 세대는 같은 나이인 22~37세의 X세대에 비해 은퇴를 위해 더 적극적으로 저축하고 있다는 명백한 증거도 있다. 그리고 그것은 많은 사람들이 추측하는 것보다 그들을 더 나은 재정 상태로 만들 수도 있다.

정답 89 ④

90

주어진 문장이 들어갈 위치로 가장 적절한 것은?

> For example, the state archives of New Jersey hold more than 30,000 cubic feet of paper and 25,000 reels of microfilm.

Archives are a treasure trove of material: from audio to video to newspapers, magazines and printed material — which makes them indispensable to any History Detective investigation. While libraries and archives may appear the same, the differences are important. (①) An archive collection is almost always made up of primary sources, while a library contains secondary sources. (②) To learn more about the Korean War, you'd go to a library for a history book. If you wanted to read the government papers, or letters written by Korean War soldiers, you'd go to an archive. (③) If you're searching for information, chances are there's an archive out there for you. Many state and local archives store public records — which are an amazing, diverse resource. (④) An online search of your state's archives will quickly show you they contain much more than just the minutes of the legislature — there are detailed land grant information to be found, old town maps, criminal records and oddities such as peddler license applications.

※ treasure trove : 귀중한 발굴물(수집물)
※ land grant : (대학·철도 등을 위해) 정부가 주는 땅

기출문제 학습 해설

어휘정리

archive 기록 보관소   indispensable 없어서는 안 되는   chance 가능성   store 저장하다   minute 회의록   legislature 입법부   criminal record 범죄 기록   oddities 특이한 것들

장대영어 Flow

1. 주어진 문장이 예시에 해당하기 때문에 앞문장에는 주어진 문장을 예시로 활용할 수 있는 문장이 나와야 함을 알 수 있다 (열거를 포함하거나 주장에 해당하는 문장 등).
2. 지문에 기록 보관소와 도서관 모두가 제시되고 있으므로 이 둘의 차이점을 찾아가며 독해해야 한다(STS 2).

끊어읽기

Archives are a treasure trove of material: / from audio to videoto newspapers, magazines and printed material
기록 보관소는 자료의 보물창고이다 / 오디오에서 비디오, 신문, 잡지 및 인쇄물에 이르기까지

[— which makes them indispensable to any History Detective investigation.]
이는 기록 보관소를 History Detective 조사에 없어서는 안 될 것으로 만드는

While libraries and archives may appear the same, // the differences are important.
도서관과 기록 보관소는 같은 것처럼 보일수도 있지만 // 차이는 중요하다

An archive collection is almost always made up of primary sources, // while a library contains secondary sources.
기록물 보관소 컬렉션은 거의 항상 기본 소스로 구성된다 // 반면에 도서관은 보조 소스로 구성된다

To learn more about the Korean War, / you'd go to a library for a history book.
한국 전쟁에 대해 더 배우기 위해 / 당신은 기록 보관소에 갈 것이다.

If you wanted to read the government papers, or letters / written by Korean War soldiers,
만약 당신이 정부 신문이나 편지들을 읽고 싶다면 / 한국 전쟁 병사들이 쓴

// you'd go to an archive. If you're searching for information, // chances are there's an archive out there for you.
// 당신은 기록 보관소에 갈 것이다. 정보를 찾는다면 // 아마도 당신을 위한 기록 보관소가 있을 것이다.

Many state and local archives store public records — which are an amazing, diverse resource.
많은 주 및 지역 기록 보관소에서 공공기록을 저장한다 // 이는 놀랍고 다양한 자원이다.

For example, the state archives of New Jersey hold / more than 30,000 cubic feet of paper and 25,000 reels of microfilm.
예를 들어 뉴저지의 주 기록물 보관소는 보관되어 있다 / 30,000 입방피트 이상의 종이와 마이크로필름 25,000릴이

An online search of your state's archives / will quickly show you
당신의 주 기록물 보관소의 온라인 검색은 / 당신에게 보여준다

// they contain much more than just the minutes of the legislature
// 입법부의 회의록보다 훨씬 더 많은 내용이 포함되어 있음을

/ — there are detailed land grant information to be found, old town maps, criminal records and oddities
/ 거기에는 자세한 토지 제공 정보를 찾을 수 있고, 구시가지 지도, 범죄 기록 및 신청서 등이 있다.

/ such as peddler license applications.
/ 행상 면허와 같은

전체해석

기록 보관소는 오디오에서 비디오, 신문, 잡지 및 인쇄물에 이르기까지 모든 자료의 보물 창고로, History Detective 조사에 없어서는 안 될 자료다. 도서관과 기록 보관소는 같은 것처럼 보일지 모르지만, 그 차이는 중요하다. 기록물 보관소 컬렉션은 거의 항상 기본 소스로 구성되지만 도서관은 보조 소스로 구성된다. 한국전쟁에 대해 더 배우기 위해, 여러분은 역사책을 위해 도서관에 갈 것이다. 만약 당신이 정부 신문이나 한국 전쟁 병사들이 쓴 편지를 읽고 싶다면, 당신은 기록 보관소에 갈 것이다. 정보를 찾는다면 아마도 당신을 위한 기록 보관소가 있을 것이다. 많은 주 및 지역 기록 보관소에서 공공 기록을 저장하는데, 이는 놀랍고 다양한 자원이다. 예를 들어, 뉴저지의 주 기록물 보관소에는 30,000 입방피트 이상의 종이와 마이크로필름 25,000릴이 보관되어 있다. 당신의 주 기록물 보관소의 온라인 검색은 당신에게 주 기록물 보관소를 온라인으로 검색하면 입법부의 회의록보다 훨씬 더 많은 내용이 포함되어 있음을 보여준다. 자세한 토지 제공 정보를 찾을 수 있고, 구시가지 지도, 범죄 기록 및 행상 면허 신청서 등이 있다.

정답 90 ④

91

주어진 문장이 들어갈 위치로 가장 적절한 것은?

> Yet, requests for such self-assessments are pervasive throughout one's career.

The fiscal quarter just ended. Your boss comes by to ask you how well you performed in terms of sales this quarter. How do you describe your performance? As excellent? Good? Terrible? (①) Unlike when someone asks you about an objective performance metric (e.g., how many dollars in sales you brought in this quarter), how to subjectively describe your performance is often unclear. There is no right answer. (②) You are asked to subjectively describe your own performance in school applications, in job applications, in interviews, in performance reviews, in meetings — the list goes on. (③) How you describe your performance is what we call your level of self-promotion. (④) Since self-promotion is a pervasive part of work, people who do more self-promotion may have better chances of being hired, being promoted, and getting a raise or a bonus.

기출문제 학습 해설

어휘정리

assessment 평가   pervasive 만연된, 널리 퍼진   fiscal 국가 재정의   perform 수행하다   in terms of ~라는 관점에서
objective 객관적인   metric 기준   subjectively 주관적으로   what we call 소위, 이른바   self-promotion 자기 홍보
hire 고용하다   promote 승진시키다

장대영어 Flow

1. 주어진 문장에서 역접 연결사와 지시사 such self-assessments를 활용해야 한다.
2. 명확하게 such로 받을 수 있는 부분이 눈에 띄지 않는다.
3. paraphrasing을 활용하여 'subjectively describe your own performance'가 self-assessments임을 확인해야 한다.

끊어읽기

The fiscal quarter just ended.
회계 분기가 막 끝났다

Your boss comes by / to ask you // how well you performed / in terms of sales this quarter.
상사가 잠시 들른다 / 당신에게 물어보기 위해 // 당신이 얼마나 좋은 성과를 보였는지 / 이번 분기의 매출에 있어

How do you describe your performance? As excellent? Good? Terrible?
당신은 당신의 성과를 어떻게 설명하는가? 훌륭하다고? 좋다고? 형편없다고?

Unlike when someone asks you / about an objective performance metric
누군가 당신에게 물어볼 때와 달리 / 객관적인 성과 지표에 대해

(e.g., how many dollars in sales / you brought in this quarter),
(예를 들어 얼마나 매출을 / 당신이 이번 분기에 가져왔는지)

how to subjectively describe your performance / is often unclear. There is no right answer.
주관적으로 당신의 성과를 설명하는 방법은 / 종종 불분명하다 / 정답은 없다.

Yet, requests for such self-assessments / are pervasive throughout one's career.
하지만 자기평가에 대한 요청은 / 경력 전반에 걸쳐 만연해 있다.

You are asked to subjectively describe your own performance
당신은 자신의 성과를 주관적으로 설명하라는 요청을 받는다

/ in school applications, in job applications, in interviews, in performance reviews, in meetings / — the list goes on.
/ 입학 지원서, 입사 지원서, 면접, 성과 검토, 회의 등 / (이 목록은 계속된다)

How you describe your performance / is what we call your level of self-promotion.
당신이 어떻게 자신의 성과를 설명하는지가 / 바로 우리가 자기 홍보의 수준이라고 부르는 것이다.

Since self-promotion is a pervasive part of work,
자기홍보는 업무에 만연한 부분이기 때문에

// people [who do more self-promotion] / may have better chances
// 사람들 [자기 홍보를 더 많이 하는]은 / 가능성이 더 높을 수 있다.

(of being hired, being promoted, and getting a raise or a bonus.)
(채용, 승진, (연봉) 인상 또는 상여금을 받을)

전체해석

회계 분기가 막 끝났다. 당신의 상사가 당신에게 이번 분기의 매출에 있어 당신이 얼마나 좋은 성과를 보였는지 물어보기 위해 잠시 들른다. 당신은 당신의 성과를 어떻게 설명하는가? 훌륭하다고? 좋다고? 형편없다고? 누군가 당신에게 객관적인 성과 지표(예를 들어, 이번 분기에 당신이 몇 달러의 매출을 가져왔는지)에 대해 물어볼 때와 달리, 주관적으로 당신의 성과를 설명하는 방법은 종종 불분명하다. 정답은 없다. 하지만, 그러한 자기 평가에 대한 요청은 경력 전반에 걸쳐 만연해 있다. 당신은 입학 지원서, 입사 지원서, 면접, 성과 검토, 회의 등(이 목록은 계속된다)에서 자신의 성과를 주관적으로 설명하라는 요청을 받는다. 당신이 어떻게 자신의 성과를 설명하는지가 바로 우리가 자기 홍보의 수준이라고 부르는 것이다. 자기 홍보는 업무에 만연한 부분이기 때문에 자기 홍보를 더 많이 하는 사람이 채용, 승진, (연봉) 인상 또는 상여금을 받을 가능성이 더 높을 수 있다.

정답 91 ②

92

주어진 문장이 들어갈 위치로 가장 적절한 곳은?

The comparison of the heart to a pump, however, is a genuine analogy.

An analogy is a figure of speech in which two things are asserted to be alike in many respects that are quite fundamental. Their structure, the relationships of their parts, or the essential purposes they serve are similar, although the two things are also greatly dissimilar. Roses and carnations are not analogous. (①) They both have stems and leaves and may both be red in color. (②) But they exhibit these qualities in the same way; they are of the same genus. (③) These are disparate things, but they share important qualities: mechanical apparatus, possession of valves, ability to increase and decrease pressures, and capacity to move fluids. (④) And the heart and the pump exhibit these qualities in different ways and in different contexts.

기출문제 학습 해설

어휘정리

genuine 진짜의 analogy 비유 figure of speech 비유적 표현 assert 주장하다, 단언하다 respect 측면, 관점
fundamental 근본적인 analogous 유사함 stem 줄기 exhibit 보여주다, 전시하다 genus 속
disparate 상이한, 이질적인 apparatus 기관, 기구 fluid 유체, 액체

장대영어 Flow

1. 주어진 문장의 역접 장치(STS 3)을 활용하여 앞 부분에는 genuine analogy의 반대 내용이 제시되어야 함을 확인할 수 있다.
2. 첫 문장을 통해 대상의 원리, 정의를 설명하는 설명문임을 알 수 있다.
3. ③ 문장 앞의 not analogous를 확인하고 이에 대한 서술이 끝난 다음에 주어진 문장이 들어가야 한다.

끊어읽기

An analogy is a figure of speech // in which two things are asserted to be alike / in many respects
비유는 수사적 표현이다 // 두 가지가 비슷하다고 주장되는 / 많은 면에서

[that are quite fundamental.]
[매우 근본적인]

Their structure, the relationships of their parts, or the essential purposes [they serve] / are similar,
그것들의 구조, 그것들 부분의 관계 또는 본질적인 목적 [그것들이 기여하는]은 / 유사하다

// although the two things are also greatly dissimilar.
// 그러나 그 두 가지는 또한 크게 다르다.

Roses and carnations are not analogous. They both have stems and leaves / and may both be red in color.
장미와 카네이션은 유사하지 않다. 그것들은 둘 다 줄기와 잎을 가지고 있다 / 그리고 둘 다 빨간색일 수 있다.

But they exhibit these qualities / in the same way; // they are of the same genus.
그러나 그것들은 이러한 특성들을 나타낸다 / 같은 방식으로 // 그것들은 같은 속(屬)이기 때문에

The comparison of the heart to a pump, however, / is a genuine analogy.
하지만 심장의 펌프에 대한 비유는 / 진정한 비유이다

These are disparate things, // but they share important qualities
이것들은 다른 것들이다 // 하지만 그것들은 중요한 특성들을 공유한다

: mechanical apparatus, possession of valves, ability to increase / and decrease pressures,
역학적인 장치, 벨브의 보유, 압력을 증가시키고 / 감소시키는 능력

/ and capacity to move fluids.
/ 그리고 유체를 이동시킬 수 있는 능력

And the heart and the pump / exhibit these qualities / in different ways and in different contexts.
그리고 심장과 펌프는 / 이러한 특성들을 드러낸다 / 다른 방식으로 다른 맥락에서

전체해석

비유는 두 가지가 매우 근본적인 많은 면에서 비슷하다고 주장되는 수사적 표현이다. 그것들의 구조, 그것들 부분의 관계, 또는 그것들이 기여하는 본질적인 목적은 유사하지만, 그 두 가지는 또한 크게 다르기도 하다. 장미와 카네이션은 유사하지 않다. 그것들은 둘 다 줄기와 잎을 가지고 있으며 둘 다 빨간색일 수 있다. 그러나 그것들은 같은 속(屬)이기 때문에, 같은 방식으로 이러한 특성들을 드러낸다. 하지만 심장의 펌프에 대한 비유는 진정한 비유이다. 이것들은 본질적으로 서로 다른 것들이지만, 그것들은 역학적인 장치(기관), 밸브(판막)의 보유, 압력을 증가시키고 감소시키는 능력, 유체를 이동시킬 수 있는 능력과 같은 중요한 특성들을 공유한다. 그리고 심장과 펌프는 다른 방식으로 다른 맥락에서 이러한 특성들을 드러낸다.

정답 92 ③

93

다음 글의 흐름상 어색한 문장은?

As OECD countries prepare for an AI revolution, underscored by rapid advancements in generative AI and an increased availability of AI-skilled workers, the landscape of employment is poised for significant change. ① To navigate this shift, it's critical to prioritise training and education to equip both current and future workers with the necessary skills, and to support displaced workers with adequate social protection. ② Additionally, safeguarding workers' rights in the face of AI integration and ensuring inclusive labour markets become paramount. ③ Social dialogue will also be key to success in this new era. ④ Many experts believe that AI will completely replace all human jobs within the next decade. Together, these actions will ensure that the AI revolution benefits all, transforming potential risks into opportunities for growth and innovation.

기출문제 학습 해설

어휘정리

underscore 강조하다   generative 생성의   landscape 풍경, 환경   poised for …에 대비하다   prioritise 우선순위를 매기다
equip A with B A에게 B를 갖춰주다, 준비시키다   safeguard 보호하다   integration 통합   inclusive 포함하는, 포괄적인
paramount 다른 무엇보다(가장) 중요한   era 시대   transform A into B A를 B로 변형시키다

장대영어 Flow

마지막 문장 주어 자리에온 지시사 'These Ns'인 'These actions'에 주목한다. 이 지시사가 가리키는 내용이 ④번 문장에 없고, ④번 문장 앞에 나오고 있음을 발견한다면, ④번 문장이 흐름상 어색한 문장이 된다.

끊어읽기

As OECD countries prepare for an AI revolution, / underscored by rapid advancements / in generative AI / and an increased availability / of AI-skilled workers, // the landscape of employment / is poised for significant change.
OECD 국가들은 AI 혁명에 준비하고 있다, / 빠른 발전에 의해서 강조된 / 생성형 AI / 그리고 증가된 이용 가능성 / AI에 기술을 갖춘 노동자의 증가로 인해, // 고용 환경은 / 중대한 변화에 대해 준비를 하고 있다.

To navigate this shift, // it's critical to prioritise training and education / to equip both current and future workers / with the necessary skills, / and to support displaced workers / with adequate social protection.
이러한 변화를 잘 헤쳐 나가기 위해, // 훈련과 교육을 우선시하는 것이 중요하다. / 현재와 미래의 노동자가 갖추도록 / 필요한 기술을 / 그리고 실직한 노동자를 지원하는 것이 / 적절한 사회적 보호로

Additionally, safeguarding workers' rights in the face of AI integration / and ensuring inclusive labour markets / become paramount.
게다가, AI 통합에 맞서 노동자의 권리를 보호하는 것 / 그리고 포괄적인 노동시장을 보장하는 것이 / 무엇보다 중요하다.

Social dialogue will also be key to success in this new era.
사회적 대화 또한 이러한 새로운 시대의 성공에 핵심이 될 것이다.

(Many experts believe // that AI will completely replace all human jobs / within the next decade.)
(많은 전문가들은 믿는다. // AI가 인간의 모든 일자리를 완전히 대체할 것이라고 / 다가올 10년 이내에)

Together, these actions will ensure // that the AI revolution benefits all, / transforming potential risks / into opportunities / for growth and innovation.
이러한 행동이 함께 보장할 것이다. // AI 혁명이 모두에게 이익이 되도록, / 잠재적 위험을 전환하면서 / 기회로 / 성장과 혁신의

전체해석

OECD 국가들이 생성형 AI의 빠른 발전과 AI 기술을 갖춘 노동자의 증가로 인해 강조되는 AI 혁명에 준비하면서, 고용 환경은 중대한 변화에 대해 준비를 하고 있다. 이러한 변화를 잘 헤쳐 나가기 위해, 현재와 미래의 노동자가 필요한 기술을 갖추도록 훈련과 교육을 우선시하고, 적절한 사회적 보호로 실직한 노동자를 지원하는 것이 매우 중요하다. 게다가, 인공지능 통합에 맞서 노동자의 권리를 보호하고 포괄적인 노동시장을 보장하는 것이 무엇보다 중요해진다. 사회적 대화 또한 이러한 새로운 시대의 성공에 핵심이 될 것이다. (많은 전문가는 다가올 10년 이내에 AI가 인간의 모든 일자리를 완전히 대체할 것으로 믿고 있다.) 이러한 행동이 함께 이루어지면 AI 혁명이 모두에게 이익이 되도록 보장하여 잠재적 위험을 성장과 혁신의 기회로 전환하도록 할 것이다.

93 ④

94

다음 글의 흐름상 어색한 문장은?

Scientists in the UK grew special tomatoes with extra vitamin D, which is important for people's health. Vitamin D deficiency affects about one billion people worldwide. ① Tomatoes naturally contain a substance that gets converted into vitamin D. ② The team altered the genes of the tomato plants, breeding them to have more of this substance than usual. ③ Each tomato came to have about as much vitamin D as two medium-sized eggs. ④ Moreover, tomatoes are commonly eaten raw in salads and served as a cooked vegetable. The scientists think the technique could be used with other foods, too.

기출문제 학습 해설

어휘정리

deficiency 결핍 billion 10억 substance 물질 converted 전환된 alter 변하다, 바꾸다 breed 사육하다, 재배하다

장대영어 Flow

1. 토마토와 비타민 D와의 연관성이 주를 이루고 있는 맥락에서, 토마토의 섭취 방식을 이야기하는 ④번 문장이 흐름상 어색한 문장이다.
2. ④번 문장 앞에 있는 연결사 Moreover는 앞에 내용과 비슷하고 대등한 이야기를 이끄는 데 사용된다.

끊어읽기

Scientists in the UK / grew special tomatoes / with extra vitamin D, // which is important for people's health.
영국의 과학자들은 / 특별한 토마토를 재배했다. / 추가된 비타민 D를 가진, // 그것은 사람들의 건강에 중요한 것이다.

Vitamin D deficiency / affects about one billion people worldwide.
비타민 D 결핍은 / 전 세계적으로 약 10억 명에게 영향을 미친다.

Tomatoes naturally contain a substance // that gets converted into vitamin D.
토마토는 자연적으로 물질을 포함하고 있다. // 비타민 D로 전환되는

The team altered the genes of the tomato plants, / breeding them / to have more of this substance than usual.
그 팀은 토마토 식물의 유전자를 변형하였다. / 그것들을 재배하였다. / 이 물질을 평소보다 더 많이 포함하도록

Each tomato came to have about as much vitamin D / as two medium-sized eggs.
각 토마토는 대략 많은 비타민 D를 갖게 되었다. / 중간 크기 달걀 두 개 만큼의

(Moreover, tomatoes are commonly eaten raw in salads / and served as a cooked vegetable.)
(더욱이, 토마토는 흔하게 샐러드에서 생으로 먹는다. / 그리고 요리된 채소로 제공된다.)

The scientists think // the technique could be used with other foods, too.
과학자들은 생각한다. // 이 기술이 다른 식품에도 사용될 수 있다고

전체해석

영국의 과학자들은 비타민 D가 추가된 특별한 토마토를 재배했다. 그런데 그것은 사람들의 건강에 중요한 것이다. 비타민 D 결핍은 전 세계적으로 약 10억 명에게 영향을 미친다. 토마토는 자연적으로 비타민 D로 전환되는 물질을 포함하고 있다. 그 팀은 토마토 식물의 유전자를 변형하여, 이 물질을 평소보다 더 많이 포함하도록 재배했다. 각 토마토는 중간 크기 달걀 두 개만큼의 양의 비타민 D를 갖게 되었다. (더욱이 토마토는 흔하게 샐러드에서 생으로 먹거나 요리된 채소로 제공된다.) 과학자들은 이 기술이 다른 식품에도 사용될 수 있다고 생각한다.

정답 94 ④

95

다음 글의 흐름상 가장 어색한 문장은?

When the brain perceives a threat in the immediate surroundings, it initiates a complex string of events in the body. It sends electrical messages to various glands, organs that release chemical hormones into the bloodstream. Blood quickly carries these hormones to other organs that are then prompted to do various things. ① The adrenal glands above the kidneys, for example, pump out adrenaline, the body's stress hormone. ② Adrenaline travels all over the body doing things such as widening the eyes to be on the lookout for signs of danger, pumping the heart faster to keep blood and extra hormones flowing, and tensing the skeletal muscles so they are ready to lash out at or run from the threat. ③ The whole process is called the fight-or-flight response, because it prepares the body to either battle or run for its life. ④ Humans consciously control their glands to regulate the release of various hormones. Once the response is initiated, ignoring it is impossible, because hormones cannot be reasoned with.

기출문제 학습 해설

어휘정리

perceive 감지(인지)하다   initiate 착수하다, 시작하다   gland (분비)선(腺), 샘   organ (인체 내의) 장기
release 내보내다, 방출하다   bloodstream 혈류   prompt 재촉하다, 촉진하다   kidney 신장, 콩팥   skeletal muscles 골격근
fight-or-flight 투쟁-도피반응   regulate 규제(통제/단속)하다

장대영어 Flow

1. 문장을 읽으면서 두 문장 간 선후·인과관계를 나타내고 있다는 것을 파악해야 한다.
2. 여러 개의 선후·인과관계가 연속적으로 제시되고 있음을 파악하고 여기에서 벗어난 문장을 정답으로 골라야 한다.

끊어읽기

When the brain perceives a threat / in the immediate surroundings,
뇌가 위협을 감지할 때 / 인접 환경에서

// it initiates a complex string of events in the body.
뇌는 복잡한 일련의 사건들을 신체에서 일으킨다.

It sends electrical messages to various glands, organs [that release chemical hormones into the bloodstream.]
뇌는 여러 분비샘에 전기신호를 보낸다 [화학적 호르몬을 혈류로 방출하는]

Blood quickly carries these hormones / to other organs [that are then prompted to do various things.]
피는 빠르게 호르몬들을 운반한다 / 다른 장기로 [그리고 여러 가지 일을 하도록 자극한다]

① The adrenal glands (above the kidneys,) for example, pump out adrenaline, the body's stress hormone.
예를 들어 부신(신장 위에 있는)은 신체의 스트레스 호르몬인 아드레날린을 뿜어낸다.

② Adrenaline travels all over the body / doing things
아드레날린은 온몸으로 이동한다 / 여러 가지 일을 하면서

/ such as widening the eyes / to be on the lookout for signs of danger,
눈을 크게 뜨고 / 위험징후를 경계하기 위해서

/ pumping the heart faster to keep blood and extra hormones flowing, / and tensing the skeletal muscles
/ 혈액과 더 많은 호르몬이 흐르도록 심장을 더 빠르게 펌프질 하고 / 골격 근육을 긴장시킨다

// so they are ready to lash out at or run from the threat.
그래서 공격하거나 위협으로부터 벗어날 준비가 되도록

③ The whole process is called the fight-or-flight response,
전체의 과정은 투쟁-도피 반응이라고 불리는데

// because it prepares the body to either battle or run for its life.
// 살기 위해 신체가 싸우거나 달리도록 준비시키기 때문이다.

④ Humans consciously control their glands / to regulate the release of various hormones.
인간은 의식적으로 그들의 분비샘을 통제한다 / 다양한 호르몬의 방출을 조절하는

Once the response is initiated, / ignoring it is impossible, // because hormones cannot be reasoned with.
그 반응이 시작되면 / 무시는 불가능한데 // 호르몬들은 통제될 수 없기 때문이다.

전체해석

뇌가 인접 환경에서 위협을 감지할 때, 그것은 신체에서 복잡한 일련의 사건들을 일으킨다. 뇌는 화학적 호르몬을 혈류로 방출하는 기관인 여러 분비샘에 전기 신호들을 보낸다. 피는 빠르게 그 호르몬들을 다른 장기로 운반하고, 그 다음에 여러 가지 일을 하도록 자극한다. 예를 들어 신장 위에 있는 부신(adrenal gland)은 신체의 스트레스 호르몬인 아드레날린을 뿜어낸다. 아드레날린은 위험의 징후를 경계하기 위해 눈을 크게 뜨고, 혈액과 더 많은 호르몬이 흐르도록 심장을 더 빠르게 펌프질하고, 골격 근육을 긴장시켜 공격하거나 위협으로부터 벗어날 준비가 되도록 하는 등의 일을 하면서 온몸으로 이동한다. 전체의 과정은 투쟁-도피 반응이라고 불리는데, 이는 살기 위해 신체가 싸우거나 달리도록 준비시키기 때문이다. (인간은 다양한 호르몬의 방출을 조절하는 자신의 분비샘을 의식적으로 통제한다.) 그 반응이 시작되면, 무시하는 것은 불가능한데 호르몬들은 통제될 수 없기 때문이다.

정답 95 ④

96

다음 글에서 전체 흐름과 가장 관계 없는 문장은?

One of the most interesting discoveries in the field of new sources of sustainable energy is bio-solar energy from jellyfish. Scientists have discovered that the fluorescent protein in this animal can be used to generate solar energy in a more sustainable way than current photovoltaic* energy. How is this energy generated? ① The process involves converting the jellyfish's fluorescent protein into a solar cell that is capable of generating energy and transferring it to small devices. ② There has been constant criticism that the natural environment is being damaged by reckless solar power generation. ③ The main advantage of using these living beings as a natural energy source is that they are a clean alternative that docs not use fossil fuels or require the use of limited resources. ④ Although this project is still currently in the trial phase, the expectation is that this source of energy will be able to be expanded and become a green alternative for powering the type of small electronic devices that are becoming more and more common.

* photovoltaic 광전기성의

끊어읽기

One of the most interesting discoveries / in the field of new sources of sustainable energy
가장 흥미로운 발견 중 하나는 / 지속 가능한 새로운 자원 분야에서

/ is bio-solar energy from jellyfish. Scientists have discovered // that the fluorescent protein in this animal
해파리의 바이오 태양 에너지이다. 과학자들은 발견했다 // 이 동물의 형광 단백질이

/ can be used to generate solar energy / in a more sustainable way / than current photovoltaic energy.
/ 태양 에너지를 생성하는 데 활용될 수 있다고 / 더 지속 가능한 방법으로 / 현재의 광전 에너지보다

How is this energy generated? ① The process involves / converting the jellyfish's fluorescent protein
이 에너지는 어떻게 생성되는가? 그 과정은 포함한다 / 해파리의 형광 단백질을 변환하는 것을

/ into a solar cell [that is capable of generating energy / and transferring it to small devices.]
/ 태양 전지로 [에너지를 생성하는 / 그리고 이를 작은 장치로 전달할 수 있는]

② There has been constant criticism // [that the natural environment is being damaged / by reckless solar power generation.]
계속되는 비판이 존재해왔다 // [자연환경이 파괴되고 있다고 / 무분별한 태양광 발전으로]

③ The main advantage of using these living beings / as a natural energy source is
이 생명체들을 사용하는 것의 주요 이점은 / 자연적인 에너지원으로

// that they are a clean alternative [that does not use fossil fuels / or require the use of limited resources.]
// 그것들이 깨끗한 대안이라는 것이다 [화석 연료를 사용하지 않는 / 혹은 제한된 자원의 사용을 요구하는]

④ Although this project is still currently in the trial phase, // the expectation is
비록 이 프로젝트가 아직 시험단계에 있지만 // 기대가 있다.

// that this source of energy will be able to be expanded / and become a green alternative
// 이 에너지원이 점점 확대될 수 있다고 / 그리고 친환경 대안이 될 수 있다고

/ for powering the type of small electronic devices [that are becoming more and more common.]
/ 소형장치 유형에 전력을 공급하기 위해 [점점 더 보편화되고 있는]

전체해석

지속 가능한 에너지의 새로운 자원 분야에서 가장 흥미로운 발견 중 하나는 해파리의 바이오 태양 에너지이다. 과학자들은 이 동물의 형광 단백질이 현재의 광전 에너지보다 더 지속 가능한 방법으로 태양 에너지를 생성하는 데 사용될 수 있다는 것을 발견했다. 이 에너지는 어떻게 생성되는가? ① 그 과정은 해파리의 형광 단백질을 에너지를 생성하고 작은 장치로 전달할 수 있는 태양 전지로 변환하는 것을 포함한다. (② 무분별한 태양광 발전으로 자연환경이 훼손되고 있다는 계속되는 비판이 존재해왔다.) ③ 이 생명체들을 자연적인 에너지원으로 사용하는 것의 주요 이점은 화석 연료를 사용하지 않거나 제한된 자원의 사용을 요구하는 깨끗한 대안이라는 것이다. ④ 비록 이 프로젝트가 아직 시험 단계에 있지만, 이 에너지원은 점점 더 보편화되고 있는 소형 전자 장치 유형에 전력을 공급하기 위해 확대되고 친환경 대안이 될 수 있을 것으로 기대된다.

정답 96 ②

97

다음 글의 흐름상 가장 어색한 문장은?

Markets in water rights are likely to evolve as a rising population leads to shortages and climate change causes drought and famine. ① But they will be based on regional and ethical trading practices and will differ from the bulk of commodity trade. ② Detractors argue trading water is unethical or even a breach of human rights, but already water rights are bought and sold in arid areas of the globe from Oman to Australia. ③ Drinking distilled water can be beneficial, but may not be the best choice for everyone, especially if the minerals are not supplemented by another source. ④ "We strongly believe that water is in fact turning into the new gold for this decade and beyond," said Ziad Abdelnour. "No wonder smart money is aggressively moving in this direction."

기출문제 학습 해설

어휘정리

water rights 수리권(水利權)　　drought 가뭄　　famine 기근　　ethical 윤리적인　　commodity 상품
detractor 가치를 깎아내리는(폄하하는) 사람　　breach 침해, 위반　　distilled 증류한, 증류하여 얻은
supplement 보충(추가)하다

장대영어 Flow

1. 역접을 포함하는 두 번째 문장까지 읽었으나 (STS 4) 글쓴이의 주장이라기보다는 대상에 대한 설명에 가깝다.
2. 89번과 같은 방식으로 설명 대상이 다른 문장을 골라내는 것이 관건이다.

끊어읽기

Markets in water rights / are likely to evolve
수리권 시장은 / 진화할 가능성이 있다.

// as a rising population leads to shortages // and climate change causes drought and famine.
// 물 부족을 초래함에 따라 // 그리고 기후 변화가 가뭄과 기근을 야기함에 따라

① But they will be based on regional and ethical trading practices
그러나 그것은 지역적이고 윤리적인 무역관행에 기반할 것이다.

/ and will differ from the bulk of commodity trade.
/ 그리고 대부분의 상품 거래와는 다를 것이다.

② Detractors argue // trading water is unethical or even a breach of human rights,
비판자들은 주장한다 // 물을 거래하는 것은 비윤리적이거나 심지어 인권 침해라고

// but already water rights / are bought and sold in arid areas of the globe / from Oman to Australia.
// 그러나 이미 수리권은 / 세계의 건조한 지역에서 사고 팔리고 있다 / 오만에서 호주까지

③ Drinking distilled water can be beneficial, / but may not be the best choice for everyone,
증류수를 마시는 것은 유익할 수 있다 / 그러나 모두에게 최선의 선택은 아닐지도 모른다

// especially if the minerals are not supplemented by another source.
// 특히 미네랄이 다른 공급원으로 보충되지 않는다면

④ "We strongly believe // that water is in fact turning into the new gold / for this decade and beyond," said Ziad Abdelnour.
우리는 굳게 믿는다 // 물이 사실상 새로운 금이 된다고 / 10년간 그리고 이후에 / Ziad Abdelnour가 말했다.

"No wonder // smart money is aggressively moving / in this direction."
놀랍지 않다 // 스마트 머니가 공격적으로 움직이고 있는 것이 / 이 방향으로

전체해석

수리권 시장은 증가하는 인구가 (물) 부족을 초래하고 기후 변화가 가뭄과 기근을 야기함에 따라 진화할 가능성이 있다. 그러나 그것은 지역적이고 윤리적인 무역 관행에 기반할 것이며 대부분의 상품 거래와는 다를 것이다. 비판자들은 물을 거래하는 것이 비윤리적이거나 심지어 인권 침해라고 주장하지만, 이미 수리권은 오만에서 호주까지 세계의 건조한 지역에서 사고 팔리고 있다. (증류수를 마시는 것은 유익할 수 있지만, 특히 미네랄이 다른 공급원으로 보충되지 않는다면, 모두에게 최선의 선택은 아닐지도 모른다.) Ziad Abdelnour는 "우리는 물이 사실상 이 10년간 그리고 이후 새로운 금으로 바뀔 것이라고 굳게 믿는다."라고 말했다. "스마트 머니가 이 방향으로 공격적으로 움직이고 있는 것은 놀랍지 않다."

정답　97 ③

Chapter 05 실용문

1 복합지문

영어 출제기조 변화에 따른 1차, 2차 샘플 문항과 2025년 국가직 시험을 기준으로 봤을 때, 복합지문 (1지문 2문항)은 크게 두 가지 형태로 출제되고 있다.

1. 제목과 내용 일치, 불일치 문항과의 조합

(1) 이 경우 제목 문제는 세부 정보가 나오기 전 앞부분을 보고 답을 선지에서 찾을 수 있는 형태의 문제가 출제된다.
(2) 내용 일치, 불일치 문제는 기존의 공무원 내용 일치, 불일치 문제와 다르게 선지가 한글선지이고, 지문과 선지의 배열이 순방향이라서 덜 어렵다.
　cf 순방향 배열 - 지문의 앞 내용이 선지의 ①, ②번에 배치 / 지문의 중간 내용이 선지의 ②, ③번에 배치 / 지문의 뒷 내용이 선지의 ③, ④번에 배치되는 형태를 말한다.

2. 글의 목적과 밑줄 친 단어의 유의어 고르기 문항과의 조합

(1) 글의 목적 문제는 앞에서 배운 STS를 이용하거나, 필자의 주관(특히, 1인칭 표현)이 실린 문장을 찾으면 선지에서 답을 쉽게 고를 수 있다.
(2) 밑줄 친 유의어 고르기는 기존의 공무원 어휘 문제에 나온 유의어 고르기보다 더 쉬운 단어로 구성되기 때문에 기본 어휘를 숙지한 상태라면, 큰 어려움 없이 답을 고를 수 있다. 그리고 밑줄이 그어진 단어의 뜻을 모를 때는 그 단어를 빈칸으로 만들고, 선지에 있는 단어를 넣어서 문맥에 자연스러운 단어를 선택해도 된다.
*실용문으로 문제를 구성하기 때문에, 실용문에 자주 나오는 어휘에 친숙해져 있어야 한다.

2 내용 일치, 불일치

(1) 내용 일치, 불일치 문제는 기존의 공무원 내용 일치, 불일치 문제와 다르게 선지가 한글 선지이고, 지문과 선지의 배열이 순방향이라서 덜 어렵다.
   cf) 순방향 배열 – 지문의 앞 내용이 선지의 ①, ②번에 배치 / 지문의 중간 내용이 선지의 ②, ③번에 배치 / 지문의 뒷 내용이 선지의 ③, ④번에 배치되는 형태를 말한다.
(2) 기존의 일치, 불일치 문제와 다르게 실용문으로 문제를 구성하기 때문에, 실용문에 자주 나오는 어휘에 친숙해져 있어야 한다.

[98 ~ 99] 다음 글을 읽고 물음에 답하시오.

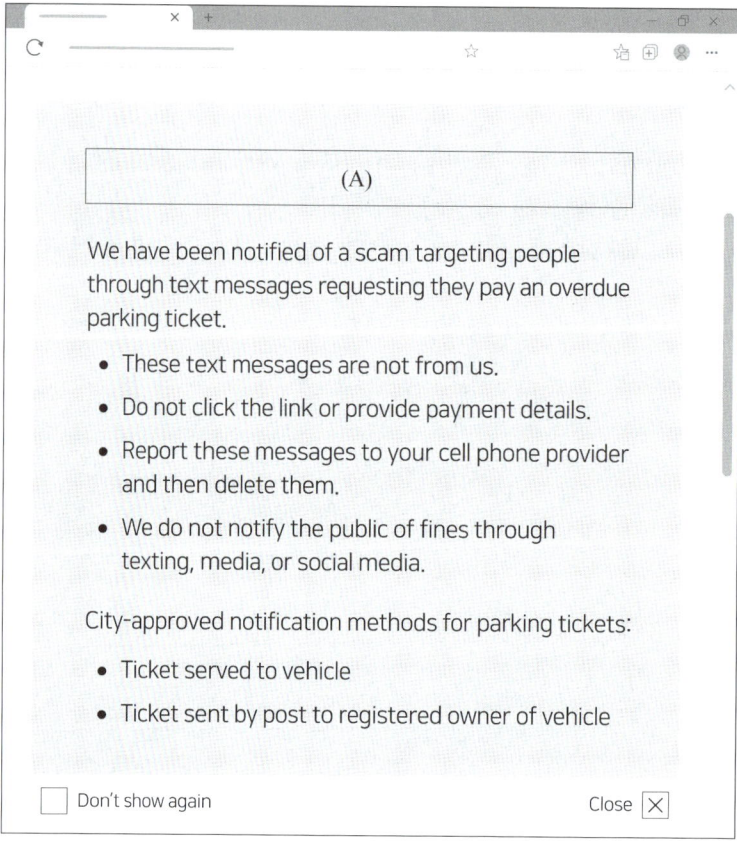

98 (A)에 들어갈 윗글의 제목으로 가장 적절한 것은?

① City Parking Ticket Payment Methods
② How to Avoid Getting Parking Tickets
③ Save Time and Money! Helpful Parking Tips
④ Alert! Fake Parking Ticket Payment Text Messages

99 윗글의 내용과 일치하는 것은?

① 전달된 링크에 결제 세부 정보를 입력해야 한다.
② 수신한 문자는 삭제하면 안 된다.
③ 시에서는 벌금을 문자로 통보한다.
④ 고지서는 등록된 차량 소유주에게 우편으로 발송된다.

기출문제 학습 해설

어휘정리

notify 알리다(통고/통지하다)　overdue 기한이 지난, 연체된　delete 삭제하다　fine 벌금　approved 승인된
vehicle 차량　by post 우편으로　register 등록하다

장대영어 Flow

98번 - 첫 번째 문장에서 scam(사기)이라는 단어를 쓰고 있고, 전반적인 내용이 가짜 주차위반 과태료 납부 문자 메시지에 관한 것이다.
99번 - 마지막 문장에 '등록된 차량 소유주에게 우편으로 발송된 고지서'라고 나와 있다.

전체해석

경고! 가짜 주차 위반 과태료 납부 문자 메시지

연체된 주차 위반 과태료를 납부하라고 요구하는 문자 메시지를 통해 사람들을 목표로 하는 사기가 있다는 신고를 받았습니다.
- 이러한 문자 메시지는 저희가 보낸 것이 아닙니다.
- 링크를 클릭하거나 납부 세부 사항을 제공하지 마세요.
- 이러한 메시지는 휴대폰 서비스 제공업체에 신고한 후 삭제하세요.
- 저희는 대중에게 문자, 미디어 또는 소셜 미디어를 통해 벌금을 통보하지 않습니다.

시에서 승인한 주차 위반 과태료 통보 방법:
- 차량에 제공된 고지서
- 등록된 차량 소유주에게 우편으로 발송된 고지서

98번 선지
① 시의 주차위반 과태료 납부 방식
② 주차위반 과태료를 피하는 방법
③ 시간과 돈을 절약하라! 도움이 되는 주차 조언
④ 경고! 가짜 주차 위반 과태료 납부 문자 메시지

정답　98 ④　99 ④

[100 ~ 101] 다음 글을 읽고 물음에 답하시오.

2025 지방직 9급

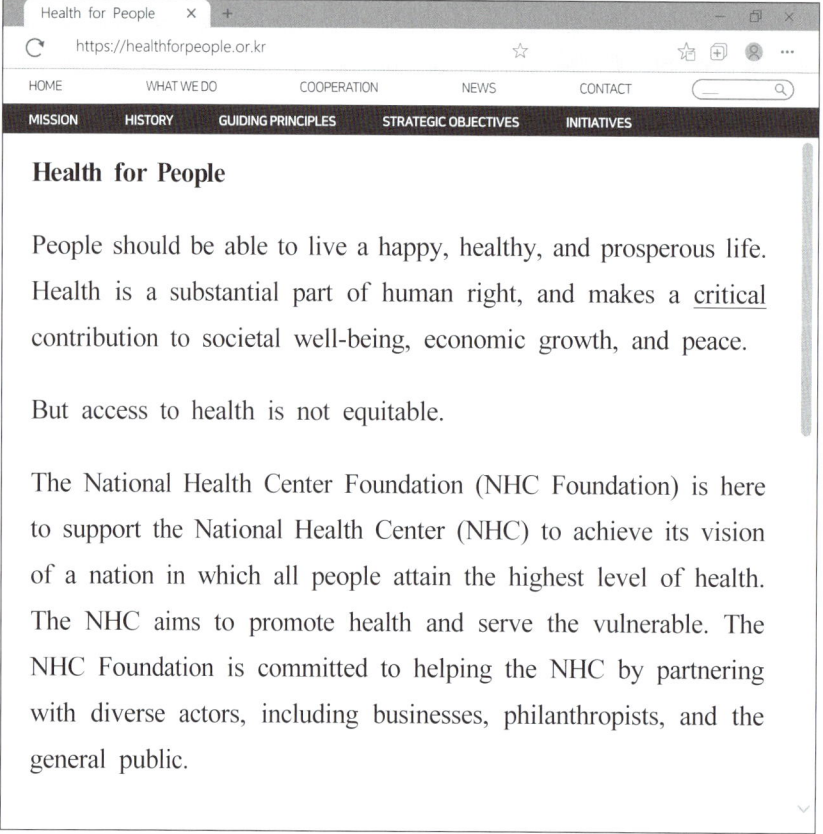

100 밑줄 친 critical의 의미와 가장 가까운 것은?

① pivotal
② perilous
③ analytical
④ judgmental

101 윗글의 목적으로 가장 적절한 것은?

① 의료비 지원이 필요한 사람들을 위한 기부를 독려하려고
② 행복하고 건강한 삶을 위한 캠페인을 제안하려고
③ NHC를 지원하는 기관을 소개하려고
④ NHC의 파트너를 선정하려고

기출문제 학습 해설

어휘정리

prosperous 번영한, 번창한 substantial 상당한 contribution 기여, 이바지 equitable 공정한, 공평한
achieve 달성하다, 성취하다 the vulnerable 취약 계층 foundation 재단 be committed to ~에 헌신, 전념하다
philanthropist 자선가

장대영어 Flow

100번 – critical과 ①번 선지에 있는 pivotal 둘 다 '중요한'의 뜻을 가지고 있다.
101번 – 네 번째 문장 '국립보건센터재단(NHC 재단)은 모든 사람이 최고 수준의 건강을 얻는 국가의 목표를 달성하려는 국립보건센터(NHC)를 지원하기 위해 존재합니다.'에서 NHC를 지원하는 기관에 대한 소개가 직접적으로 드러나 있다.

전체해석

사람들을 위한 건강

사람들은 행복하고 건강하며 번영하는 삶을 살 수 있어야 합니다. 건강은 인권의 실질적인 부분이며 사회 복지, 경제 성장, 평화에 중요한 기여를 합니다.

그러나 건강에 대한 접근은 공평하지 않습니다.

국립보건센터재단(NHC 재단)은 모든 사람이 최고 수준의 건강을 얻는 국가의 목표를 달성하려는 국립보건센터(NHC)를 지원하기 위해 존재합니다. NHC는 건강을 증진하고 취약 계층을 돕는 것을 목표로 합니다. NHC 재단은 기업, 자선가, 일반 대중을 포함한 다양한 행위자와 협력하여 NHC를 돕기 위해 최선을 다하고 있습니다.

100번 선지
① 중심의, 중요한
② 위험한
③ 분석적인
④ 판단의, 재판의

정답 100 ① 101 ③

글의 목적 문제는 앞에서 배운 STS를 이용하거나, 필자의 주관(특히, 1인칭 표현)이 실린 문장을 찾으면 선지에서 답을 쉽게 고를 수 있다.

102 다음 글의 목적으로 가장 적절한 것은?

2025 지방직 9급

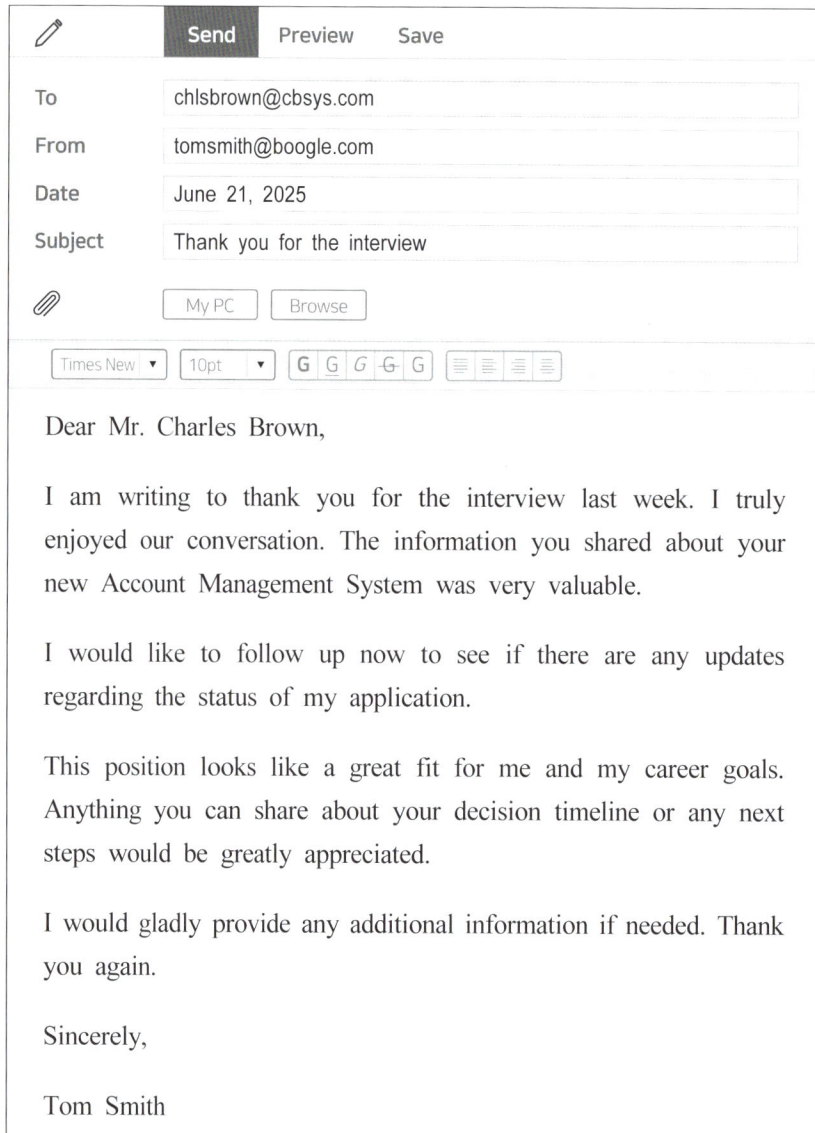

① to submit an application form
② to set up an interview appointment
③ to inquire about updates on the decision process
④ to request more information about the company's business

기출문제 학습 해설

어휘정리
account 계정, 계좌   management 관리   valuable 소중한, 귀중한   follow up ~을 덧붙이다, 더 알아보다
regarding … 에 관하여(대하여)   position 직책, 위치   appreciate 고마워하다, 환영하다

장대영어 Flow
필자의 생각을 드러내는 'I would like to'가 들어간 네 번째 문장 '제 지원의 상황에 대한 어떤 업데이트가 있는지 지금 더 알아보고 싶습니다.'에 글의 목적이 잘 드러나 있다.

전체해석
수신 : chlsbrown@cbsys.com
발신 : tomsmith@boogle.com
날짜 : 2025년 6월 21일
제목 : 면접에 대해 감사드립니다.

Charles Brown 씨께,

지난주 면접에 대해 감사드리고자 이 글을 씁니다. 우리의 대화는 정말 즐거웠습니다. 당신의 새로운 계정 관리 시스템에 대해 공유해 주신 정보는 매우 가치 있는 것이었습니다.

제 지원의 상황에 대한 어떤 업데이트가 있는지 지금 더 알아보고 싶습니다.

이 직책은 저와 제 경력 목표에 아주 적합한 것 같습니다. 당신이 결정 일정이나 다음 단계에 대해 공유해 주실 수 있는 것이 있다면 대단히 감사하겠습니다.

필요하다면 추가적인 정보를 기꺼이 제공하겠습니다. 다시 한번 감사드립니다.

진심을 담아,

Tom Smith 드림

① 지원서를 제출하려고
② 면접 약속을 잡으려고
③ 결정 과정에 대한 업데이트를 요청하려고
④ 회사의 사업에 관한 더 많은 정보를 요청하려고

정답 102 ③

103. 다음 글에서 The National Independence Museum에 대한 내용과 일치하는 것은?

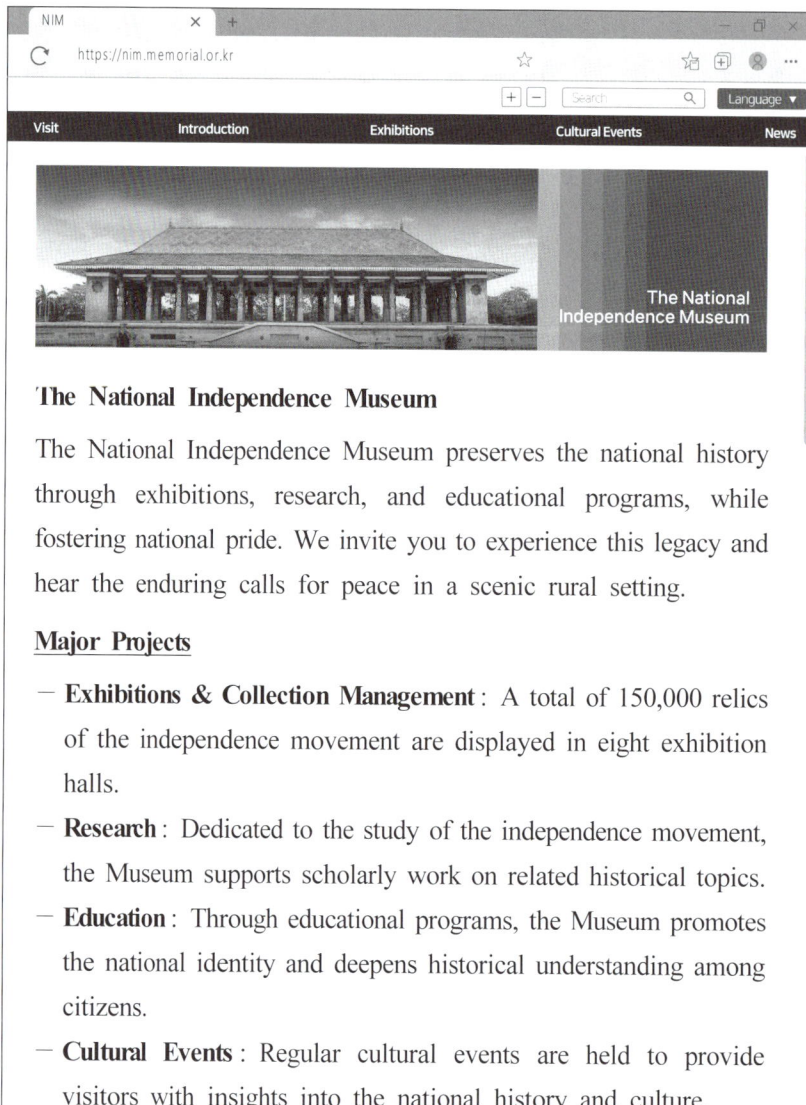

The National Independence Museum

The National Independence Museum preserves the national history through exhibitions, research, and educational programs, while fostering national pride. We invite you to experience this legacy and hear the enduring calls for peace in a scenic rural setting.

Major Projects

- **Exhibitions & Collection Management**: A total of 150,000 relics of the independence movement are displayed in eight exhibition halls.
- **Research**: Dedicated to the study of the independence movement, the Museum supports scholarly work on related historical topics.
- **Education**: Through educational programs, the Museum promotes the national identity and deepens historical understanding among citizens.
- **Cultural Events**: Regular cultural events are held to provide visitors with insights into the national history and culture.

① It is located in an urban environment surrounded by many skyscrapers.
② It displays more than a million artifacts related to the independence movement.
③ It supports educational activities instead of scholarly projects.
④ It offers visitors cultural events on a regular basis.

기출문제 학습 해설

어휘정리
preserve 보존하다 foster 조성하다, 발전시키다 legacy 유산 scenic 경치가 좋은 rural 시골의, 지방의
relic 유물, 유적 dedicated to ~에 전념하는, 헌신하는 scholarly 학문적인, 학술적인 insight 통찰력

장대영어 Flow
글의 마지막에 '방문객들에게 국가의 역사와 문화에 대한 통찰력을 제공하기 위해 정기적인 문화 행사가 개최됩니다.'라는 내용과 ④번의 내용이 일치한다.

전체해석
국립 독립 박물관

국립 독립 박물관은 전시, 연구 및 교육 프로그램을 통해 국가의 자부심을 촉진시키면서 국가 역사를 보존하고 있습니다. 경치 좋은 시골 환경에서 이 유산을 경험하고 평화를 향한 끊임없는 외침을 들어보도록 여러분을 초대합니다.

주요 프로젝트
- **전시 및 수집품 관리**: 총 15만 점의 독립운동 유물이 8개의 전시관에 전시되어 있습니다.
- **연구**: 독립운동 연구에 몰두하는 이 박물관은 관련 역사적 주제에 대한 학술적인 연구를 지원합니다.
- **교육**: 교육 프로그램을 통해 이 박물관은 국가 정체성을 촉진하고 시민들의 역사적 이해를 심화시킵니다.
- **문화 행사**: 방문객들에게 국가의 역사와 문화에 대한 통찰력을 제공하기 위해 정기적인 문화 행사가 개최됩니다.

① 그곳은 많은 고층건물로 둘러싸인 도시 환경에 자리 잡고 있다.
② 그곳은 독립운동과 관련된 백만 개 이상의 유물들을 전시하고 있다.
③ 그곳은 학술적인 프로젝트 대신에 교육적인 활동을 지지한다.
④ 그곳은 정기적으로 방문객에게 문화 행사를 제공한다.

정답 103 ④

104 다음 글의 내용과 일치하지 않는 것은?

① The East Coast's biggest aviation collectibles show will take place in September.
② Door prizes are exclusively for children under 12.
③ Rare airline and transportation collectibles will be displayed at the show.
④ Visitors can see both national and international collectibles.

기출문제 학습 해설

어휘정리

aviation 항공(술)　collectible 수집품　admission 입장료　airline 항공　transportation 운송　door prizes 추첨 상품
domestic 국내의

장대영어 Flow

12세 이하에게 제공되는 것은 무료입장이고, 추첨상품에는 따로 제한이 없다. 따라서 '② 추첨상품은 오로지 12세 이하의 어린이들에게 제공된다.'가 글의 내용과 일치하지 않는다.

전체해석

동부 해안 최대 항공 수집품 전시회

일시
2025년 9월 6일 토요일
오전 10시 – 오후 6시

장소
그랜드 엑스포 센터
Airport가 160번지

- 입장료 **10달러**
- 12세 미만 어린이 **무료**

매시간 추첨 경품

구하기 힘든 항공 및 운송 수집품을 전시한 테이블이 90개 이상!

다음과 같은 감각적인 국내 및 해외 항공 수집품을 발견하고 구매하세요:

항공 및 여행 포스터, 다이캐스트 모형, 수천 개의 다른 역사적인 항공 및 운송 유물과 훨씬 더 많은 것들!

① 동부 해안의 가장 큰 항공 수집품 전시회가 9월에 열릴 것이다.
② 추첨상품은 오로지 12세 이하의 어린이들에게 제공된다.
③ 희귀한 항공 교통 수집품들이 전시회에 전시될 것이다.
④ 방문객은 국가와 국제적 수집품 둘 다를 볼 수 있을 것이다.

정답 104 ②

MEMO

MEMO

MEMO

장대영

주요 약력

중앙대학교 사범대학 졸업 (영어교육, 교육학 전공)
정교사 2급 자격증
전) 메가 공무원 온라인 오프라인 강사
전) 메가 스터디 러셀 수능 강의
전) 메가 스터디 노량진 단과 강의
전) 대치 명인학원
현) 박문각 공무원 온라인 오프라인 강사

주요 저서

박문각 공무원 장대영 영어 Graphic 구문
박문각 공무원 장대영 영어 Graphic 독해
박문각 공무원 장대영 영어 Graphic 문법
박문각 공무원 장DAY 영어 기출문제집
Polaris 문법 / 구문 / 독해 시리즈
INPUT 문법 / 구문 / 독해 시리즈
Polaris 기출 문법 / 기출 독해
문법의 재구성
독해의 재구성
어휘의 재구성

장DAY 영어 기출문제집

초판 인쇄 | 2025. 9. 10. **초판 발행** | 2025. 9. 15. **편저자** | 장대영
발행인 | 박 용 **발행처** | (주)박문각출판 **등록** | 2015년 4월 29일 제2019-000137호
주소 | 06654 서울시 서초구 효령로 283 서경 B/D 4층 **팩스** | (02)584-2927
전화 | 교재 문의 (02)6466-7202

저자와의 협의하에 인지생략

이 책의 무단 전재 또는 복제 행위를 금합니다.

정가 26,000원
ISBN 979-11-7519-177-8